SERVILIANO ABACHE CARVAJAL

EL "PROCEDIMIENTO" DE VERIFICACIÓN TRIBUTARIA

COLECCIÓN MONOGRAFÍAS
N° 17

cidep
Centro para la Integración y el Derecho Público

Cita sugerida: Serviliano Abache Carvajal, *El "procedimiento" de verificación tributaria* (Caracas: Centro para la Integración y el Derecho Público y Editorial Jurídica Venezolana, 2026)

ISBN: 979-8-90529-016-9

Publicado por
CENTRO PARA LA INTEGRACIÓN Y EL DERECHO PÚBLICO
Un sello editorial de CIDEP LLC
www.editorial.cidep.online
editorial@cidep.online

TÍTULOS DE LA COLECCIÓN

1. *Derecho Administrativo, LOPNNA y protección de niños, niñas y adolescentes*, Jorge Luis Suárez Mejías.
2. *Casos de estudio sobre la expropiación en Venezuela*, Samantha Sánchez Miralles.
3. *Constitución, integración y Mercosur*, Jorge Luis Suárez Mejías.
4. *Derecho Administrativo y arbitraje internacional de inversiones*, José Ignacio Hernández.
5. *El estado de excepción a partir de la Constitución de 1999*, Gabriel Sira Santana.
6. *La ejecución de sentencias en el proceso administrativo iberoamericano (España, Perú, Costa Rica, Colombia y Venezuela)*, Miguel Ángel Torrealba Sánchez.
7. *La teoría de la cláusula exorbitante. El tránsito de la cláusula derogatoria a la potestad administrativa contractual en los sistemas de contratación pública*, José Araujo-Juárez.
8. *Las situaciones administrativas en la función pública*, José Gregorio Silva Bocaney.
9. *Violaciones del derecho a la defensa en el procedimiento sancionatorio venezolano*, Flavia Pesci Feltri.
10. *Consideraciones sobre las fuentes del Derecho Constitucional y la interpretación de la Constitución*, Claudia Nikken.
11. *El control constitucional de las decisiones judiciales*, Rafael Chavero Gazdik.
12. *La vigencia temporal de los criterios jurisprudenciales en materia tributaria*, Taormina Cappello Paredes.
13. *Diálogo jurisprudencial en Venezuela*, Gonzalo Federico Pérez Salazar.
14. *El derecho de excepción y la emergencia económica*, Gabriel Sira Santana.
15. *La responsabilidad administrativa en Venezuela: Algunas ideas para su reforma*, Jessica Vivas Roso.
16. *Los referendos en el ordenamiento constitucional venezolano*, Nélida Peña Colmenares.
17. *El "procedimiento" de verificación tributaria*, Serviliano Abache Carvajal.

SERVILIANO ABACHE CARVAJAL es abogado mención *magna cum laude* y Especialista en Derecho Tributario mención Honorífica (*summa cum laude*) de la Universidad Central de Venezuela.

Es Máster en Argumentación Jurídica mención Sobresaliente de la Universidad de Alicante, y Experto en Fiscalidad Internacional y Doctor en Derecho mención Sobresaliente *cum laude* de la Universidad de Santiago de Compostela.

Es profesor y coordinador de la Especialización en Derecho Tributario de la Universidad Central de Venezuela, fundador-director del Anuario de la misma Especialización, y profesor de la Maestría en Asesoría en Tributación de la Universidad Rafael Landívar de Guatemala.

Es Ganador del "Premio Academia de Ciencias Políticas y Sociales", edición 2012-2013, del "Concurso de Monografías Jurídicas" de la Federación Latinoamericana de Bancos, edición 2018, y del "Premio a la Excelencia en Publicaciones UCV 2025".

Es coordinador académico de la International Fiscal Association (IFA) Latinoamérica, miembro de la Junta Directiva del Capítulo Venezolano de IFA, y miembro de la Asociación Venezolana de Derecho Tributario.

Es socio en el Despacho de Abogados Miembro de Baker McKenzie.

ORCID: https://orcid.org/0009-0004-6633-0990

A *mi padre* (†), *in memoriam.*

"Definimos al procedimiento administrativo como la parte del derecho administrativo que estudia las reglas y principios que rigen la intervención de los interesados en la preparación e impugnación de la voluntad administrativa". GORDILLO, Agustín, *Tratado de Derecho administrativo*, tomo II, Fundación Estudios de Derecho Administrativo - Fundación de Derecho Administrativo Buenos Aires, 1° edición venezolana, Caracas, 2001, p. IX-7.

"Donde hay que situar todas las garantías del derecho a la defensa frente a las medidas represivas y en garantía de la presunción constitucional de inocencia es, pues, en la propia fase administrativa donde la sanción se produce, sin perjuicio de todas las ulteriores defensas procesales ordinariamente disponibles en todos los procesos contencioso-administrativos sin distinción". GARCÍA DE ENTERRÍA, Eduardo y FERNÁNDEZ, Tomás-Ramón, *Curso de Derecho administrativo*, tomo II, Editorial Civitas, 4° edición, Madrid, 1993, p. 190.

ÍNDICE

PRÓLOGO

Esta obra de Serviliano Abache Carvajal aborda, en particular, una realidad que lamentablemente ha sido el signo de los tiempos en la Administración Tributaria contemporánea en Venezuela, y que es el uso y abuso de la verificación tributaria, como un procedimiento administrativo sancionatorio inmediato, ejecutado al margen de las garantías mínimas del debido proceso legal que se enumeran en el artículo 49 de la Constitución de 1999. Norma y principios que rigen no solo para los procedimientos judiciales, sino también para los procedimientos administrativos, y que implica, como lo dijo la Sala Político Administrativa del Tribunal Supremo, "que ambas partes en el procedimiento administrativo, como en el proceso judicial, deben tener igualdad de oportunidades, tanto en la defensa de sus respectivos derechos como en la producción de las pruebas destinadas a acreditarlos" (sentencia N° 157 del 17-02-2000, caso: *Juan C. Pareja P. vs. MRI*).

Por ello, esta garantía del debido proceso implica que:

> ...cualquiera sea la vía escogida para la defensa de los derechos o intereses legítimos, las leyes procesales deben garantizar la existencia de un procedimiento que asegure el derecho de defensa de la parte y la posibilidad de una tutela judicial efectiva. (Sentencia N° 97 del 15-03-2000, caso: *Agropecuaria Los Tres Rebeldes*).

Sin embargo, ello no ha sido así en materia de verificación tributaria, como queda evidenciado en este excelente estudio de Abache Carvajal, en el cual ha analizado con toda rigurosidad, las actuaciones tributarias en la materia en el país en los últimos lustros, demostrando cómo, lo que debió configurarse como el cauce para el ejercicio de una potestad administrativa de comprobación, se ha transformado en un instrumento vulnerador del derecho a la defensa, dando lugar a lo que en la doctrina del Derecho Administrativo se denomina sanciones de plano, cuando no una verdadera vía de hecho administrativa.

Al estudio del tema, Abache Carvajal le dedica siete enjundiosos capítulos, en los cuales analiza toda la problemática sobre el tema, en síntesis, analizando los siguientes aspectos:

En el Capítulo I, el autor comienza analizando la delimitación conceptual de la verificación respecto de la fiscalización y la determinación tributaria, identificando con agudeza técnica que, desde el Código Orgánico Tributario (COT) de 2001, se diseñó un procedimiento de naturaleza híbrida -revisora, determinativa y sancionadora- que ha servido de base para la formulación de los denominados "reparos de escritorio", y que permite a la Administración revisar declaraciones y liquidar deudas e intereses, omitiendo de plano la participación previa del contribuyente en la formación de la voluntad administrativa.

El autor sostiene con firmeza que esta omisión precisamente en una fase de sustanciación, vulnera el debido proceso, el derecho a la defensa, el derecho a ser oído y la presunción de inocencia del contribuyente, al no permitírsele su participación en el procedimiento con anterioridad a la emisión del acto administrativo. En esta forma, estima con razón, que se subvierte el carácter del procedimiento administrativo, que debe ser un cauce para la garantía de los derechos del administrado y no un embudo para la recaudación. El "reparo de escritorio" es, en esencia, una decisión administrativa sin procedimiento previo, a cuyo estudio el autor dedica este capítulo, desmenuzando cómo la Administración ha confundido la "agilidad" con la "arbitrariedad", creando un espejismo de legalidad sobre un vacío procedimental.

En el Capítulo II, el autor extiende su apreciación crítica a la evolución legislativa posterior, al COT de 2001, señalando que las regulaciones del COT de 2014, en lugar de remediar la indefensión, han sido cómplices necesarios de su mantenimiento. El profesor Abache argumenta, en efecto, que el legislador ha mantenido una estructura que margina al contribuyente, ignorando las advertencias de la doctrina y la realidad de los atropellos administrativos. Esta inercia legislativa, considera que no es casual, sino que responde a una priorización de la supuesta eficiencia recaudatoria sobre la seguridad jurídica, consolidando un esquema donde el administrado es visto como un súbdito y no como un sujeto de derechos.

El autor destaca que, a pesar de las múltiples oportunidades para reformar este entuerto, el legislador venezolano ha preferido robustecer la potestad verificadora de la Administración, analizando cómo el mantenimiento de estas normas en el tiempo no ha hecho más que atentar contra la noción misma del Estado de Derecho en materia tributaria.

En el Capítulo III, Abache Carvajal evalúa, con detenimiento, la práctica administrativa y judicial, centrada en el Impuesto Sobre Sucesiones y las retenciones del IVA, denunciando cómo la autoridad fiscal ha emitido resoluciones de sanción "a espaldas" del ciudadano, quien suele enterarse de la existencia del procedimiento solo al momento de la notificación del acto definitivo. Esta práctica, considera el autor con razón, no solo es una vulneración del debido proceso, sino una grave desatención del principio de buena administración y de confianza legítima. El contribuyente, en efecto, en esos casos, se encuentra en un estado de indefensión total cuando la primera noticia que tiene de un procedimiento es, por ejemplo, la notificación de una multa.

El análisis judicial que acompaña este capítulo pone de relieve los inconvenientes que se generan al desatenderse la función del juez como contrapeso del poder. El autor identifica una tendencia jurisprudencial que, entre 2004 y 2009, consideró apegados a la Constitución los procedimientos de verificación llevados a cabo sin garantizarse el derecho a la defensa, basándose únicamente en su apego formal a la letra de la ley. En este sentido, Abache Carvajal profundiza en el análisis de las sentencias que han justificado este proceder administrativo, exponiendo sus contradicciones argumentativas y fallas conceptuales. El capítulo, sin duda, es un llamado a la reflexión sobre el papel de la justicia administrativa frente a la recaudación fiscal, siempre apoyada en la noción de "interés general".

El Capítulo IV constituye otro de los destacados núcleos de la obra. Aquí, el autor somete el procedimiento de verificación al riguroso estándar del control de convencionalidad, haciendo referencia al artículo 8.1 de la Convención Americana sobre Derechos Humanos, recordando que las garantías judiciales -incluyendo el derecho a un tiempo y medios adecuados para la defensa- son plenamente aplicables a la determinación de derechos y obligaciones de orden fiscal. Considera, con razón, que esta protección es supraconstitucional y no admite las excepciones que la jurisprudencia interna ha pretendido crear.

En particular, en este capítulo, el autor somete a una crítica contundente la sentencia N° 531 de la Sala Político-Administrativa del Tribunal Supremo de Justicia de fecha 27-04-2011 (caso: *Edinter Corp*, S.A.), que marcó un retroceso histórico al pretender justificar la ausencia de una fase de instrucción o sustanciación en la verificación bajo el argumento de que el legislador tributario simplemente "no la previó". Contra este razonamiento, Abache propone una solución interpretativa sistemática y progresiva: la aplicación supletoria de la Ley Orgánica de Procedimientos Administrativos (LOPA) y una interpretación garantista del COT que habilite un lapso de al menos diez días hábiles para la defensa previa a la emisión de cualquier resolución sancionatoria.

La tesis del autor es clara y rotunda: ante el silencio de la ley, debe imponerse la Constitución y el bloque de legalidad y convencionalidad. No puede existir un "espacio exento" de control constitucional en el ejercicio de la potestad sancionadora del Estado. Este capítulo es un aporte importante para el litigio tributario desde la perspectiva de los derechos humanos de los contribuyentes.

En el Capítulo V, el autor se adentra en la peligrosa y actual práctica de las "verificaciones inmediatas" de deberes formales, analizando con rigor conceptual, el régimen de eficacia de los actos administrativos, recordándonos que ningún acto de efectos particulares es obligatorio antes de que su notificación surta plenos efectos legales. El profesor Abache demuestra, con base en el COT de 2020, que la exigencia de cumplimiento "en el acto", bajo apremio de sanción o clausura inmediata, es una actuación *contra legem* que ignora las reglas de eficacia más elementales de los actos administrativos, configurándose más bien como una vía de hecho.

Ello es así, porque esta práctica se traduce en una prescindencia absoluta del procedimiento legalmente establecido, que hace a la actuación administrativa nula, advirtiendo el autor que la actuación ejercida por los funcionarios en estas visitas "relámpago", anula la voluntad del contribuyente y deja de lado el derecho a no autoinculparse. Se trata de una actuación administrativa que despoja al ciudadano de sus garantías mínimas en aras de una supuesta "inmediatez verificadora" que no tiene asidero legal ni, mucho menos, constitucional.

En el Capítulo VI, el análisis del autor alcanza su cenit al abordar los "reparos de pantalla" o "multas virtuales" vinculadas a la reciente Ley de Protección de Pensiones. El profesor Abache denuncia una "nueva ola" de sanciones digitales donde el acto administrativo no se notifica personalmente conforme a las reglas del COT, sino que aparece en un portal web, careciendo de toda motivación fáctica y jurídica. Es el triunfo de la arbitrariedad tecnológica: multas genéricas aplicadas incluso a empresas inactivas, basadas, además, en una aplicación retroactiva de la ley que menoscaba el artículo 317 constitucional.

El autor alerta sobre la deshumanización del procedimiento, donde un formato virtual predeterminado sustituye toda interacción humana, y la falta de notificación real dificulta el ejercicio de recursos, poniendo al contribuyente en un estado de indefensión. Abache califica estas prácticas como ilegales, en directa desatención del COT y sus reglas expresas.

En el Capítulo VII, como corolario necesario a este estudio, Abache propone activar la institución de la responsabilidad patrimonial del Estado por los daños causados por la verificación tributaria. El autor argumenta que el sistema venezolano establece una responsabilidad directa y objetiva del Estado (artículo 140 constitucional), que se activa ante el funcionamiento (anormal y normal) de la Administración. En el caso de la verificación, el daño antijurídico es evidente: multas improcedentes, clausuras arbitrarias que generan lucro cesante y la imposición de carteles que pueden atentar contra el honor de los contribuyentes sin procedimiento previo.

El profesor Abache explica que esta responsabilidad puede alcanzar, incluso, al Estado Juez, en caso de emitir sentencias que desconocen la ausencia absoluta de procedimiento, y al Estado Legislador, por su omisión al no regular un íter procedimental que garantice el debido proceso constitucional. El análisis detalla cómo la sanción de clausura genera lesiones resarcibles no solo en el patrimonio económico, sino también en el prestigio moral del contribuyente. Esta propuesta es fundamental para restaurar el equilibrio entre el poder público y el ciudadano. Sin responsabilidad, el poder tiende inevitablemente al desborde; solo la certeza de la indemnización puede, en ocasiones, contener a la Administración.

En el Capítulo VIII, el autor sistematiza lo que denomina una "crónica" de un sinsentido legislativo, administrativo y jurisprudencial que se ha prolongado por más de cuatro décadas en Venezuela, repasando lo desarrollado a lo largo de la obra para, finalmente, presentar y sistematizar sus conclusiones.

Estamos así, en presencia de una obra fundamental en nuestro derecho público, que reivindica la necesaria vigencia de la garantía del debido proceso, aplicado a los procedimientos tributarios, pero con enseñanzas para todo el mundo del derecho.

Por ello, aparte de darle las gracias a Serviliano por la invitación que me ha hecho a colaborar con su obra mediante este prólogo, no podemos sino agradecerle en nombre de todos los estudiosos del derecho público, este extraordinario aporte al estudio de esta garantía del debido proceso, calificada con razón por la Sala Constitucional, como "garantía suprema dentro de un Estado de Derecho” (sentencia N° 123 del 17-03-2020, caso: *Sergio J. Meléndez*), la cual, sin embargo, dicha Sala no ha sabido garantizar.

Allan R. Brewer-Carías

Profesor emérito, Universidad Central de Venezuela

Nueva York, abril 2026

PRESENTACIÓN

El "procedimiento de verificación" ha sido, es en la actualidad y muy probablemente seguirá siendo en el futuro cercano el más aplicado por la Administración tributaria venezolana, para revisar las declaraciones impositivas de los contribuyentes, así como el cumplimiento de sus deberes formales. Ello obedece, así nos parece, a dos razones fundamentales: en primer lugar, es "expedito"; en segundo lugar, es muy "versátil".

Cuando decimos que es "expedito", nos referimos no sólo a su revisable configuración *normativa* –carente de un verdadero cauce formal o íter procedimental que permita la intervención o participación efectiva del sujeto pasivo durante su sustanciación–, sino también a su aplicación *administrativa* –en no pocas veces, un par de horas–, por oposición al procedimiento de fiscalización tributaria, que en la práctica suele durar meses, cuando no años. Y al calificarlo de "versátil", lo que se quiere es destacar las más creativas "fórmulas aplicativas" que al mismo se le ha dado con el paso del tiempo, desde su formal incorporación en el Código Orgánico Tributario de 2001 (COT/2001), hasta su más reciente versión disciplinada en el Código Orgánico Tributario de 2020 (COT/2020).

Aunado a lo anterior, desde hace ya más de una década la jurisprudencia del Tribunal Supremo de Justicia, en forma reiterada, ha considerado apegadas a Derecho las prácticas administrativas instaladas (y refrescadas) alrededor del procedimiento de verificación, lo que pareciera abonar a su cada vez más distendida aplicación, sin intentos de revisión integral ni, por lo menos, de introducir algunos ajustes en su "sustanciación". Al contrario, y como recién advertíamos, el correr de los años además de haber consolidado su aplicación administrativa, ha dado a conocer algunas nuevas –y ciertamente espinosas– prácticas que se presentan en tensión con los derechos del contribuyente, particularmente los integrantes del debido proceso constitucional.

Y es que lo que viene ocurriendo se torna especialmente delicado, al tener en cuenta que en la aplicación del procedimiento de verificación no sólo pueden ejercerse -dependiendo de sus tipologías o modalidades- potestades *determinativas*, esas mediante las cuales se declara la existencia (o inexistencia) y fija la cuantía de (en caso de existir) la obligación tributaria, sino que, de manera independiente o simultánea, también es posible ejercer la potestad *sancionadora*, en concreción del *ius puniendi* del Estado, dando lugar a la imposición de importantes sanciones *pecuniarias* o de *multas*, así como de las -por todos conocidas- *clausuras de establecimientos*, pudiendo verse en entredicho el derecho constitucional a la presunción de inocencia.

Por ello, y ante la cada vez más creciente relevancia de las labores verificadoras por parte de la Administración tributaria, la imposición de trascendentales sanciones y sus impugnaciones por los contribuyentes, decidimos abordar con mayor alcance este fenómeno, cuyas particularidades hemos trabajado durante varios años. Con ese objetivo, este libro consolida en nueve capítulos una línea de investigación iniciada en 2006, para presentar nuestras consideraciones logradas en dos décadas de análisis descriptivo, crítico y propositivo sobre el "procedimiento" de verificación tributaria.

En el *Capítulo I. Regulación, incongruencias e inconstitucionalidad del procedimiento de verificación tributaria del Código Orgánico Tributario de 2001*[1], que da inicio a nuestro estudio de este procedimiento, en su primera parte, nos ocupamos de la delimitación conceptual de los procedimientos abordados (determinación, fiscalización y la propia verificación), así como del procedimiento sancionador. También, damos unas breves

---

[1] Versión original en: ABACHE CARVAJAL, Serviliano, "Regulación, incongruencias e inconstitucionalidad del procedimiento de verificación tributaria del Código Orgánico Tributario de 2001", *Revista de Derecho Tributario*, N° 111, AVDT, Caracas, 2006.

referencias históricas sobre las leyes que anteriormente disciplinaban las facultades verificadoras de la Administración tributaria, para luego adentrarnos en su concepto, tipologías y diferencias con el procedimiento de fiscalización. En su segunda parte, todo nuestro enfoque recae en las incongruencias e inconstitucionalidad del procedimiento, tal como fue disciplinado en el COT/2001.

El *Capítulo II. Los procedimientos de verificación de declaraciones y cumplimiento de deberes formales del Código Orgánico Tributario de* 2014[2] se encarga del análisis descriptivo de los artículos 182 al 186 del Código Orgánico Tributario de 2014 (COT/2014), que regulan los procedimientos de verificación para, de manera sintética, volver sobre los aspectos fundamentales de la estructura del procedimiento y sus tipologías sobre las declaraciones tributarias y los deberes formales de los sujetos obligados, haciendo mención aparte sobre la importante institución de la "cosa determinada", a propósito de la interacción entre este procedimiento y el de fiscalización, para cerrar con una revisión crítica de la verificación bajo los lineamientos del artículo 49 de la Constitución.

En el *Capítulo III. Praxis (administrativa y judicial) en torno al procedimiento de verificación tributaria: casos Impuesto Sobre Sucesiones e Impuesto al Valor Agregado*[3], nos dedicamos, como su rótulo permite apreciar, a evaluar la (entonces) práctica administrativa, administrativa y judicial, en relación con el procedimiento de verificación tributaria. Particularmente, la praxis administrativa se centraba en las verificaciones realizadas a las declaraciones de Impuesto Sobre Sucesiones (ISS) y de enteramientos de las retenciones del Impuesto al Valor Agregado

---

2 Versión original en: ABACHE CARVAJAL, Serviliano, "El procedimiento de verificación de declaraciones y cumplimiento de deberes formales", en SOL GIL, Jesús *et al.* (Coords.), *Manual Venezolano de Derecho Tributario*, tomo I, AVDT, Caracas, 2013.

3 Versión original en: ABACHE CARVAJAL, Serviliano, "Praxis (administrativa y judicial) en torno al procedimiento de verificación tributaria: estado actual", *Anuario de Derecho Público*, N° 3, FUNEDA, Caracas, 2010.

(IVA). Por su parte, el análisis de la praxis judicial consistió en la revisión de las tendencias jurisprudenciales entre 2004 y 2009.

El *Capítulo IV. Tras la justicia convencional. Análisis jurisprudencial del derecho humano a la defensa en el procedimiento de verificación tributaria*[4] se estructura en tres partes: en la primera, presentamos nuestro análisis de los tratados de derechos humanos y su consagración constitucional en Venezuela, para luego entrar en detalle con la regulación del derecho humano a la defensa en la Convención Americana sobre Derechos Humanos y en el Pacto Internacional de Derechos Civiles y Políticos; en la segunda, nos dedicamos al estudio de la sentencia N° 531 del 27-04-2011 de la Sala Político-Administrativa del Tribunal Supremo de Justicia (TSJ/SPA), dado el golpe de timón que la misma supuso; y en la tercera, ofrecemos una solución interpretativa al galimatías administrativo y jurisprudencial expuesto.

En el *Capítulo V. Las "verificaciones inmediatas" de deberes formales y la eficacia de los actos tributarios en el Código Orgánico Tributario de 2020. A propósito de una nueva práctica de la Administración tributaria*, nos ocupamos de una de las actuales prácticas de la autoridad fiscal nacional, consistente en sustanciar procedimientos de "verificaciones inmediatas" de deberes formales. A estos fines, empezamos revisando el régimen legal de eficacia de los actos administrativos, en general, para luego dedicarnos a las reglas específicas de eficacia de los actos tributarios, en particular, todo con la finalidad de evaluar la legalidad (o no) de las indicadas "verificaciones inmediatas".

El *Capítulo VI. La verificación tributaria (virtual) y los nuevos "reparos de pantalla" bajo el Código Orgánico Tributario de 2020. El caso de la contribución especial de pensiones*, también se encarga de otra práctica administrativa reciente y en pleno

---

[4] Versión original en: ABACHE CARVAJAL, Serviliano, "Tras la justicia fiscal. Análisis jurisprudencial del derecho a la defensa en el procedimiento tributario venezolano", *Justicia tributaria*, ACIENPOL - Acceso a la Justicia - FUNEDA - UNIMET, Colección Estado de Derecho, tomo IV, Caracas, 2012.

desarrollo, como lo es la correspondiente a la imposición de sanciones en materia de la contribución especial establecida en la Ley de Protección de Pensiones (LPP), mediante los que hemos denominado "reparos de pantalla" -fácilmente se podrá inferior por qué-, los cuales son el resultado de la aplicación (virtual) del procedimiento de verificación tributaria. Luego de abordar los problemas de forma que implican tales actuaciones de la Administración tributaria, también nos ocupamos de los problemas de fondo, particularmente en relación con la vigencia de la LPP y su aplicación temporal, y la realidad fáctica en cuanto a los hecho y base imponibles de la contribución, en el caso de las personas jurídicas sancionadas.

En el *Capítulo VII. El procedimiento de verificación y la responsabilidad patrimonial del Estado*[5], como corolario de lo desarrollo en los capítulos anteriores, nos adentramos en las consecuencias dañosas que genera la aplicación administrativa del procedimiento de verificación. A estos fines, primero abordamos algunas generalidades sobre la institución de la responsabilidad patrimonial del Estado, para luego volcar nuestra atención en su regulación constitucional y legal en el ordenamiento jurídico venezolano, de la mano con la jurisprudencia. Luego, partiendo de los lineamentos antes desarrollados, se evalúa cómo la aplicación administrativa de la verificación tributaria tiene la entidad para actividad la responsabilidad patrimonial de la Administración tributaria. Lo mismo hacemos, a renglón seguido, de cara a los posibles daños que pueden generar las sentencias sobre el procedimiento de verificación y, eventualmente, las lesiones indemnizables en cabeza del Estado legislador por las omisiones incurridas en el COT sobre el cauce formal del procedimiento de verificación.

---

5 Versión original en: ABACHE CARVAJAL, Serviliano, "La responsabilidad patrimonial del Estado 'administrador, juez y legislador' tributario venezolano. Especial referencia al paradigmático caso del procedimiento de verificación" (Relatoría Nacional - Venezuela), *Memorias de las XXV Jornadas Latinoamericanas de Derecho Tributario*, Tomo II, Abeledo Perrot - Instituto Latinoamericano de Derecho Tributario - Instituto Colombiano de Derecho Tributario, Buenos Aires, 2010.

En el *Capítulo VIII. La verificación a más de 40 años de codificación tributaria en Venezuela. Crónica legislativa, administrativa y jurisprudencial*[6], como su título lo delimita, se presenta una sistematización de lo ocurrido en torno al procedimiento de verificación desde las perspectivas legislativa, administrativa y jurisprudencial, esto es, una evaluación diacrónica de todo lo suscitado a lo largo de la vida de este procedimiento, desde su incorporación en el COT/2001 hasta la fecha, con la idea de presentar una fotografía completa o amplia del mismo y, así, saber dónde estamos y poder apuntar a dónde vamos.

Para terminar, en las *Conclusiones*, como es de rigor, resumimos de manera puntual nuestro balance sobre el procedimiento de verificación.

En todas las investigaciones indicadas, que ahora integran varios de los capítulos de este estudio, hemos realizado cambios –de forma y fondo–, bien para revisar nuestros planteamientos, bien para lisamente replantearlos. Después de todo, no es poco el tiempo que ha transcurrido desde nuestras primeras aproximaciones a este procedimiento hasta la más reciente, apenas pasada al papel. Pudiera decirse, incluso, que este libro se estuvo escribiendo "a fuego lento" durante veinte años.

En esa línea, el orden expositivo del trabajo sigue un enfoque cronológico, empezando por nuestros análisis del COT/2001, pasando luego al COT/2014, para así llegar al vigente COT/2020, con sus respectivas prácticas administrativas y tendencias jurisprudenciales en cada etapa.

Finalmente, quiero agradecer a varias personas.

Primero que nada, a mi padre, el Prof. Serviliano ABACHE BLANCO, mi máxima inspiración y mejor ejemplo de dedicación,

---

6 Versión original en: ABACHE CARVAJAL, Serviliano, "La verificación a los 30 años de codificación tributaria en Venezuela. Crónica de un sinsentido legislativo, administrativo y jurisprudencial", en BAUTE CARABALLO, Pedro (Coord.), *30 años de la codificación del Derecho tributario venezolano. Memorias de las XI Jornadas Venezolanas de Derecho Tributario*, tomo II, AVDT, Caracas, 2012.

estudio, arduo trabajo y pensamiento crítico, quien recientemente nos dejó -apenas físicamente, *jamás* espiritualmente-, cuya influencia está presente de inicio a cierre en este libro, del cual pudo leer, y agudamente mejorar, varios capítulos. Gracias papá, por siempre "*estar-ahí*".

También, mi agradecimiento al Prof. Antonio SILVA ARANGUREN, por su amable invitación -de hace ya algunos años- para preparar y dar un trabajo a la edición del muy prolífico y reputado Centro para la Integración y el Derecho Público (CIDEP). Misión finalmente cumplida, apreciado amigo.

Para cerrar, y como por cosas de la vida se ha convertido en una muy feliz costumbre, mi muy sentido agradecimiento al Maestro Allan R. BREWER-CARÍAS, en esta oportunidad, además, por *partida doble*: en primer lugar, por respaldar nuevamente la edición de un trabajo de mi autoría con la prestigiosa Editorial Jurídica Venezolana, cuyos aportes en la divulgación del Derecho venezolano, y allende nuestras fronteras, son realmente incalculables; y en segundo lugar, por honrarme con la preparación de su magistral prólogo para este libro, a partir de la aplicación de la garantía del debido proceso al procedimiento tributario. *¡Qué honor, querido Maestro!*, *¡Qué honor!*

Caracas, mayo de 2026

SAC

CAPÍTULO I: REGULACIÓN, INCONGRUENCIAS E INCONSTITUCIONALIDAD DEL PROCEDIMIENTO DE VERIFICACIÓN TRIBUTARIA DEL CÓDIGO ORGÁNICO TRIBUTARIO DE 2001

El Código Orgánico Tributario de 2001[7] (COT/2001) nació a la par del siglo XXI. Ya a finales del siglo anterior, se venía profundizando la tendencia a nivel mundial del respeto hacia los derechos fundamentales del hombre, que muchos países han incluido de manera expresa en sus constituciones, especialmente aquéllos como el nuestro que gozan de nuevas Cartas Magnas. Éste es uno de los avances que se han señalado sobre nuestra Constitución[8], cuyo Preámbulo destaca la tendencia a impulsar y consolidar "la garantía universal e indivisible de los derechos humanos". Además de ello, dedica todo el Título III, denominado "De los Deberes, Derechos Humanos y Garantías", para su consagración expresa, amén de los derechos y garantías que se encuentran plasmados de manera dispersa en el resto del texto constitucional.

La constitucionalización de los derechos fundamentales se ha extendido al fenómeno mundial de la constitucionalización del Derecho en sí. Cada vez es mayor la importancia y relevancia que han adquirido los derechos constitucionales -sustantivos y adjetivos- en el Derecho administrativo, Derecho civil, Derecho procesal, y demás ramas del Derecho, no siendo

[7] Gaceta Oficial N° 37.305, 17-10-2001.

[8] Publicada inicialmente en Gaceta Oficial N° 36.860, 30-12-1999 y reimpresa posteriormente con algunas "correcciones" en Gaceta Oficial N° 5.453 Extraordinario, 24-03-2000. Su primera enmienda, así como el texto íntegro de la Constitución, fueron publicados en Gaceta Oficial N° 5.908 Extraordinario, 19-02-2009.

excepción nuestra particular rama de estudio, dedicación y ejercicio, el Derecho tributario.

Así llegamos, entonces, a los derechos y garantías fundamentales que detenta el contribuyente frente a la Administración tributaria, y el respeto de éstos en los procedimientos administrativos tributarios, como lo es el procedimiento de verificación tributaria, objeto de este estudio. Este procedimiento debe siempre enfocarse y analizarse –al igual que todos los procedimientos regulados en el COT– desde la perspectiva dogmática constitucional, máxime con el marcado autoritarismo fiscal, que no hace más que evidenciar y materializar, en detrimento del derecho a la defensa y al debido proceso, la extralimitación de las potestades, facultades y atribuciones que posee la Administración tributaria.

Resulta oportuno, y antes de entrar al asunto que nos ocupa, recordar en estos momentos de crisis en los valores institucionales y carencia absoluta de un verdadero "Estado de Derecho", las acertadas palabras de la mejor doctrina nacional, según la cual:

> ...la hora ha sonado en Venezuela, de acudir sistemáticamente a la interpretación constitucional directa y a la implementación del moderno concepto de la Constitución como norma de aplicación inmediata, tutora privilegiada de la libertad y del resto del elenco de los derechos humanos fundamentales, para que los tributaristas, a más de sus cifras, planificaciones, asesorías, consultas, auditorías y recomendaciones de carácter sustantivo, contribuyan decididamente, desde la perspectiva procesal, a hacer realidad el derecho al libre desenvolvimiento de la personalidad, comprensivo de la felicidad, la seguridad y la tranquilidad del individuo[9].

---

9 Blanco-Uribe Quintero, Alberto, "Eliminación de los efectos suspensivos de los recursos tributarios. Una inconstitucionalidad", en Sol Gil, Jesús (Coord.), *Estudios sobre el Código Orgánico Tributario de* 2001, AVDT, Caracas, 2002, pp. 687-688.

I. EL PROCEDIMIENTO DE VERIFICACIÓN TRIBUTARIA REGULADO EN EL CÓDIGO ORGÁNICO TRIBUTARIO DE 2001

1. Delimitación conceptual de los procedimientos tributarios abordados

A. Determinación tributaria

El procedimiento de determinación tributaria consiste, sabido es, en el acto o serie de actos realizados por el contribuyente, la Administración tributaria o ambos de manera conjunta, destinados a declarar la existencia y cuantía, o inexistencia, de la obligación tributaria.

En Venezuela, la más calificada doctrina ha señalado que:

> ...debemos aplicar el vocablo determinación para identificar a esa operación mediante la cual se busca precisar la existencia, o inexistencia, de la obligación tributaria, en cada caso en particular, con todos los elementos referidos al sujeto activo, al sujeto pasivo, a la base imponible, al monto de la deuda tributaria o liberación de ésta[10].

Por su parte, en la doctrina extranjera encontramos una gran cantidad de definiciones sobre la determinación tributaria. Al sur de nuestro hemisferio, tenemos los más grandes exponentes de la materia en Argentina. Según JARACH "la determinación tributaria es un acto jurídico de la administración en el cual ésta manifiesta su pretensión, contra determinadas personas en carácter de contribuyentes o responsables, de obtener el pago de la obligación tributaria sustantiva"[11]. Para VILLEGAS "es el acto o conjunto de actos dirigidos a precisar en cada caso sí existe una deuda tributaria (*an debeatur*), quién es el obligado a pagar el tributo al fisco (sujeto pasivo) y cuál es el

---

[10] VAN DER VELDE HEDDERICH, Ilse, *In Memoriam Ilse van der Velde Hedderich*, AVDT, Caracas, 2001, p. 6.

[11] JARACH, Dino, *Curso superior de Derecho tributario*, Liceo Profesional Cima, Buenos Aires, 1969, p. 402.

importe de la deuda (*quantum debeatur*)"[12]. En opinión muy similar a las anteriores, GIULIANI FONROUGE sostiene que la determinación de la obligación tributaria:

> ...consiste en el acto o conjunto de actos emanados de la administración, de los particulares o de ambos coordinadamente, destinados a establecer en cada caso particular, la configuración del presupuesto de hecho, la medida de lo imponible y el alcance cuantitativo de la obligación[13].

En Europa, específicamente en España, MARTÍN QUERALT y otros consideran que la gestión tributaria:

> ...es una tarea administrativa de mera aplicación del contenido sustancial del instituto, pero sin efectos ni incidencia sobre él; desarrollada a través de procedimientos y actos administrativos con los que se persigue, fundamentalmente, comprobar los términos en que se han producido los hechos imponibles y obtener los ingresos que de esa realización derivan[14].

Por otro lado, SAINZ DE BUJANDA, al delimitar el concepto de gestión tributaria, comprensiva de la determinación, es de la opinión que la misma se refiere "al conjunto de actividades, reguladas por el ordenamiento jurídico (Derecho tributario formal), que tienen por objeto dar efectividad material a las normas reguladoras del tributo, determinando la cuantía de las deudas tributarias y procediendo a su cobro"[15].

B. Fiscalización tributaria

El procedimiento de fiscalización tributaria consiste en un conjunto de actos destinados a indagar exhaustivamente y

---

[12] VILLEGAS, Héctor B., *Curso de finanzas, Derecho financiero y tributario*, Editorial Astrea, 8° ed., Buenos Aires, 2002, p. 395.

[13] GIULIANI FONROUGE, Carlos M., *Derecho financiero*, volumen I, Ediciones Depalma, 2° ed., Buenos Aires, 1970, p. 481.

[14] MARTÍN QUERALT, Juan, LOZANO SERRANO, Carmelo, CASADO OLLERO, Gabriel, y TEJERIZO LÓPEZ, José M., *Curso de Derecho financiero y tributario*, Editorial Tecnos, 7° ed., Madrid, 1996, p. 346.

[15] SAINZ DE BUJANDA, Fernando, *Lecciones de Derecho financiero*, Servicio de Publicaciones de la Facultad de Derecho de la Universidad Complutense de Madrid, 10° ed., Madrid, 1993, p. 309.

exigir el cumplimiento de las obligaciones principales y deberes formales de los contribuyentes y responsables de la relación jurídico-tributaria, que puede realizar la Administración tributaria en razón de su facultad de investigación y auditoría.

Sobre este procedimiento, FRAGA-PITTALUGA ha explicado que:

> En nuestro país, el principio rector de la actividad fiscalizadora, como bien lo ha expresado la jurisprudencia, es que la Administración Tributaria debe agotar todos los recursos a su alcance para determinar con precisión, sobre datos ciertos y veraces, la renta imponible de los contribuyentes, teniendo siempre presente que su misión es la de fijar en sus justos límites la capacidad contributiva de aquéllos[16].

Por su parte, la doctrina comparada ha aportado en gran cantidad al concepto y finalidad del procedimiento de fiscalización tributaria. Según ZICCARDI, el procedimiento de fiscalización tiene como finalidad:

> ...lograr cumplir el mandato constitucional de que los tributos se impongan a los contribuyentes en forma proporcional y equitativa, atendiendo así a su capacidad contributiva, evitando que la imposición recaiga en aquellos ciudadanos con mayor conciencia como tal, de modo de no beneficiar a los que incumplen sus obligaciones tributarias, siendo a éstos a quienes deben dirigirse preferentemente las tareas del Estado en la fiscalización[17].

De otro lado, DÍAZ considera que las facultades de inspección o fiscalización de la Administración tributaria tienen como norte:

> ...comprobar y verificar los hechos, actos, situaciones, explotaciones y demás circunstancias que integren o condicionen el hecho imponible, como la integración de las bases impo-

---

16 FRAGA-PITTALUGA, Luis, *La defensa del contribuyente frente a la Administración tributaria*, FUNEDA, Caracas, 1998, p. 12. Al respecto, *vid.* Sentencia de 17-01-1996, Corte Suprema de Justicia, Sala Político-Administrativa (Especial Tributaria), caso *Banco Consolidado*.

17 ZICCARDI, Horacio, "Derecho tributario administrativo o formal", en GARCÍA BELSUNCE, Horacio A. (Dir.) *Tratado de tributación. Derecho tributario*, tomo I, vol. II, Editorial Astrea, Buenos Aires, 2003, p. 201.

nibles o en su defecto la realización de actuaciones de información siempre referidas a una situación tributaria concreta[18].

Para finalizar con las posiciones más conocidas de la doctrina extranjera en torno al procedimiento de fiscalización, PÉREZ DE AYALA, al referirse a las actuaciones de investigación para iniciar y llevar a cabo el procedimiento de gestión tributaria, indica que las mismas están "dirigidas a descubrir y determinar hechos imponibles y bases imponibles que no hayan sido objeto de declaración o que lo hayan sido sólo parcialmente"[19].

C. Verificación tributaria

El procedimiento de verificación tributaria tiene como finalidad -tal como su nombre lo indica- constatar, confirmar o revisar si efectivamente el contribuyente ha declarado correctamente, y si tanto éste como los responsables han cumplido con los demás deberes formales inherentes al desarrollo de sus actividades. Dicho de otra manera, cuando la Administración tributaria lleva a cabo este procedimiento, además de revisar la declaración del contribuyente, en supuestos de autodeterminación o de determinación mixta, está facultada para exigir las informaciones y documentos que de alguna manera sirvan para demostrar el cumplimiento o incumplimiento de los deberes formales, preceptuados en el artículo 145 del COT/2001. En otras palabras, verificar no es más que comprobar la veracidad de la información aportada por el sujeto pasivo de la obligación tributaria.

Ahora bien, este tipo de procedimiento no es exclusivo de nuestra legislación. En España encontramos su par en el denominado "Procedimiento de Comprobación Abreviada" regulado en la Ley General Tributaria (LGT) de ese país. Al respecto, ARIAS VELASCO y SARTORIO ALBALAT indican que:

---

[18] DÍAZ, Vicente Oscar, *Límites al accionar de la inspección tributaria y derechos del administrado*, Ediciones Depalma, Buenos Aires, 1997, p. 37.

[19] PÉREZ DE AYALA, José Luis, *Derecho tributario*, Editorial de Derecho Financiero, Madrid, 1968, p. 279.

> A través de la comprobación abreviada se lleva a cabo una comprobación formal de los datos consignados en las declaraciones tributarias a través de la constatación de éstos con los datos consignados en las mismas, los justificantes presentados con la declaración o requeridos al efecto, así como los elementos de prueba de que dispone la propia Administración. El cotejo de todos estos elementos puede poner de manifiesto errores aritméticos o incluso en la aplicación de las normas jurídicas por parte del declarante, que serán detectados a través de esta comprobación. Incluso la falta de declaración o la declaración incompleta del hecho imponible puede ser detectada por el órgano de gestión a través de los elementos de prueba que obran en su poder[20].

Continúan los mencionados autores, explicando que la LGT establece en su artículo 140, que "la realización de estas actividades de comprobación por los órganos de gestión no excluye la posibilidad de que la Inspección de los tributos desarrolle en relación al mismo sujeto actividades de comprobación e investigación"[21].

2. El procedimiento sancionador

El procedimiento sancionador es una modalidad particular del procedimiento administrativo general. Ambos desembocan en el dictado de un acto administrativo, con la diferencia que, el procedimiento que brevemente trataremos bajo este particular, tiene la finalidad específica de constatar la comisión de una presunta infracción por parte de un administrado, e imponerle la sanción correspondiente en caso afirmativo, o declararlo inocente en el caso contrario.

Las sanciones, sabido es, se diferencian de las penas –en sentido estricto–, porque aquéllas son impuestas por la Administración, y éstas por los tribunales penales[22]. Como procedi-

---

20 ARIAS VELASCO, José y SARTORIO ALBALAT, Susana, *Procedimientos tributarios*, Marcial Pons, 6° ed., Madrid, 1996, p. 111.

21 *Ibid.*, p. 112.

22 GARCÍA DE ENTERRÍA, Eduardo y FERNÁNDEZ, Tomás-Ramón, *Curso de Derecho administrativo*, tomo II, Editorial Civitas, 4° ed., Madrid, 1993, p. 163.

miento administrativo al fin, el cause sancionador se ciñe a la estructura o diseño clásico de todo procedimiento administrativo -iniciación, sustanciación o instrucción y decisión-, y se informa de los mismos principios, con ciertas particularidades meramente formales e instrumentales que le son propias, amén de los principios jurídicos-penales que están inmersos en el mismo.

La iniciación de este procedimiento se hace -en principio- de oficio por la Administración. Una vez iniciado el mismo y notificado al administrado investigado los cargos que se le imputan, nacen para él los derechos de participación en su tramitación, y para la Administración, la obligación de impulsarlo hasta su culminación. Así comienza la fase de sustanciación o instrucción del procedimiento.

En esta segunda etapa del procedimiento, que es por demás la más trascendental, se ventilan, en principio, todas la alegaciones y pruebas que pueda aportar el administrado en ejercicio de su derecho de participación en la formación de la voluntad administrativa -conducidas al esclarecimiento de los hechos y la calificación de los mismos-, fase ésta que cobra aun mayor importancia en los procedimientos sancionadores, en los cuales los derechos a la defensa y a la presunción de inocencia del administrado están íntimamente involucrados. En efecto, a ningún particular debe imponérsele sanción alguna sin antes habérsele brindado la oportunidad respectiva para ser oído y formular descargos y presentar pruebas.

Finalmente, este procedimiento concluye con la decisión o resolución debidamente motivada, que impone la sanción o exime de responsabilidad al investigado, en la que debe constar la valoración explícita de las pruebas practicadas en resguardo del principio de congruencia administrativa.

Como vemos, cobra así mayor relevancia en estos procedimientos sancionadores la tutela de los derechos y garantías constitucionales de defensa del administrado, en pro de evitar la aplicación de sanciones dictadas a espaldas de los mismos, las cuales estarían -sin lugar a dudas- viciadas de nulidad absoluta por inconstitucionalidad.

En razón de lo expuesto, y situándonos ahora en el procedimiento de verificación tributaria, consideramos que el mismo tiene una naturaleza jurídica mixta con grados diferentes; en un primer plano, es un procedimiento *determinativo* de la obligación tributaria, pero a su vez, y debido a los ilícitos tributarios que pudiere detectar la Administración en su realización y en razón de la facultad que ésta detenta para imponer sanciones a los contribuyentes y responsables, en un segundo plano es un procedimiento *sancionador*.

Sin embargo, la finalidad de este tipo de procedimiento no es valorar una conducta presuntamente ilegal del contribuyente ni la subsiguiente imposición de sanciones, en caso de que se establezca su veracidad, sino llevar a cabo el procedimiento determinativo de la obligación tributaria y la comprobación y constatación del cumplimiento de las demás obligaciones y deberes de los sujetos pasivos tributarios.

Tenemos, entonces, que si bien pueden resultar sancionados los sujetos pasivos tributarios con ocasión del procedimiento de verificación, tales sanciones dependerán de los hallazgos de incumplimientos de la normativa impositiva que obtenga la Administración tributaria en la ejecución de la preponderante actividad determinativa de este procedimiento, lo que se traduce, a nuestro entender, como recién señalamos, en concluir por calificar de mixta la naturaleza jurídica del mismo, aun cuando tal mixtura no sea equitativa, sino más bien evidenciando el carácter *principal* de la naturaleza determinativa, y el carácter *accesorio* o *secundario* de la naturaleza sancionadora, con los matices más adelante precisados.

Debemos tener presente que los procedimientos determinativos y los sancionadores, son por su naturaleza, fundamento y efectos, distintos e inconfundibles entre sí. El primero está destinado a establecer el nacimiento o no de la obligación tributaria; tiene su fundamento en el tributo mismo y en la competencia tributaria para determinarlo, y su efecto es declarar la existencia o inexistencia de la deuda fiscal. Por su parte, el procedimiento sancionador va dirigido al establecimiento de una sanción; su fundamento es el *ius puniendi* del Estado y su efecto es la aplicación o no de una sanción, en caso de verificarse los hechos constitutivos de la infracción de acuerdo con la tradicional fórmula penal: acción típica, antijurídica y culpable. No obstante sus marcadas diferencias, al igual que ocurre en legislaciones extranjeras, la nuestra confunde y mezcla estos procedimientos en un mismo cauce formal[23].

Sentada la naturaleza mixta –determinativa y sancionadora– del procedimiento de verificación tributaria, queda clara entonces la gran importancia del cumplimiento por parte de la Administración del inicio y sustanciación del procedimiento (notificación y audiencia del administrado), para permitirle

---

23 La falta de separación procedimental entre la determinación de la obligación tributaria y la imposición de sanciones, puede traducirse en la práctica a una serie de violaciones de los derechos del contribuyente, específicamente del *derecho a no autoinculparse* o a *no declarar contra sí mismo*. En cumplimiento del deber de colaboración con la Administración y bajo la amenaza de sanción por incumplir con dicho deber en el procedimiento determinativo, el contribuyente se puede ver obligado a proporcionar información a la Administración tributaria que, luego, es empleada por ésta para fundamentar la imposición de las sanciones que considere pertinente. De esta manera, el contribuyente facilitaría información a la Administración que dentro de un procedimiento estrictamente sancionador no estaría obligado a suministrar por razón del derecho mencionado. Al respecto, *vid.* MARTÍN FERNÁNDEZ, Javier, "El derecho a no autoinculparse y a no declarar contra sí mismo en el procedimiento sancionador en materia tributaria"; LAGO MONTERO, José María, "Procedimiento sancionador separado del procedimiento de liquidación tributario. Reflexiones sobre el derecho a no autoinculparse"; SOLER ROCH, María Teresa y ALIAGA AGULLÓ, Eva, "La configuración autónoma del procedimiento sancionador en materia tributaria"; todos en XIX *Jornadas Latino-Americanas de Direito Tributário-Livro 2 A criminalização das infracçoes fiscais*, Associaçao Fiscal Portuguesa (AFP), Lisboa, 1998; y AGUALLO AVILÉS, Ángel y GARCÍA BERRO, Florian, "Deber de colaborar con la administración tributaria y derecho a no autoinculparse: un conflicto aparente", *Anais Das XX Jornadas Do Instituto Latinoamericano de Derecho Tributario*-ILADT-Ano 2000-*Salvador-Bahia. Tema I: Direitos Humanos e Tributação*, Associação Brasileira de Direito Financeiro, Salvador-Bahia, 2000.

hacer valer sus alegatos y pruebas, en observancia a los derechos y garantías constitucionales de defensa y del debido proceso.

3. Breves comentarios sobre los antecedentes del procedimiento de verificación tributaria en la legislación venezolana

A. Leyes anteriores a los Códigos Orgánicos Tributarios

Aun cuando escapa del objeto de este análisis una profundización histórica-legislativa sobre las primeras regulaciones de la verificación tributaria, nos parece oportuno indicar que la misma no tuvo su origen con la codificación tributaria venezolana, sino en variadas leyes muy anteriores a ésta.

En este sentido, las facultades verificadoras de la Administración son de antigua data en nuestra legislación, positivizadas en leyes tan viejas como la Ley sobre varios Ramos de la Renta Nacional de 1923, Ley de Impuesto sobre la Renta de 1955, y en la primera Ley Orgánica de la Hacienda Pública Nacional dictada en 1918.

En este orden de ideas, la mencionada Ley sobre varios Ramos de la Renta Nacional al describir el procedimiento de liquidación del impuesto de herencias y legados dejados a colaterales y a extraños, establecía en su artículo 6, numeral 10, que:

> Verificada la exactitud de la declaración o corregidos sus datos, el Fiscal hará una liquidación de la herencia y de los derechos correspondientes al Fisco, de acuerdo con lo que resulta de su verificación. Esta liquidación junto con las observaciones que de ella haga el Fiscal será notificada al interesado y agregada al expediente a los efectos de los incisos 11, 12 y 13.

Por otro lado, la indicada Ley de Impuesto sobre la Renta establecía en su artículo 56, que:

> Si de la verificación de los datos expresados en la declaración, resultaren reparos y el impuesto que se liquide exce-

diere en más del diez por ciento (10%) del obtenido tomando por base los datos declarados, se impondrá al contribuyente una multa que podrá ser desde un décimo hasta el doble del exceso.

Igualmente, la Ley Orgánica de la Hacienda Pública Nacional señalada establecía en su artículo 113, numeral 4, dentro de las atribuciones de los empleados y oficinas encargados de la administración y liquidación de rentas nacionales, que éstos podían: "Verificar la exactitud de los datos suministrados en las declaraciones, confrontándolos con los que tiene registrados la oficina y con cualesquiera otros datos e informaciones que obtenga".

Por su parte, la Ley de Impuesto sobre Sucesiones, Donaciones y Demás Ramos Conexos y la Ley de Impuesto sobre la Renta de 2001, mantienen algunas normas aisladas que otorgan facultades verificadoras a la Administración tributaria[24], las cuales, vale decir, no ameritan comentario alguno, debido a que el procedimiento de verificación tributaria en sí, está íntegramente regulado en el COT/2001 y, en consecuencia, todos los comentarios y críticas que haremos a éste, son perfectamente válidos y trasladables para las demás normas sobre la materia recogidas en las mencionadas leyes.

B. Códigos Orgánicos Tributarios de 1982, 1992 y 1994

El COT/2001 no es el primero de su especie en regular las facultades verificadoras de la Administración tributaria. Por el contrario, éstas fueron incluidas en nuestro primer Código Orgánico Tributario de 1982 (COT/1982)[25]. Para aquel entonces, la verificación tributaria estaba plasmada de una manera más reducida. Carecía de una regulación propia y autónoma, y

---

24 Al respecto, *vid.* Artículos 37, 38, 39 y 40 de la Ley de Impuesto sobre Sucesiones, Donaciones y Demás Ramos Conexos, publicada en Gaceta Oficial N° 5.391 Extraordinario, 22-10-1999; y artículo 171 de la Ley de Impuesto sobre la Renta, publicada en Gaceta Oficial N° 5.566 Extraordinario, 28-12-2001.

25 Gaceta Oficial N° 2.992 Extraordinario, de 03-08-1982.

era apenas mencionada en un sólo artículo dentro de la normativa relativa a la determinación tributaria, contenida en el Capítulo II del Título IV (Administración Tributaria) El artículo 113 establecía que: "La Administración Tributaria podrá *verificar la exactitud de las declaraciones.* // Podrá asimismo proceder a la determinación de oficio, sobre base cierta o sobre base presunta, en cualquiera de las siguientes situaciones: (...)" (resaltado agregado).

Esta norma nada decía sobre la verificación de los deberes formales de los sujetos pasivos, limitándose a la verificación de la exactitud de las declaraciones de los contribuyentes de la obligación tributaria, y la misma fue repetida –sin cambios– por el legislador del año 1992. En esta primera reforma de la ley general tributaria del país (COT/1992)[26], la norma pasó a estar contenida en el artículo 123.

Por su parte, el legislador del año 1994, al dictar su segunda reforma parcial (COT/1994)[27], introdujo un cambio a la disposición. El artículo 118 del COT/1994 disponía lo siguiente: "La Administración Tributaria podrá *verificar la exactitud de las declaraciones* y proceder a la determinación de oficio, sobre base cierta o sobre base presunta, en cualesquiera de las siguientes situaciones: (...)" (resaltado agregado).

Como se observa, la diferencia entre esta disposición y las contenidas en los COT/1982 y COT/1992, estriba en que éstos separaban la facultad verificadora de la Administración tributaria, realizada con ocasión a la autodeterminación del contribuyente, de la facultad de determinación oficiosa. Aunque en nuestra opinión parecía estar más clara la situación bajo la vigencia de esos Códigos, por estar la verificación tributaria y la determinación oficiosa en párrafos distintos, y no como en el COT/1994 que unió dichos párrafos, reinó gran confusión en torno a la naturaleza y autonomía de la verificación tributaria, tema que fue tratado por la jurisprudencia, como veremos *infra*. Lo anterior sirvió para, no sólo dilucidar el sentido de la

---

[26] Gaceta Oficial N° 4.466 Extraordinario, 11-09-1992.

[27] Gaceta Oficial N° 4.727 Extraordinario, 27-05-1994.

norma y la intención del legislador, sino también para delimitar conceptualmente el procedimiento de verificación tributaria, y las diferencias entre éste y el procedimiento de fiscalización.

4. El procedimiento de verificación tributaria establecido en el Código Orgánico Tributario de 2001

A. Concepto del procedimiento de verificación tributaria

A diferencia de los anteriores, el COT/2001 delimitó más formalmente las facultades verificadoras en cabeza de la Administración tributaria, dedicándole una sección completa a este procedimiento -con todas las críticas y deficiencias que señalaremos más adelante-, en el cual se distinguen dos tipos de verificación tributaria, cómo deben llevarse a cabo, y qué ocurre en caso de constatarse incumplimientos o irregularidades por parte de los sujetos pasivos en ambos tipos de verificaciones.

Por su parte, la doctrina y, especialmente, la jurisprudencia, se han pronunciado sobre este procedimiento. Empero, a diferencia de lo que se entendía por verificación bajo la vigencia de los COT anteriores, el COT/2001 presentó algunos cambios a este procedimiento, dentro de los cuales destaca la inclusión de un nuevo tipo de verificación sobre los deberes formales de los sujetos pasivos de la obligación tributaria.

La verificación tributaria pasó de ser un procedimiento determinativo y sancionador, por medio de la constatación de la correcta o incorrecta declaración de los contribuyentes, a un procedimiento tributario determinativo y revisor del cumplimiento de los deberes formales de los contribuyentes y responsables, manteniendo su carácter sancionador en caso de incumplir con éstos.

En este sentido, el procedimiento de verificación tributaria es el procedimiento administrativo tributario por medio del cual la Administración tributaria revisa, de oficio, la exactitud de las declaraciones presentadas por los contribuyentes o responsables, determinando la existencia o no de la obligación tributaria y constatando el cumplimiento de los deberes formales de los sujetos pasivos de la obligación tributaria, pudiendo imponer, en caso de comprobarse irregularidades o incumplimientos que constituyan ilícitos tributarios, las respectivas sanciones.

De lo anterior, se desprenden las características siguientes del procedimiento de verificación tributaria:

a. Es un procedimiento administrativo tributario.
b. Se inicia de oficio por la Administración tributaria.
c. Tiene doble finalidad: la revisión de la exactitud de las declaraciones presentadas por los sujetos pasivos tributarios, determinando la existencia o inexistencia de la obligación tributaria, así como la constatación del cumplimiento de los deberes formales de los mismos.
d. En caso de comprobarse irregularidades o incumplimientos que constituyan ilícitos tributarios, la Administración tributaria podrá imponer las sanciones respectivas.
e. La verificación de la declaración tiene una naturaleza jurídica mixta, revisora-determinativa y sancionadora; mientras que la verificación de los deberes formales, aun cuando también es de naturaleza mixta revisora y sancionadora, no es determinativa.

B. Tipos de procedimientos de verificación tributaria

De acuerdo con el artículo 172 del COT/2001:

> La Administración Tributaria podrá *verificar las declaraciones presentadas por los contribuyentes o responsables*, a los fines de realizar los ajustes respectivos y liquidar las diferencias a que hubiere lugar.
> Asimismo, la Administración Tributaria podrá *verificar el cumplimiento de los deberes formales previstos en este Código y demás disposiciones de carácter tributario, y los deberes de los agentes de retención y percepción, e imponer las sanciones a que haya lugar.* (Resaltado agregado).

De este artículo se desprenden los dos tipos de verificación tributaria: (*i*) la verificación de las declaraciones presentadas por los contribuyentes o responsables, y (*ii*) la verificación del cumplimiento de los deberes formales de los sujetos pasivos de la obligación tributaria.

Sobre la verificación de las declaraciones presentadas por los contribuyentes o responsables, este tipo de verificación tributaria era la única que existía hasta la reforma del COT/2001, la cual consiste en la "verificación de la declaración del sujeto pasivo". La misma se encontraba plasmada en el artículo 118 del COT/1994, según el cual: "La Administración tributaria podrá verificar la exactitud de las declaraciones y (...)".

Como se evidencia de un análisis del COT/2001 y del COT anterior, este tipo de verificación ha experimentado algunos cambios, como consecuencia de una regulación más formal y detallada del procedimiento.

Este tipo de verificación consiste en la facultad que tiene la Administración tributaria de revisar las declaraciones que presentan los contribuyentes o responsables del pago del tributo, para comprobar si éstos han declarado correctamente. Si al revisar las declaraciones la Administración tributaria se percata de alguna diferencia entre el monto que se declaró y pagó, y el monto que debió ser declarado y pagado, realizará los ajustes correspondientes mediante una resolución que notificará al sujeto pasivo –los conocidos reparos de escritorio–, en la cual, por disposición del segundo párrafo del artículo 175 del COT/2001, calculará además los intereses moratorios a que haya lugar e impondrá las sanciones respectivas.

Estas verificaciones versan exclusivamente sobre los datos contenidos en las declaraciones y en los documentos acompañados a las mismas, de conformidad con el artículo 174 *eiusdem*.

En tanto, sobre la verificación del cumplimiento de los deberes formales de los sujetos pasivos de la obligación tributaria, esta modalidad tiene como único objetivo examinar o revisar el "cumplimiento de los deberes formales" de los sujetos pasivos, por lo que no se determina la existencia o inexistencia de la obligación tributaria. La misma puede, de conformidad con el parágrafo único del artículo 172 del COT/2001, realizarse de dos maneras:

Por un lado, y siguiendo con una de las notas distintivas de la verificación tributaria, ésta se puede llevar a cabo en las instalaciones de la Administración tributaria.

Por otro lado, el COT/2001 prevé la posibilidad de que este tipo de verificación tributaria se lleve a cabo *in situ*, esto es, en la oficina del sujeto pasivo del procedimiento. En este supuesto, debe existir autorización expresa por parte de la Administración tributaria, ya sea para verificar los deberes formales de un contribuyente en específico o, para verificar dichos deberes a un grupo de contribuyentes, utilizando como factor común, por ejemplo, su ubicación geográfica o actividad económica. Esta nueva posibilidad de realizar el procedimiento de verificación en el establecimiento del contribuyente, rompe con uno de los criterios diferenciadores que sentó nuestra jurisprudencia entre este procedimiento y el de fiscalización tributaria, como retomaremos *infra*.

Es oportuno indicar que, por ser el objetivo único de este tipo de procedimiento verificador la comprobación del cumplimiento de los deberes formales de los sujetos pasivos de la obligación tributaria, no le está dado a la Administración tributaria –bajo ninguna circunstancia– requerir informaciones o documentos ineficaces para demostrar el cumplimiento de tales deberes formales, por ende, los requerimientos que no se ajusten a dicha comprobación, vulnerarán la naturaleza, esencia, finalidad y propósito de este procedimiento.

En este tipo de verificación, la Administración tributaria podrá, de conformidad con el artículo 173 del COT/2001, sancionar a aquellos sujetos pasivos que hayan incumplido con sus respectivos deberes formales.

Finalizando el análisis de las normas del COT/2001, debemos comentar lo dispuesto en el artículo 176. Según esta norma, las resoluciones que se dicten con ocasión del procedimiento de verificación "no limitan ni condicionan el ejercicio de las facultades de fiscalización y determinación atribuidas a la Administración Tributaria". En este sentido, consideramos lógico pensar que, si bien la Administración puede fiscalizar a un sujeto pasivo que fue anteriormente sometido a un procedimiento de verificación, aquélla no podrá obviar la determinación realizada en la verificación, sino que deberá enfocarse en aspectos y hechos no destacados en la misma, evitándose, así, cambios de parecer por parte de la Administración tributaria sobre circunstancias y hechos ya conocidos y debidamente analizados.

Ahora bien, como se puede observar, aun cuando hay cambios significativos en el procedimiento de verificación tributaria establecido en el COT/2001, su estructura y regulación siguen la orientación de los Códigos anteriores y de la jurisprudencia que se dictó bajo la vigencia de éstos, en relación con la omisión de la instrucción del Sumario Administrativo contemplado en los artículos 188 y siguientes del COT/2001, en los dos tipos descritos de este procedimiento, sobre lo cual volveremos más adelante.

C. Diferencias entre el procedimiento de verificación tributaria y el procedimiento de fiscalización tributaria

Toca ahora señalar los aspectos fundamentales que diferencian al procedimiento de verificación tributaria del procedimiento de fiscalización tributaria, que ayudará a precisar la naturaleza y finalidad del procedimiento bajo estudio. El desarrollo de este punto tiene como fundamento una doble perspectiva: un análisis comparativo de los procedimientos y, al mismo tiempo, comentarios apoyados y originados en la jurisprudencia[28].

---

[28] Al respecto, *vid.* Sentencia de 20-06-1996, Corte Suprema de Justicia, Sala Político-Administrativo, caso *Mauro J. Tovar P.*, y sentencia de 17-01-1995, Corte Suprema de Justicia, Sala Político-Administrativo (Especial Tributaria), caso *Julio Velutini Octavio*.

Las primeras cinco diferencias tienen su fundamento en las estructuras, naturalezas y finalidades propias de cada procedimiento, mientras que las dos de cierre surgen de la incongruente e inconstitucional regulación del procedimiento de verificación tributaria, aspectos éstos tratados detenidamente en la segunda parte de nuestro análisis.

Las mencionadas diferencias que en seguida desarrollamos las hemos clasificado de acuerdo con los siguientes criterios:

a. Según la actividad desarrollada en los procedimientos

Como bien señalamos líneas atrás, el procedimiento de verificación tributaria consiste en constatar, confirmar, revisar o comprobar que los contribuyentes y responsables hayan declarado correctamente el importe a pagar por concepto de impuestos y que hayan cumplido a cabalidad con sus respectivos deberes formales, o lo que es lo mismo, tiene una finalidad revisora o comprobadora.

En cambio, el procedimiento de fiscalización tributaria goza de una verdadera naturaleza investigativa, dirigida a buscar y obtener datos reveladores de los hechos imponibles generadores de obligaciones tributarias, de la verdadera medida de la base imponible y de la cuantía de la obligación jurídico tributaria, ya sea porque no hubo declaración o porque la misma no revela la verdadera extensión de las operaciones económicas con relevancia y efectos fiscales[29].

---

[29] En similar sentido, RAMÍREZ VAN DER VELDE ha sostenido lo siguiente: "Indudablemente, la fiscalización y la verificación son figuras que presentan importantes diferencias, las cuales han sido por demás destacadas en abundante jurisprudencia, según la cual la primera (esto es, la fiscalización) requiere, en términos generales, de una actividad investigativa de la Administración Tributaria, mientras que la segunda (la verificación), se concentra principalmente en una nueva revisión de los datos aportados por el sujeto pasivo a raíz de la autodeterminación (o determinación mixta según los casos) llevada a cabo. Ambas modalidades no tienen otro fin que la declaración de la existencia o inexistencia de la obligación tributaria, esto es, determinar el tributo". RAMÍREZ VAN DER VELDE, Alejandro, "Los procedimientos administrativos en el nuevo

b. Según el lugar donde se realizan los procedimientos

Hasta la promulgación del COT/2001, el procedimiento de verificación se había llevado a cabo exclusivamente en las propias oficinas de la Administración tributaria[30], sin que los fiscales tuvieran la necesidad de trasladarse al domicilio fiscal del sujeto pasivo investigado, razón por la cual recibieron la calificación de "reparos de escritorio" los resultantes de este procedimiento. Esto tenía un fundamento lógico: que al versar este procedimiento exclusivamente sobre la información contenida en la declaración del contribuyente, y al ésta reposar en las oficinas de la Administración, no existía necesidad alguna de dirigirse a las oficinas del sujeto pasivo para solicitar otra información distinta a la contenida en la propia declaración.

Por su parte, la fiscalización se ha caracterizado por su aspecto material de investigación *in situ*, es decir, en las oficinas del sujeto pasivo, pues en éstas descansa —en principio— la documentación e información buscada por la Administración tributaria. Claro está, que las oficinas del sujeto pasivo no constituyen un límite para el desarrollo de la actividad investigativa de la fiscalización. Nada impide que la misma vaya más allá en la búsqueda de información reveladora del acaecimiento

---

Código Orgánico Tributario", en SOL GIL, Jesús (Coord.), *Estudios sobre el Código Orgánico Tributario de* 2001, AVDT, Caracas, 2002, p. 557.

30 Situación que cambió con la reforma del COT/2001, el cual prevé en el parágrafo único del artículo 172, la posibilidad de que el procedimiento de verificación tributaria se desarrolle en el establecimiento del sujeto pasivo. Entendemos que esta posibilidad tiene su fundamento en la inclusión que hace el COT/2001 de la modalidad de "verificación de los deberes formales", en la cual los fiscales de la Administración pueden (deben) trasladarse al domicilio fiscal de los sujetos pasivos y exigirles la documentación que evidencia el cumplimiento o incumplimiento de los mismos, siempre otorgando un plazo razonable para cumplir con el requerimiento. Esta posibilidad de llevar a cabo el procedimiento de verificación, carecería materialmente de sentido si la misma siguiese versando exclusivamente sobre la información contenida en la declaración, puesto que ésta descansa en los archivos de la propia Administración. Sobre esto, se volverá más adelante.

del hecho imponible, y se traslade a las oficinas de terceros vinculados a las actividades económicas del sujeto investigado.

Debemos advertir que, si bien es cierto que esta diferencia no es posible hacerla ahora de manera general, al no servir el lugar donde se realizan los procedimientos como criterio de distinción entre la verificación de deberes formales -introducida en el COT/2001- y la fiscalización, ya que ambos pueden (deben) llevarse a cabo en el domicilio fiscal del sujeto pasivo, no es menos cierto que la misma sigue vigente entre la verificación de la declaración y el procedimiento de fiscalización, en virtud de que aquélla se desarrolla -en la práctica- en las oficinas de la Administración.

c. Según la fuente de la información y los medios utilizados en los procedimientos

La Administración tributaria podrá, dependiendo del procedimiento que efectúe, requerir cierto tipo de información únicamente al propio sujeto pasivo investigado o, por el contrario, podrá también solicitar información a terceros vinculados al sujeto pasivo por la actividad económica que realizan.

En el procedimiento de verificación tributaria, la Administración sólo está facultada para solicitar la información al sujeto pasivo tributario, contenida en la propia declaración de impuestos y en los demás documentos reveladores del cumplimiento o no de los deberes formales, ya sea en su condición de contribuyente o en su condición de agente de retención o percepción, según sea el caso.

En el procedimiento de fiscalización tributaria la Administración goza de facultades más amplias en relación con la información que puede requerir y medios de los que se puede valer para efectuar la determinación (*e.g.*, la contabilidad del contribuyente), ya que este procedimiento no se limita a la comprobación de la veracidad de la declaración de impuestos. Es por esta razón, que si bien debe entenderse como primordial la información que ha de requerirse y obtenerse del sujeto pasivo investigado, no es menos cierto que la Administración tributaria puede ir más allá en el desarrollo de sus atribuciones y facultades para solicitar información a terceros vinculados económicamente al sujeto pasivo que se encuentra bajo investigación fiscal.

d. Según las formas y momentos de determinación que tienen lugar en los procedimientos

Cuando hablamos de determinación tributaria a los efectos del procedimiento de verificación, sólo nos referimos a la modalidad que versa sobre la declaración del contribuyente, ya que en la verificación de deberes formales la Administración tributaria no realiza determinación alguna.

En el procedimiento de verificación tributaria tiene lugar una determinación oficiosa realizada por la Administración tributaria, la cual es antecedida por una autodeterminación efectuada por el sujeto pasivo. En primer lugar, el contribuyente está llamado a autodeterminar el importe a pagar por concepto de tributos en la declaración que presenta –dentro de los plazos y condiciones respectivos–, la cual constituirá el objeto de la verificación. Y en segundo lugar, habrá una determinación oficiosa por parte de la Administración tributaria al verificar la exactitud de la declaración presentada por el contribuyente.

Conforme con lo expuesto, existen dos momentos distintos de determinación que necesariamente se vinculan en el procedimiento de verificación tributaria: un primer momento de autodeterminación, como condición necesaria de la ulterior verificación; y un segundo momento de determinación oficiosa, que consiste en la verificación propiamente dicha. Por ende, si no hay autodeterminación del contribuyente, plasmada en la declaración, no es posible realizar una posterior verificación sobre lo inexistente, de allí la condición que supone el primer momento determinativo[31].

---

[31] Aun cuando no hemos mencionado la *determinación mixta* como una de las posibles formas determinativas dentro del procedimiento de verificación tributaria, en razón del desplazo que ésta ha experimentado

Por su parte, en el procedimiento de fiscalización la Administración tributaria determina oficiosamente la existencia o inexistencia de la obligación tributaria, haya tenido o no lugar previamente algún tipo de determinación, ya sea por parte del contribuyente o de carácter mixta, las cuales, en caso de haberse realizado, no condicionan la existencia y procedencia de la determinación que se efectúe con ocasión de la propia fiscalización.

La determinación oficiosa en la fiscalización puede llevarse a cabo, en principio, de dos maneras distintas: sobre base cierta o sobre base presuntiva. En primer lugar, la Administración está obligada a realizar la determinación sobre base cierta, esto es, con apoyo en los elementos que permitan conocer de manera directa e inmediata los hechos generadores de la obligación tributaria. Y, sólo cuando ésta no sea posible, por las razones particulares de cada caso, podrá entonces la Administración acudir a la determinación sobre base presuntiva, con fundamento en aquellos hechos o circunstancias que por su vinculación con el hecho imponible permitan conocer indirectamente el nacimiento o no de la obligación tributaria. También debe tenerse en cuenta una tercera alternativa (sobre base mixta), en caso de poder obtener algunos elementos para una determinación sobre base cierta y tener que complementarlos con información propia de una determinación sobre base presuntiva.

---

en nuestro ordenamiento frente a la autodeterminación y, en consecuencia, su escasa aplicación práctica, en un plano meramente teórico, la misma podría tener lugar previo a la verificación en los casos que la ley no ha previsto la autodeterminación. En este supuesto, el contribuyente proporcionaría a la Administración tributaria la información necesaria, para que ésta realice la determinación. Y, en efecto, nada impediría que, aun cuando la propia Administración haya intervenido en la determinación de la obligación tributaria, ésta pueda *a posteriori* revisar a través del procedimiento de verificación los datos de la declaración aportados por el contribuyente, en cuya selección no participó.

e. Según los supuestos de procedencia de los procedimientos

El artículo 130 del COT/2001 establece las distintas formas en que puede llevarse a cabo el procedimiento de determinación tributaria -autodeterminación, determinación mixta y determinación de oficio-, así como los diferentes supuestos en que procede la determinación oficiosa.

El procedimiento de verificación de la declaración de los contribuyentes o responsables es precedido por la autodeterminación del sujeto pasivo -o determinación mixta, según explicamos- y desarrollado a través de una determinación oficiosa de la Administración. Sin embargo, ni el artículo 130 del COT/2001 ni las normas que regulan el procedimiento de verificación, establecen supuestos de procedencia para el mismo, por lo que la Administración tributaria podrá llevarlo a cabo cuando así lo juzgue conveniente, teniendo en cuenta que la verificación de la declaración sólo se podrá realizar, en tanto en cuanto el sujeto pasivo haya presentado su respectiva declaración. Esto significa, que la atribución que posee la Administración tributaria en ejercicio de este procedimiento constituye una "potestad discrecional".

Por el contrario, la procedencia del procedimiento de fiscalización tributaria está sujeta a las situaciones o supuestos específicos regulados en el mencionado artículo 130 del COT/2001[32], demostrando así que a diferencia de la anterior, ésta constituye una "potestad reglada" de la Administración tributaria. En efecto, ésta podrá ordenar y llevar a cabo la fiscalización, sólo en los siguientes supuestos:

---

[32] Debemos acotar que, si bien esta norma hace referencia a los supuestos en que opera la "determinación oficiosa", lo correcto era referirse a la "fiscalización". De lo contrario, estos supuestos de procedencia también serían aplicables a la "verificación", cuyo segundo momento determinativo consiste en una determinación oficiosa por la Administración tributaria, lo cual conduciría a la incoherente conclusión, de que el procedimiento de verificación de la declaración podría tener lugar "cuando el contribuyente o responsable hubiere omitido presentar la declaración".

a. Cuando el contribuyente o responsable hubiere omitido presentar la declaración.

b. Cuando la declaración ofreciera dudas relativas a su veracidad o exactitud.

c. Cuando el contribuyente, debidamente requerido conforme a la ley, no exhiba los libros y documentos pertinentes o no aporte los elementos necesarios para efectuar la determinación.

d. Cuando la declaración no esté respaldada por los documentos, contabilidad u otros medios que permitan conocer los antecedentes, así como el monto de las operaciones que deban servir para el cálculo del tributo.

e. Cuando los libros, registros y demás documentos no reflejen el patrimonio real del contribuyente.

f. Cuando así lo establezcan el COT o las leyes tributarias, la cuales deberán señalar expresamente las condiciones y requisitos para que proceda.

f. Según la notificación o no del inicio de los procedimientos

El COT/2001 nada establece respecto de la notificación del interesado del inicio del procedimiento de verificación tributaria, verse éste sobre la declaración de impuestos o sobre el cumplimiento de los deberes formales del sujeto pasivo.

En la práctica, el inicio de los procedimientos verificadores de declaraciones, y de deberes formales que han tenido lugar en la *sede de la propia Administración tributaria*, no es notificado al sujeto pasivo de los mismos, en clara vulneración del derecho de información del contribuyente y, específicamente, del derecho a ser notificado de todo acto o procedimiento que pueda afectar su esfera jurídico-subjetiva.

Por su parte, el inicio de los procedimientos de verificaciones de los deberes formales *realizados en el domicilio del sujeto investigado*, ha sido por lo general notificado a éste, fundamentando tal actuación en lo establecido en el artículo 178 del COT/2001 respecto a la providencia administrativa de autorización e inicio del procedimiento de fiscalización.

En el caso del procedimiento de fiscalización, la mencionada norma del COT/2001 establece de manera expresa que éste se iniciará con una providencia de la Administración tributaria, en la cual se señalará la identificación del contribuyente o responsable, el tributo y período o períodos investigados, la identificación y autorización de los funcionarios actuantes, entre otros datos, que deberá notificarse al sujeto pasivo de la investigación fiscal, hecha excepción de la fiscalización contenida en el artículo 180 del COT/2001, sobre la cual volveremos más adelante.

g. Según la instrucción o no del sumario administrativo en los procedimientos[33]

Éste ha sido el aspecto fundamental desarrollado por la jurisprudencia como diferencia entre los procedimientos de verificación y fiscalización tributaria. Al respecto, la entonces Corte Suprema de Justicia sentó su posición en la indicada sentencia del caso *Julio Velutini Octavio*, en los términos siguientes: "Cuando la Administración Tributaria deba proceder a la Determinación (no a la verificación) a que se refieren los artículos 113 y 114", "deberá cumplirse con el Procedimiento Sumario, en todas sus fases, previsto en los artículos 133 (143 actual) y siguientes del comentado Código Orgánico Tributario" (subrayado y paréntesis de la sentencia).

De esta manera, la jurisprudencia estableció que en los procedimientos de verificación tributaria no tiene lugar la instrucción del Sumario Administrativo. Si por el contrario, el procedimiento que se lleva a cabo es el de fiscalización tributa-

[33] Aunque éste no debería ser un criterio diferenciador entre los procedimientos de verificación y fiscalización tributaria -como tampoco debería serlo el anterior-, así lo ha establecido la jurisprudencia y positivizado el COT/2001, el cual, sin lugar a dudas, constituye la diferencia fundamental entre los mismos.

ria, entonces sí tendría lugar la apertura del mencionado sumario y todo lo que ello implica.

Al hacer el análisis respectivo, la Corte incurre, a nuestro modo de ver las cosas, en varios desaciertos, producto de una interpretación literal y aislada de algunas normas del COT, dejando de lado la interpretación sistemática del ordenamiento jurídico.

En primer lugar, distingue a la determinación oficiosa de la verificación tributaria. Si bien es cierto que no son procedimientos equivalentes ni sinónimos, tampoco son excluyentes. La determinación oficiosa es el procedimiento que emplea la Administración Tributaria para declarar la existencia o no de la obligación tributaria, mientras que la verificación es uno de los medios a través de los cuales se puede llevar a cabo tal determinación. O lo que es lo mismo, existe entre estos procedimientos una relación de género a especie, en la cual la determinación oficiosa es el género y la verificación es una de sus especies, como también lo es la fiscalización.

En segundo lugar, y es éste el error capital en que ha incurrido la jurisprudencia, afirma que el Sumario Administrativo sólo se abre en caso de tratarse de una determinación oficiosa –entiéndase: fiscalización– y no, en el caso de un procedimiento de verificación tributaria. En nuestra opinión, esta posición constituye una abierta vulneración de los derechos fundamentales a la defensa y al debido proceso –y todos los derechos constitucionales que éstos abarcan– del contribuyente, tal y como lo propondremos más adelante.

Conforme lo expresado y analizadas las diferencias fundamentales que existen entre los procedimientos de fiscalización y verificación tributaria, debemos acentuar la importancia y consecuencias que están inmersas en las dos últimas diferencias tratadas, es decir, en la notificación o no del inicio del procedimiento y en la apertura o no del sumario administrativo, lo cual se traduce, a nuestro entender, en la constitucionalidad del procedimiento de fiscalización y en la inconstitucionalidad del procedimiento de verificación, como veremos enseguida.

II. INCONGRUENCIAS E INCONSTITUCIONALIDAD DEL PROCEDIMIENTO DE VERIFICACIÓN TRIBUTARIA REGULADO EN EL CÓDIGO ORGÁNICO TRIBUTARIO DE 2001

1. Incongruencias del procedimiento de verificación tributaria del Código Orgánico Tributario de 2001

A. ¿Es la verificación tributaria verdaderamente un procedimiento administrativo?

Si bien no es nuestro propósito desvirtuar la naturaleza procedimental del denominado procedimiento de verificación tributaria, amén de lo desarrollado *supra*, nos parece oportuno hacer algunos cuestionamientos a la misma, partiendo, en primer lugar, de la definición de procedimiento administrativo que ha brindado la doctrina y, en segundo lugar, en razón de la estructura tradicional del mismo, sin pretender agotar el tema.

Comencemos entonces con algunas definiciones doctrinarias del procedimiento administrativo. En Venezuela, ARAUJO-JUÁREZ hace un excelente análisis de esta institución, paseándose por su significado etimológico, técnico y jurídico. Al respecto, concluye por definir el procedimiento administrativo "como el cauce formal, jurídico y necesario para la actividad de la Administración en la producción de sus actos jurídicos"[34].

Por su parte, el tratadista argentino GORDILLO define el procedimiento administrativo como "la parte del derecho administrativo que estudia las reglas y principios que rigen la intervención de los interesados en la preparación e impugnación de la voluntad administrativa"[35]. Continúa el citado autor, explicando que el procedimiento administrativo se encarga de estudiar la *participación* y *defensa* de los interesados en todas las etapas de la preparación de la voluntad administrativa, po-

---

[34] ARAUJO-JUÁREZ, José, *Principios generales del Derecho administrativo formal*, Vadell Hermanos Editores, Valencia, 1989, p. 39.

[35] GORDILLO, Agustín, *Tratado de Derecho administrativo*, tomo 2, FUNEDA - Fundación de Derecho Administrativo Buenos Aires, 1° ed. venezolana, Caracas, 2001, p. IX-7.

niendo una vez más de manifiesto lo esencial que es la *intervención* de los administrados en el procedimiento administrativo.

Los autores anteriores, al igual que la mayoría de la doctrina, al dar una definición del procedimiento administrativo, hacen un notorio énfasis en la idea de que el mismo constituye un *cauce formal* destinado a producir un acto contentivo de la voluntad administrativa y, más importante aún, se esmeran en resaltar la *participación* del administrado en la formación de dicha voluntad.

Pues bien, ninguno de estos dos aspectos sustanciales pareciera estar presente en el procedimiento de verificación tributaria. Por un lado, no existe un verdadero "cauce formal", entendiéndose éste como ese conjunto o pluralidad de operaciones consistentes en actos de trámites, ya que tal y como se encuentra regulado el procedimiento de verificación en el COT/2001, el sujeto pasivo únicamente es notificado de la decisión tomada y allí concluye[36]. Por otro lado, e indistintamente del tipo de verificación que tenga lugar, el contribuyente no dispone de oportunidad alguna para "participar" en el procedimiento, faltando así el segundo aspecto esencial apuntado anteriormente.

En segundo lugar, tenemos lo relativo a la estructura del procedimiento administrativo, que de cierta manera ya ha sido tocado en el punto anterior, cuando tratamos la participación de los administrados en el mencionado procedimiento.

Es sabido que todo procedimiento administrativo goza de tres fases fundamentales: iniciación, sustanciación y terminación. Se ha entendido que la iniciación del procedimiento consiste en la incoación del mismo, ya sea de oficio o a instancia de parte. Por su parte, la sustanciación o instrucción del procedimiento constituye su etapa fundamental, en la cual tendrá

---

36 Al menos que la verificación verse sobre el cumplimiento de los deberes formales del sujeto pasivo en su domicilio fiscal, en cuyo caso, éste habrá sido, en principio, previamente notificado del procedimiento por iniciarse.

lugar la ventilación de los alegatos del administrado, con su subsiguiente actividad probatoria. Esta etapa es, sin lugar a dudas, la más importante de los procedimientos administrativos, en la cual se materializan los derechos del administrado de participar en la formación de la voluntad administrativa. Y en último lugar, tenemos la terminación o fase decisoria del procedimiento administrativo, en la cual éste llega a su fin.

Volviendo a la etapa de instrucción o sustanciación de los procedimientos administrativos, existe una omisión absoluta de la misma en la verificación tributaria, pasando este procedimiento de la iniciación a la decisión. Como se observa del articulado del COT/2001, no se establece plazo alguno para que el contribuyente pueda presentar sus alegatos y pruebas, surgiendo la siguiente interrogante: ¿podría considerarse que existe un procedimiento administrativo o administrativo-tributario sin sustanciación? No nos parece posible.

Llama poderosamente la atención la falta de regulación del cauce procedimental de las actuaciones que pudieran efectuar los contribuyentes y responsables en ejercicio de sus derechos. Por más breve o expedito que sea el procedimiento de verificación tributaria, debe necesariamente respetar las etapas fundamentales de todo procedimiento administrativo, especialmente la fase de alegaciones y pruebas en un procedimiento en el cual la Administración puede imponerle sanciones a los administrados –*v.g.*, la verificación tributaria–, de lo contrario, el mismo podría, en opinión de importante doctrina, considerarse inexistente[37] o, por lo menos, violatorio de los derechos constitucionales de los administrados o contribuyentes.

---

[37] En este sentido se pronuncia MEIER, quien considera lo siguiente: "La instrucción o sustanciación del procedimiento constituye la etapa o fase fundamental del mismo, ya que en ella (en su desarrollo o transcurso) deben realizarse los actos en virtud de los cuales han de determinarse, conocerse y comprobarse los datos (de hecho y de derecho) sobre los que se va a fundamentar la resolución definitiva del procedimiento. Esto significa que la mayoría de los actos de ordenación se llevan a cabo durante la instrucción. // De su adecuado desarrollo depende la legalidad y eficacia de la resolución final del procedimiento.

En este sentido, no debemos olvidar, por una parte, que la Ley Orgánica de Procedimientos Administrativos[38] (LOPA) es la ley general en materia de procedimientos administrativos, por lo que todos los procedimientos administrativos generales o especiales, con contadas excepciones, deben ajustarse a los preceptos de ésta y, por otra parte, si bien es cierto que existen diferencias sobre el objeto y naturaleza entre los distintos procedimientos administrativos especiales, no es menos cierto que sus principios y reglas, especialmente los dirigidos a resguardar y garantizar los derechos e intereses de los particulares, son comunes a todo procedimiento administrativo.

Interesa destacar los actos y actividades que integran la instrucción, en particular, la actividad probatoria que corresponde tanto a la Administración como al interesado. // (...) Cuando se omiten los actos de instrucción exigidos por el objeto del procedimiento, el acto administrativo en que consiste la resolución final, ha de reputarse a nuestro entender como absolutamente nulo en los términos del numeral 4° del artículo 19 de la Ley Orgánica de Procedimientos Administrativos, por cuanto la omisión de los actos de instrucción que exige el objeto del procedimiento, a los fines de determinar, conocer y comprobar los datos, elementos y circunstancias de hecho y de derecho, que fundamentan y constituyen la razón de ser o 'ratio' del procedimiento y de la decisión final, equivale a 'prescindencia total y absoluta del procedimiento legalmente establecido' (artículo 19, numeral 4° LOPA). Efectivamente, *para que exista legalmente un procedimiento, es insuficiente con la realización de determinados trámites y el cumplimiento de fórmulas que den la 'apariencia' de un procedimiento*, cuando en verdad no se han llevado a cabo aquellos actos de instrucción inherentes a la determinación, conocimiento y comprobación del objeto del procedimiento" (resaltado nuestro). MEIER, Henrique, *El procedimiento administrativo ordinario*, Ediciones Homero, Caracas, 2004, pp. 171 y ss. Por su parte, GARCÍA DE ENTERRÍA y FERNÁNDEZ, después de hacer un breve pero extraordinario resumen de todos los derechos que consagra el carácter contradictorio de los procedimientos administrativos, esencial de la fase de instrucción o sustanciación, señalan lo siguiente: "Si estos derechos se niegan, si se elimina o se limita arbitrariamente la posibilidad de contradicción so pretexto de especialidades más o menos reales, *no puede decirse siquiera que exista verdadero procedimiento en sentido jurídico*" (resaltado agregado). GARCÍA DE ENTERRÍA, Eduardo y FERNÁNDEZ, Tomás-Ramón, *op. cit.*, pp. 452 y ss.

[38] Gaceta Oficial N° 2.818 Extraordinario, 01-07-1981.

Sobre la aplicación de los principios del procedimiento administrativo general y el respeto de los derechos de los administrados, por encima de las regulaciones particulares de los procedimientos especiales, resaltan las palabras de MEIER, quien acertadamente señala que:

> Cuando la Ley Orgánica de Procedimientos Administrativos en el artículo 47, se refiere al principio de la especialidad o de la aplicación preferente de los procedimientos regulados en leyes especiales, con respecto al llamado procedimiento ordinario previsto en la misma, debe entenderse que se trata de aspectos meramente formales e instrumentales y no de fondo o sustancia, es decir, relativos a trámites, plazos, carga de la prueba, etc.; y no a las reglas y principios generales aplicables a todo procedimiento, a saber (entre otros): derecho del administrado a participar activamente en el procedimiento y a ser notificado, a alegar y probar, etc.; el deber de la Administración de tramitar el procedimiento, de mantener la unidad del expediente, etc.[39]

En definitiva, nos parece oportuno apenas llamar la atención sobre este particular, por lo que no abundaremos en mayores cuestionamientos sobre la naturaleza procedimental de la verificación tributaria, enfocando nuestro interés y crítica fundamental en la vulneración de los derechos y garantías fundamentales del contribuyente.

B. El procedimiento de fiscalización tributaria contenido en el artículo 180 del Código Orgánico Tributario de 2001

El artículo 180 del COT/2001, dispone lo siguiente:

> La Administración Tributaria podrá *practicar fiscalizaciones a las declaraciones presentadas por los contribuyentes o responsables, en sus propias oficinas y con su propia base de datos*, mediante el cruce o comparación de los datos en ellas contenidos, con la información suministrada por proveedores o compradores, prestadores o receptores de servicios, y en general por cualquier tercero cuya actividad se relacione con la del contribuyente o responsable sujeto a fiscalización.

---

[39] MEIER, Henrique, *op. cit.*, p. 181.

> *En tales casos, se levantará acta que cumpla con los requisitos previstos en el artículo 183 de este Código* (resaltado agregado).
>
> Por su parte, el artículo 127.2 del COT/2001 establece:
>
> La Administración Tributaria dispondrá de amplias facultades de fiscalización y determinación para comprobar y exigir el cumplimiento de las obligaciones tributarias, pudiendo especialmente:
>
> ...
>
> 2. Realizar fiscalizaciones *en sus propias oficinas, a través del control de las declaraciones presentadas por los contribuyentes y responsables, conforme al procedimiento previsto en este Código*, tomando en consideración la información suministrada por proveedores o compradores, prestadores o receptores de servicios, y en general por cualquier tercero cuya actividad se relacione con la del contribuyente o responsable sujeto a fiscalización (resaltado agregado).

En igual sentido, el artículo 129, literal "a" *eiusdem*, reza: "Las facultades de fiscalización podrán desarrollarse indistintamente: a) En las oficinas de la Administración Tributaria".

Recordando lo sentado anteriormente, una de las características distintivas del procedimiento de fiscalización ha sido el *lugar* dónde éste se desarrolla habitualmente, cual es el domicilio del sujeto pasivo investigado. En este sentido, los artículos anteriores regulan una particular o especial forma del procedimiento de fiscalización que puede llevar a cabo la Administración en sus propias oficinas, sin la necesidad de trasladarse a las oficinas del contribuyente investigado.

Sin lugar a dudas, esta forma de fiscalización tiene un gran parecido al procedimiento de verificación tributaria. Sus semejanzas más evidentes se centran alrededor del *objeto* que comparten, la *finalidad* que persiguen y el *lugar* donde se realizan estos procedimientos. Ambos tienen como objeto de la investigación las declaraciones presentadas por los contribuyentes o responsables, como finalidad persiguen la revisión y control de las declaraciones, y ambos se realizan en las propias oficinas de la Administración tributaria.

De lo anterior, se desprende alguna de las dos consecuencias siguientes: (*i*) o bien se desvirtúa la necesidad de regular un procedimiento de verificación tributaria autónomo e independiente de la fiscalización, o (*ii*) carece de sentido alguno facultar a la Administración tributaria para llevar a cabo fiscalizaciones de las declaraciones de los contribuyentes en sus propias oficinas; después de todo, tal función y finalidad ha sido encomendada a la Administración para ser efectuada a través del procedimiento de verificación tributaria. Es decir, no parece lógico regular dos procedimientos que comparten el mismo objeto, finalidad y lugar de ejecución.

Empero, si bien el comentario anterior nos parece oportuno, es necesario señalar, además, una gran diferencia de fondo que existe entre estos dos procedimientos. Aun cuando esta particular fiscalización tampoco se inicia con la emisión de la providencia administrativa autorizatoria y su subsiguiente notificación al contribuyente o responsable, por mandato del artículo 178 del COT/2001, por lo menos y a diferencia de lo que ocurre en el procedimiento de verificación tributaria, se levanta y notifica el acta de reparo que señala el artículo 183 *eiusdem*.

En este sentido, si bien el sujeto pasivo no se enterará *ab initio* del procedimiento que lleva la Administración tributaria, no es menos cierto que sí tendrá lugar la apertura del Sumario Administrativo en los supuestos en que el contribuyente no presente la declaración omitida o no rectifique la presentada, pudiendo entonces formular los descargos y presentar todas las pruebas que considere, una vez vencido el lapso de allanamiento. Claro está, que aun cuando podrá participar en la formación del acto administrativo definitivo, igualmente le habrá sido vulnerado su derecho a la información en lo que concierne a la notificación del inicio del procedimiento.

Visto lo anterior, no logramos entender cuál es la finalidad de regular en el COT/2001 un procedimiento de verificación tributaria –aparte de pretender obtener una decisión administrativa más expedita en detrimento y sacrificio de los derechos del contribuyente– si el mismo procedimiento de fiscalización del artículo 180 citado, en concordancia con los artículos 127.2 y 129 literal "a", puede realizarse de manera casi idéntica y cumplir con el mismo objetivo de la verificación tributaria, respetando los derechos de alegaciones y pruebas del sujeto pasivo tributario dentro de la fase constitutiva del acto administrativo definitivo.

Amén de lo anterior, es un contrasentido regular esta modalidad de fiscalización de la declaración, en la cual se respeta el derecho de participación del contribuyente, pero se vulnera su derecho de información. O bien no debió establecerse esta forma de fiscalización en razón de la preexistencia del procedimiento de verificación –con todas sus críticas– y así evitar la regulación de múltiples procedimientos que persiguen el mismo fin, o bien se debió establecer este procedimiento en armonía con todos –y no sólo algunos de– los derechos fundamentales del contribuyente. Tal y como se encuentra plasmado en el COT/2001, el procedimiento de fiscalización del artículo 180 es impugnable por inconstitucional, aun cuando en éste –a diferencia del procedimiento de verificación tributaria– el sujeto investigado pueda ejercer su derecho de alegar y probar.

C. Reedición del inconstitucional parágrafo primero del artículo 149 del Código Orgánico Tributario de 1994

El COT/1994 establecía en su artículo 149, parágrafo primero, lo siguiente:

> El levantamiento previo del Acta previsto en el artículo 144 de este Código, podrá omitirse en los casos de *imposición de sanciones por incumplimiento de deberes formales, infracciones por parte de los agentes de retención y percepción*, que no constituya presunción de delito, determinación de oficio sobre base cierta, *cuando tal determinación se haga exclusivamente con fundamento en los datos de las declaraciones aportadas por los contribuyentes o cuando se trate de simples errores de cálculo que den lugar a una diferencia de tributo*. En este último caso la Administración Tributaria notificará la sanción respectiva o la diferencia de tributo a favor del Fisco, con su actualización monetaria, liquidación de intereses *y se aplicará multa equivalente al diez por ciento (10%) del tri-*

> *buto omitido*. El total liquidado deberá cancelarse dentro de los diez (10) días hábiles de su notificación. La falta de pago dentro de este plazo dará lugar al inicio del juicio ejecutivo de cobro (resaltado agregado).

La eliminación de esta inconstitucional norma en el COT/2001 era lo correcto, por cuanto la misma era violatoria del derecho a la defensa y la garantía del debido proceso de los contribuyentes y responsables, en razón de la falta de oportunidad del sujeto pasivo para descargar sus argumentos y presentar pruebas contra el Acta Fiscal que se levantaba con ocasión de los procedimientos tributarios contenidos en los artículos 118 y 119 COT/1994, es decir, contra los procedimientos de *verificación* y fiscalización tributaria, sobre base cierta o presunta.

Ahora, aunque aparentemente dicha norma desapareció con la promulgación del COT/2001, la misma fue reeditada e insertada dentro del ampliado procedimiento de verificación tributaria, el cual comparte un claro y evidente parecido con la "extinta" norma del comentado artículo 149, parágrafo primero del COT/1994.

En primer lugar, los supuestos de procedencia para omitir el levantamiento previo del Acta previsto en el artículo 149 del COT/1994, están inmersos en el procedimiento de verificación del COT/2001. El procedimiento de verificación contempla estos mismos supuestos, pero experimentó ciertos cambios en su regulación. Los primeros dos supuestos mencionados constituyen parte de los cambios incorporados al procedimiento de verificación en el COT/2001, en el cual, ahora, no sólo se verificará la declaración de los contribuyentes, sino el cumplimiento de los deberes formales de los sujetos pasivos de la obligación jurídico-tributaria. Por su parte, el tercer supuesto mencionado constituía bajo la vigencia del COT/1994, el único caso regulado en el procedimiento de verificación.

Y en segundo lugar, tenemos que, incluso la sanción que establecía el comentado parágrafo primero del artículo 149 se repite en el procedimiento de verificación tributaria, la cual asciende a una multa del 10 % del tributo omitido.

Como puede observarse, el procedimiento de verificación tributaria no es más que el resultado de unir o superponer el parágrafo primero del artículo 149 con el artículo 118 -procedimiento de verificación anterior-, ambos del COT/1994. Esto significa que, todas y cada una de las críticas hechas al parágrafo primero del artículo 149 del COT/1994 son perfectamente válidas y trasladables al procedimiento de verificación tributaria del COT/2001[40]. Tal situación, pone de manifiesto la clara ausencia de un legislador racional, bajo el cual no podría bajo ningún supuesto reeditarse -ni expresa ni simuladamente- esta cuestionada e inconstitucional norma[41].

2. Inconstitucionalidad del procedimiento de verificación tributaria del Código Orgánico Tributario de 2001

A. El principio de legalidad administrativa y la supremacía constitucional

El principio de legalidad administrativa[42] somete el actuar de la Administración a Derecho, para garantizar la situación jurídica de los administrados. Por ende, toda acción administrativa y, en consecuencia, todo acto de la Administración tributaria, debe necesariamente encontrar su fundamento en una

---

[40] Al respecto, *vid.* BLANCO-URIBE QUINTERO, Alberto, "Las pruebas en el procedimiento administrativo tributario", *Homenaje a la memoria de Ilse van der Velde*, FUNEDA, Caracas, 1998; y FRAGA-PITTALUGA, Luis, "Las garantías formales de los contribuyentes en la Constitución de 1999", *La Tributación en la Constitución de* 1999, Foro Nacional de Ciencias Económicas - ACIENPOL - BCV - AVDT - ASOVEDEFI - Colegio de Economistas de Venezuela, Caracas, 2001.

[41] Esta incongruente adaptación al procedimiento, relativa a la *verificación de los deberes formales*, además de ser criticable por su origen (parágrafo único del artículo 149 del COT/1994), no encuadra con la naturaleza determinativa del procedimiento de verificación de la declaración del contribuyente, contraponiéndose, así, con la esencia y finalidad del mismo.

[42] Artículo 137 de la Constitución: "La Constitución y la ley definirán las atribuciones de los órganos que ejercen el Poder Público, a las cuales deben sujetarse las actividades que realicen".

norma preexistente que le otorgue la atribución o facultad que ha ejercido o que pretende ejercer.

Es por esto, que el cabal desarrollo del procedimiento de verificación tributaria, tal y como se encuentra actualmente establecido en el COT/2001, pareciera, en principio, garantizar la legalidad de la determinación que se realiza a través del mismo, y de la posible sanción que se imponga al contribuyente. Empero, el principio de legalidad abarca además el sometimiento de los órganos del poder público a la Carta Magna, cuyo especial respeto se garantiza a través del principio de la supremacía de la Constitución[43].

De acuerdo con este principio, la Constitución es la norma suprema del ordenamiento jurídico, a la cual están sujetos los administrados y la Administración, así como todos los procedimientos que surjan con ocasión de sus relaciones. De esta forma, la Administración tributaria, en el desarrollo del procedimiento de verificación, tiene como límites inquebrantables la normativa constitucional y los postulados, principios, garantías y derechos que ésta consagra y desarrolla, siempre superiores a la propia ley.

En opinión de ZICCARDI, en virtud del mencionado principio de supremacía constitucional:

> Se ha justificado la imposición de ciertas limitaciones al ejercicio de los derechos individuales de los contribuyentes en la actuación de la Administración Tributaria, en su función verificadora, en aras de lograr la distribución equitativa de los gastos públicos, conforme al criterio individual de capacidad contributiva y el de igualdad tributaria, pero de modo alguno esas limitaciones pueden ser de tal magnitud que afecten las garantías consagradas en la Constitución nacional[44].

---

[43] Artículo 7 de la Constitución: "La Constitución es la norma suprema y fundamento del ordenamiento jurídico. Todas las personas y los órganos que ejercen el Poder Público están sujetos a esta Constitución".

[44] ZICCARDI, Horacio, "Derecho Tributario...", *cit.*, p. 213.

Lo anterior hace necesario un análisis de los derechos y garantías fundamentales involucrados -y vulnerados- en la interacción entre el contribuyente y la Administración tributaria con ocasión del procedimiento de verificación, específicamente, la garantía del debido proceso y sus corolarios[45], recordando siempre que los derechos del contribuyente "marcan un límite que la Administración no puede sobrepasar, bajo pena de convertir lo inquisitivo en arbitrario"[46].

B. Garantía del debido proceso o due process of law

El procedimiento administrativo debe garantizar, a pesar de su informalidad, la situación jurídica subjetiva de los administrados involucrados en él, en estricto acato y respeto a los postulados del debido proceso o debido procedimiento, que se

---

[45] Al igual que todo lo planteado hasta esta parte, el desarrollo de las garantías y derechos del contribuyente que en seguida se expone, lo haremos desde la perspectiva de la legislación y jurisprudencia nacional, por ser éste el enfoque que nos interesa en esta ocasión. Ahora, independientemente de esta forma de plantear el asunto, debemos recordar que todos los principios, garantías y derechos que abordaremos son objeto de regulación internacional por parte de los respectivos convenios en materia de derechos humanos -que tienen jerarquía constitucional e, incluso, prevalecen en nuestro ordenamiento jurídico si contienen normas más favorables que la misma Constitución, de conformidad con el artículo 23 de nuestra Carta Magna- entre los cuales destacan: la Declaración Universal de los Derechos Humanos, la Declaración Americana de los Derechos y Deberes del Hombre, la Convención Americana sobre Derechos Humanos (Pacto de San José de Costa Rica), la Carta Andina de los Derechos Humanos y el Pacto Internacional de los Derechos Civiles y Políticos. Esto pone aun más de relieve la importancia y el respeto que debe la Administración tributaria por los derechos de los contribuyentes, así como la gravedad y consecuencias de sus violaciones. Igualmente, no debe pasarse por alto que el artículo 22 de la Constitución establece en cláusula abierta la protección, preeminencia y aplicación de los derechos humanos, por lo que no sólo se limita a los regulados expresamente en su texto, sino además incluye todos aquellos derechos que sean inherentes a la persona humana.

[46] VILLEGAS, Héctor B., *op. cit.*, p. 425.

encuentran jerárquicamente por encima de los demás principios[47].

La garantía del debido proceso en la mayoría de los países latinoamericanos es equivalente al derecho a la defensa, mientras que en Venezuela éste se encuentra recogido dentro de aquélla. Así lo dispone el artículo 49 de la Constitución, que textualmente dice: "El debido proceso se aplicará a todas las actuaciones judiciales y administrativas y, en consecuencia: 1. La defensa y la asistencia jurídica son derechos inviolables en todo estado y grado de la investigación y del proceso (...)".

Como se observa, el debido proceso constituye una garantía tanto para los procesos judiciales como para los procedimientos administrativos, siendo así perfectamente aplicable esta garantía a los procedimientos administrativos tributarios, como lo es el de verificación tributaria.

Como bien expresa COUTURE[48], esta garantía del debido proceso o *due process of law*, consiste en que a nadie puede impedírsele mediante un procedimiento o simple trámite administrativo, su defensa o, en otras palabras, que se deje de lado la garantía que constituye el poder judicial para todos las personas, el ejercicio de los derechos que establece la propia Constitución. Esto se debe a que es el mismo proceso el llamado a servir como instrumento fundamental para lograr la justicia. El citado autor también comenta que "Su fórmula ha sido expresada mediante la famosa frase de que el debido proceso adjetivo constituye dar al demandado la garantía de 'su día ante el Tribunal' ('*his day in Court*')"[49]. Esta célebre expresión nos indica con toda precisión la esencia misma del debido proceso: la audiencia de parte.

---

[47] BREWER-CARÍAS, Allan R., *Principios del procedimiento administrativo en América Latina*, Legis Editores, Bogotá, 2003, p. 261.

[48] COUTURE, Eduardo J., *Estudios de Derecho procesal civil*, tomo I-La Constitución y el Proceso Civil, Ediciones Depalma, 2° ed., Buenos Aires, 1978, p. 194.

[49] *Ibid.*, pp. 195-196.

Por otro lado, el Tribunal Supremo de Justicia ha desarrollado esta garantía, según el cual, en sentencia del año 2000, debe entenderse lo siguiente:

> Ha venido señalando la Sala en forma reiterada que la doctrina comparada, al estudiar el contenido y el alcance del derecho al debido proceso ha precisado que se trata de un derecho complejo que encierra dentro de sí, un conjunto de garantías que se traducen en una diversidad de derechos para el procesado, entre los que figuran, *el derecho a acceder a la justicia, el derecho a ser oído, el derecho a la articulación de un proceso debido, derecho a acceso a los recursos legalmente establecidos, derecho a un tribunal competente, independiente e imparcial, derecho a obtener una resolución de fondo fundada en derecho, derecho a un proceso sin dilaciones indebidas, derecho a la ejecución de las sentencias*, entre otros, que se vienen configurando a través de la jurisprudencia. Todos estos derechos se desprenden de la interpretación de los ocho ordinales que consagra el artículo 49 de la Carta Fundamental.
>
> El artículo in comento establece que el debido proceso *es un derecho aplicable a todas las actuaciones judiciales y administrativas*, disposición que tiene su fundamento en el principio de igualdad ante la ley, dado que el *debido proceso significa que ambas partes en el procedimiento administrativo, como en el proceso judicial, deben tener igualdad de oportunidades, tanto en la defensa de sus respectivos derechos como en la producción de las pruebas destinadas a acreditarlos*[50] (resaltado agregado).

Así, tenemos que el debido proceso constituye una verdadera garantía constitucional, protegiendo en el ámbito impositivo a los contribuyentes de las inconstitucionales pretensiones de la Administración tributaria y de las inconstitucionales normas adjetivas presentes en las leyes tributarias.

De lo anterior se desprende, que este principio-garantía del debido proceso comprende una serie de derechos que, a nuestros fines, sólo desarrollaremos los que consideramos más

---

[50] Sentencia de 08-08-2000, TSJ/SPA, consultada en *Jurisprudencia Venezolana Ramírez & Garay*, tomo CLXVIII 2000 agosto-septiembre, editado por Ramírez & Garay, Caracas, 2000, p. 375.

estrechamente involucrados y violados en el procedimiento de verificación tributaria: el derecho a la defensa, el derecho de información y participación, el derecho a ser oído, el derecho de presentar pruebas y el derecho a la presunción de inocencia.

C. Derecho a la defensa

El derecho a la defensa consiste en otorgarle a las partes de un proceso judicial o de un procedimiento administrativo, la debida oportunidad para exponer sus alegatos y presentar sus pruebas, garantizándose así el derecho a ser oído.

En las acertadas palabras de SECO VILLALBA, el derecho a la defensa:

> Desde el punto de vista constitucional, es un derecho fundamental auténtico porque es anterior y superior al Estado, como son la vida y la libertad del individuo. No es, por lo tanto, un derecho concedido por la Constitución, sino un derecho innato del hombre. Es primario porque afecta a la vida integral humana, preservándola del aniquilamiento o de daños físicos o morales que la afecten; y es absoluto porque es un derecho que el individuo tiene frente al Estado y, en principio, no admite limitación que desnaturalice su esencia[51].

Cuando la finalidad perseguida por el acto administrativo es la aplicación de una sanción o la limitación de algún derecho del administrado, es requisito fundamental para la validez del mismo permitir el libre ejercicio de este derecho[52]. En efecto, resalta la importancia de este derecho dentro de un procedimiento como el de verificación tributaria, el cual, si bien está dirigido a determinar el nacimiento o no de la obligación tributaria, va a afectar la esfera jurídico-subjetiva de los contribu-

---

[51] SECO VILLALBA, José A., *El derecho de defensa*, citado por CASÁS, José Osvaldo, "Principios jurídicos de la tributación", en GARCÍA BELSUNCE, Horacio A. (Dir.), *Tratado de tributación*, tomo I, vol. I, Editorial Astrea, Buenos Aires, 2003, p. 378.

[52] BREWER-CARÍAS, Allan R., y RAMOS FERNÁNDEZ, Mary, "Evolución jurisprudencial del derecho a la defensa en el procedimiento administrativo", *Revista de Derecho Público*, N° 7, EJV, Caracas, 1981, p. 198.

yentes y responsables, pudiendo inclusive imponérseles alguna sanción en caso de incumplimiento de sus respectivos deberes y obligaciones.

Sobre el derecho a la defensa, BREWER-CARÍAS enseña que:

> Su formulación jurisprudencial histórica se la sitúa en el famoso Caso Dr. Bentley's, decidido en 1723 por una Corte inglesa, en el cual el Juez Fortescue, al referirse al mismo como un principio de natural justice, señaló: The objection for want of notice can never be got over. The laws of God and men both give the party an opportunity to make his defence, if he has any. I remember to have heard it observed an occasion, that even God himself did not pass sentence upon Adam before he was called upon to make his defence, "Adam (says God) where are thou? Hast thou not eaten of the tree whereof I commanded thee that thou shuldest not eat?" And the same question was put to Eve also. (Dr. Bentley's case: The King v. The Chancellor, Ec., of Cambridge (1723), Stra. 557. Vid. las referencias en Cooper v. The Board of Works for Wandsworth District (1863), 14.C.B. (n.s.) 180, en S. H. Bailey, C. A. Cross y J. F. Garner, Cases and materials in Administrative Law, London, 1977, pp. 348-351).
> En dicha decisión se resolvió que el Chancellor de la Universidad de Cambridge, Dr. Bentley, no podía haber sido desprovisto de sus títulos o grados académicos, sin habérsele informado previamente de los cargos formulados en su contra y sin habérsele dado la oportunidad de responderlos. De ahí surgió la formulación judicial del principio del derecho a la defensa en el derecho inglés, como uno de los principios de natural justice, tan viejo como el mundo[53].

Por su parte, la Constitución establece el derecho a la defensa en el citado artículo 49, numeral 1, de la manera siguiente:

> Artículo 49 de la Constitución: El debido proceso se aplicará a todas las actuaciones judiciales y administrativas y, en consecuencia:
> 1. La defensa y la asistencia jurídica son derechos inviolables en todo estado y grado de la investigación y del proceso. Toda persona tiene el derecho a ser notificada de los cargos

---

[53] BREWER-CARÍAS, Allan R., *Principios..., cit.*, pp. 263-264.

por los cuales se le investiga, de acceder a la pruebas y de disponer del tiempo y de los medios adecuados para ejercer su defensa (...).

Al igual que en otros países, en Venezuela el derecho a la defensa ha sido objeto de un largo desarrollo jurisprudencial, tanto por parte de la otrora Corte Suprema de Justicia como del Tribunal Supremo de Justicia. Sobre este tema, la entonces Corte se pronunció así:

> El Artículo 68 de nuestra Constitución establece que la defensa es un derecho inviolable en todo estado y grado del proceso, lo que ha sido interpretado por jurisprudencia reiterada de este Alto Tribunal en su forma más amplia, *al extenderlo al derecho a ser oído, presentar alegatos, refutar las argumentaciones contrarias, promover y evacuar las pruebas pertinentes, "tanto en el procedimiento constitutivo del acto administrativo como en los recursos internos consagrados por la Ley para depurar aquél"* (vid. Sentencia de la Sala Político-Administrativa de la Corte Suprema de Justicia del 08- 05-91, caso: "Ganadería El Cantón").
>
> En este contexto, *la Administración está en la obligación de comunicar a los interesados la apertura de un procedimiento –más aun cuando es de tipo sancionatorio o destinado a imponer gravámenes– para que previamente a la emisión del acto definitivo, las partes puedan tener acceso al expediente y así alegar y probar lo conducente.* Así lo ha establecido la Sala Político-Administrativa, entre tantas decisiones, la del 17-11-83 cuando señala lo siguiente:
>
> El derecho a la defensa debe ser considerado no sólo como la oportunidad para el ciudadano encausado o presunto infractor de hacer oír sus alegatos, sino como *el derecho de exigir del Estado el cumplimiento previo a la imposición de toda sanción, de un conjunto de actos o procedimientos destinados a permitirle conocer con precisión los hechos que se le imputan, las disposiciones legales aplicables a los mismos, hacer oportunamente alegatos en su descargo y promover y evacuar pruebas que obren en su favor.* Esta perspectiva, del derecho a la defensa es equiparable a los que en otros Estados

ha sido llamado como el principio del debido proceso[54] (resaltado agregado).

En similar sentido, pero estrictamente en materia de procedimientos tributarios, la Corte Suprema de Justicia, en Sala Político-Administrativa, señaló lo siguiente:

> En cuanto al procedimiento de determinación e imposición de sanciones por ilícitos tributarios, el derecho a la defensa se concreta *en el derecho de los sujetos pasivos de la relación tributaria a ser debidamente notificados de cualquier acto administrativo que afecten sus derechos subjetivos o sus intereses particulares legítimos y directos; en la oportunidad que tiene el administrado para formular descargos que le permita desvirtuar lo imputado por la Administración en el acta fiscal debidamente notificada; en el derecho del contribuyente o responsable para promover y controlar, en tiempo oportuno, la producción de cualquier prueba razonable y legalmente pertinente, antes de que la Administración adopte la decisión final sobre el fondo del asunto debatido; en el derecho a tener libre acceso al expediente administrativo; en el derecho a conocer oportunamente las razones de hecho y de derecho que fundamentan el acto administrativo determinativo o sancionatorio*, lo cual le permitirá accionar ante los organismos competentes; y en poder impugnar en la vía administrativa o judicial un acto administrativo emitido por la Administración tributaria, que afecte, en cualquier forma, sus derechos como contribuyente o responsables[55] (resaltado agregado).

Por su parte, la Sala Constitucional (TSJ/SC) ha establecido lo siguiente:

> Al respecto, *es menester indicar que el derecho a la defensa y al debido proceso constituyen garantías inherentes a la persona humana y en consecuencia, aplicables a cualquier clase de procedimientos.* El derecho al debido proceso ha sido enten-

---

[54] Sentencia de 01-10-1996, Corte Suprema de Justicia, Sala Político Administrativa, consultada en *Jurisprudencia de la Corte Suprema de Justicia*, tomo 10-octubre 1996, Editorial Pierre Tapia, Caracas, 1996, pp. 13-14.

[55] Sentencia de 01-12-1999, Corte Suprema de Justicia, Sala Político Administrativa, consultada en *Revista de Derecho Público*, N° 77-78/79-80, EJV, Caracas, 1999, p. 232.

> dido como el trámite que permite oír a las partes, de la manera prevista en la Ley, y que ajustado a derecho otorga a las partes el tiempo y los medios adecuados para imponer sus defensas.
> En cuanto al derecho a la defensa, la jurisprudencia ha establecido que el mismo debe entenderse como *la oportunidad para el encausado o presunto agraviado de que se oigan y analicen oportunamente sus alegatos y pruebas. En consecuencia, existe violación del derecho a la defensa cuando el interesado no conoce el procedimiento que pueda afectarlo, se le impide su participación o el ejercicio de sus derechos, o se le prohíbe realizar actividades probatorias*[56] (resaltado agregado).

Es clara la magnitud de este derecho dentro de nuestro ordenamiento jurídico, y en cualquier verdadero Estado de Derecho, como elemento clave o fundamental del mismo.

Por ello, en materia de procedimientos de naturaleza tributaria, como lo es el procedimiento de verificación tributaria, el derecho a la defensa debe necesariamente respetarse, de lo contrario se viciarían de inconstitucionalidad las resoluciones que se dicten con ocasión de los mismos.

D. Derecho a la información y participación

El respeto al derecho constitucional a la información[57] es fundamental para materializar el ejercicio del derecho a la de-

---

[56] Sentencia de 24-01-2001, TSJ/SC, consultada en *Jurisprudencia del Tribunal Supremo de Justicia Oscar Pierre Tapia*, tomo 1-Enero 2001, Editorial Pierre Tapia, Caracas, 2001, pp. 27-28.

[57] Artículo 28 de la Constitución: "Toda persona tiene el derecho de acceder a la información y a los datos que sobre sí misma o sobre sus bienes consten en registros oficiales o privados, con las excepciones que establezca la ley, así como de conocer el uso que se haga de los mismos y su finalidad, y a solicitar ante el tribunal competente la actualización, la rectificación o la destrucción de aquellos, si fuesen erróneos o afectasen ilegítimamente sus derechos. Igualmente, podrá acceder a documentos de cualquier naturaleza que contengan información cuyo conocimiento sea de interés para comunidades o grupos de personas. Queda a salvo el secreto de las fuentes de información periodística y de otras profesiones que determine la ley". Artículo 143 de la Constitución: "Los ciudadanos y ciudadanas tienen derecho a ser

fensa, pues sería imposible para cualquier administrado presentar alegatos y pruebas, o lo que es lo mismo, ser oído y poder participar, sin haber sido previa y oportunamente informado de la apertura de un procedimiento que podría afectar su esfera jurídico-subjetiva.

En este sentido, el sujeto pasivo tributario investigado y susceptible de sanción:

> ...sólo podrá ejercer su derecho constitucional a la defensa si se le efectúa una descripción comprensible, precisa y circunstanciada de los hechos concretos que el fisco tiene como consumados, la mención de las probanzas que acreditan tales hechos y los preceptos legales que se creen vulnerados. De no ser así, el llamado a defenderse no lo podrá hacer en forma eficiente, ya que estará sujeto a la sorpresa y por lo tanto a la indefensión[58].

Como se observa, este derecho envuelve al derecho a la notificación del administrado, regulado en la LOPA en su artículo 48, según el cual: "la autoridad administrativa competente o una autoridad administrativa superior ordenará la apertura del procedimiento y *notificará a los particulares cuyos derechos subjetivos o intereses legítimos, personales y directos pudieren resultar afectados*" (resaltado agregado).

Empero, el derecho a la información y participación va más allá de la notificación al contribuyente o responsable de que se ha iniciado un procedimiento que le interesa y la descripción del objeto y finalidad perseguida por el mismo. Abarca también la posibilidad de que el sujeto pasivo conozca en todo momento lo que está ocurriendo a lo largo de su desarrollo, para po-

---

informados e informadas oportuna y verazmente por la Administración Pública, sobre el estado de las actuaciones en que estén directamente interesados e interesadas, y a conocer las resoluciones definitivas que se adopten sobre el particular. Asimismo, tienen acceso a los archivos y registros administrativos, sin perjuicio de los límites aceptables dentro de una sociedad democrática en materia de clasificación de documentos de contenido confidencial o secreto. No se permitirá censura alguna a los funcionarios públicos o funcionarias públicas que informen sobre asuntos bajo su responsabilidad".

[58] VILLEGAS, Héctor B., *op. cit.*, p. 496.

der formar parte activa del mismo, lo que converge en el principio de formación y acceso al expediente administrativo.

De acuerdo con lo expuesto y con ocasión del procedimiento de verificación tributaria, el derecho a la información y participación consiste en la notificación al contribuyente o responsable del inicio del mismo, en estar enterado en todo momento de lo que ocurre durante su desarrollo, el cual se encuentra plasmado en su respectivo expediente administrativo, y en la posibilidad de presentar sus descargos y promover y evacuar las pruebas que considere mejor le asisten. En efecto, las regulaciones dirigidas a garantizar la participación de los administrados, no se limitan al inicio del procedimiento, sino que inciden durante toda sustanciación e, incluso, en la decisión del mismo[59], por lo que este derecho se puede ejercer y desarrollar a lo largo de todo el íter procedimental. De esta manera, el sujeto pasivo podrá participar en el procedimiento y, en consecuencia, en la decisión que tome la Administración tributaria. Al estar informado de lo que ocurre en el procedimiento tributario que le es seguido por la Administración, el contribuyente o responsable podrá ejercer efectiva y oportunamente sus derechos a la participación, a ser oído y a presentar pruebas, esto es, su derecho a la defensa.

Este derecho está positivizado en el ordenamiento jurídico-administrativo en la LOPA[60], en la Ley de Simplificación de Trámites Administrativos[61] (LSTA) y en la Ley Orgánica de la

---

59 BREWER-CARÍAS, Allan R., *Principios...*, *cit.*, p. 69.

60 Artículo 59 de la LOPA: "Los interesados y sus representantes tiene el derecho de examinar en cualquier estado o grado del procedimiento, leer y copiar cualquier documento contenido en el expediente, así como de pedir certificación del mismo. Se exceptúan los documentos calificados como confidenciales por el superior jerárquico, los cuales serán archivados en cuerpos separados del expediente. La calificación de confidencial deberá hacerse mediante acto motivado".

61 Artículo 37 de la LSTA: "Los órganos y entes sujetos a la aplicación de este Decreto-Ley tienen el deber de ofrecer a los ciudadanos información completa, oportuna y veraz en relación con los trámites que se realicen ante los mismos". Artículo 39 de la LSTA: "Los funcionarios públicos tienen la obligación de atender las consultas telefónicas que

Administración Pública[62] (LOAP), y en la legislación tributaria encuentra su fundamento en los artículos 151 y 179 del COT/2001, según los cuales:

> Artículo 151: Los interesados representantes y los abogados asistentes tendrán acceso a los expedientes y podrán consultarlos sin más exigencia que la comprobación de su identidad y legitimación, salvo que se trate de las actuaciones fiscales las cuales tendrán carácter confidencial hasta que se notifique el Acta de Reparo[63].
>
> Artículo 179: En toda fiscalización, se abrirá expediente en el que se incorporará la documentación que soporte la actuación de la Administración Tributaria. En dichos expedientes se harán constar los hechos u omisiones que se hubieren apreciado, y los informes sobre cumplimientos o incumpli-

---

formulen los particulares sobre información general de los asuntos de su competencia, así como las que realicen los interesados para conocer el estado de sus tramitaciones. A tal efecto, cada organismo implementará un servicio de información telefónico que satisfaga las necesidades del ciudadano, haciendo empleo racional de los recursos humanos, presupuestarios y tecnológicos de que disponga actualmente".

62 Artículo 7 de la LOAP: "Los particulares en sus relaciones con la Administración Pública tendrán los siguientes derechos: 1. Conocer, en cualquier momento, el estado de la tramitación de los procedimientos en los que tengan interés, y obtener copias de documentos contenidos en ellos".

63 La pobre redacción de la parte *in fine* de esta norma ha sido criticada por BLANCO-URIBE, quien la ha calificado -acertadamente- como antijurídica o ilícita, debido a que "pretende restringir el alcance del derecho constitucional a la información, prohibiendo el acceso al expediente administrativo en una etapa concreta del proceso tributario en sede administrativa". No obstante lo anterior, como bien indica el mencionado autor, haciendo referencia a la sentencia N° 2339 de 18-10-2001 del TSJ/SPA, "el sistema jurídico venezolano ha puesto remedio a este desatino del legislador, cuando por vía jurisprudencial (tanto de primera instancia como de alzada) se ha establecido que ese no acceso al expediente en la indicada fase, es sólo para los terceros, pero jamás para el particular objeto de la fiscalización". BLANCO-URIBE QUINTERO, Alberto, "La libertad probatoria en el proceso tributario", en PARRA ARANGUREN, Fernando (Ed.), *Temas de Derecho administrativo. Libro Homenaje a Gonzalo Pérez Luciani*, vol. I, TSJ, Colección Libros Homenaje N° 7, Caracas, 2002, p. 298.

mientos de normas tributarias o situación patrimonial del fiscalizado.

De esta manera, podemos apreciar la estrecha relación que existe entre el derecho a la información y participación, y el expediente administrativo que se conforma con ocasión del procedimiento instaurado, pues éste constituye una garantía de aquél, al ser la fuente por excelencia de la cual se obtiene la información requerida. Y es a este expediente al cual los interesados deben tener *libre acceso* durante "todos los días y horas hábiles" de la Administración Pública; por lo que cualquier medida que pretenda limitar o coartar el acceso al expediente por parte del contribuyente, será a todas luces violatoria del derecho a la información y participación, y así, de la propia Constitución.

E. Derecho a ser oído o de contradicción (audire alteram partem)

El artículo 49.3[64] de la Constitución regula una de las manifestaciones más importante de los derechos integrantes del derecho a la defensa, el derecho a ser oído o de contradicción –también llamado derecho de audiencia– el cual comprende la observancia de dos principios esenciales para la convivencia en sociedad: en primer lugar, la prohibición de juzgar y sentenciar a alguien sin oírlo previamente y sin proporcionarle las herramientas adecuadas para defenderse en igualdad de condiciones y, en segundo lugar, la prohibición de que alguien haga justicia por sus propios medios[65]. Así, este derecho garantiza al contribuyente la oportunidad de presentar los alegatos y pruebas que considere más adecuados para la defensa de sus in-

---

64 "El debido proceso se aplicará a todas las actuaciones judiciales y administrativas y, en consecuencia: (...) 3. Toda persona tiene derecho a ser oída en cualquier clase de proceso, con las debidas garantías y dentro del plazo razonable determinado legalmente, por un tribunal competente, independiente e imparcial establecido con anterioridad. Quien no hable castellano o no pueda comunicarse de manera verbal, tiene derecho a un intérprete".

65 DEVIS ECHANDÍA, Hernando, *Compendio de Derecho procesal*, tomo I- Teoría General del Proceso, Editorial ABC, 10° ed., Bogotá, 1985, p. 213.

tereses. Este derecho consiste en brindarle al administrado la oportunidad respectiva para ser oído, por lo que quedará en él -en principio- ejercer o no tal derecho. Es por esto, que la materialización de este derecho no es más que una herramienta para la realización de la garantía constitucional del debido proceso y una manifestación del principio de igualdad de las partes en el proceso.

Por lo tanto, aunque el contribuyente decida no hacer uso de su oportunidad para presentar alegatos y pruebas, la misma debe ser respetada, se le debe otorgar el plazo necesario para hacerlo valer. De lo contrario, la ley que desconozca este derecho fundamental incurrirá en inconstitucionalidad. Es contrario a derecho tramitar el procedimiento de verificación tributaria a espaldas de los contribuyentes o responsables, sin un verdadero contradictorio, sin que tengan la oportunidad respectiva para intervenir y formar parte en la tramitación de la instrucción del procedimiento y en la formación del acto administrativo definitivo[66].

Por su parte, la LOPA establece este derecho al concederles a los particulares un plazo de diez días para que aleguen sus razones y expongan sus pruebas[67], para garantizarle a los ad-

---

[66] El principio del carácter contradictorio de los procedimientos administrativos es destacado por GARCÍA DE ENTERRÍA y FERNÁNDEZ, haciendo referencia a varias sentencias constitucionales, de la manera siguiente: "En términos constitucionales estrictos no hay, pues, procedimiento válido si no existe igualdad de oportunidades entre las partes en cada una de las piezas, trámites o momentos procesales, esto es, si no existe un auténtico debate contradictorio tanto sobre los hechos, como sobre su calificación jurídica (Sentencia constitucional de 10 de abril de 1981). El principio de contradicción ilumina así todas las fases del procedimiento administrativo y es a su luz como deben interpretarse todas y cada una de sus normas reguladoras y como deben valorarse todas y cada una de las actuaciones que lo integran... (Sentencias constitucionales, entre otras, de 4 de octubre y 16 de diciembre de 1985)". GARCÍA DE ENTERRÍA, Eduardo y FERNÁNDEZ, Tomás-Ramón, *op. cit.*, p. 454.

[67] Artículo 48 de la LOPA: "El procedimiento se iniciará a instancia de parte interesada, mediante solicitud escrita, o de oficio. // En el segundo caso, la autoridad administrativa competente o una autoridad

ministrados la defensa de sus posiciones en aquellos procedimientos que puedan imponerles una sanción o desmejorar de alguna manera su esfera jurídico-subjetiva e intereses directos, personales y legítimos[68], cual es el caso del procedimiento de verificación.

Ahora bien, resulta lógico considerar que la audiencia del interesado no es "requisito fundamental" para todo tipo de procedimiento administrativo. En este sentido, podría considerarse innecesaria la audiencia en los procedimientos administrativos autorizatorios, los cuales se originan por petición del propio administrado; claro, siempre y cuando no surja alguna controversia durante el procedimiento que haga necesario el aseguramiento por parte de la Administración del derecho a la defensa del administrado, por medio de la audiencia. En cambio, en los procedimientos originados *de oficio* por la Administración y, especialmente, aquéllos que sean de naturaleza netamente sancionadora, o que sin serlo, exista la posibilidad de que se imponga una sanción, sin ser éste el fin único o razón de ser del mismo -por ejemplo, el procedimiento de verificación tributaria-, no cabe la menor duda sobre la necesidad de la celebración de la audiencia para garantizar el derecho a la defensa, toda vez que en estos procedimientos pueden verse afectados los derechos e intereses de los administrados[69].

---

administrativa superior ordenará la apertura del procedimiento y notificará a los particulares cuyos derechos subjetivos o intereses legítimos, personales y directos pudieren resultar afectados, concediéndoles un plazo de diez (10) días para que expongan sus pruebas y aleguen sus razones".

68 MEIER, Henrique, *op. cit.*, pp. 24-25.

69 Al respecto, la jurisprudencia ha señalado que: "En referencia a la denuncia que en el procedimiento la Administración no realizó la llamada *audiencia del interesado*, al respecto estima esta Corte, que tal actuación procedimental es necesaria y esencial en los procedimientos denominados sancionatorios, por cuanto en estos casos la Administración impone mediante la audiencia del interesado formalmente al administrado de la existencia de un procedimiento en su contra que tiene como causa una presunta actuación ilícita de éste y de que de establecer su veracidad le acarrearía una sanción. Ahora bien, en los procedimientos autorizatorios por el contrario el impulso procesal lo tie-

Por lo anterior, en caso de "verificarse" la información aportada por el contribuyente, ya sea en su declaración o en otra documentación demostrativa del cumplimiento o no de sus deberes formales, la Administración está en la obligación de permitirle al interesado ejercer sin ataduras su derecho de audiencia, para lo cual debe exponerle clara y previamente las motivaciones de su actuación administrativa y brindarle la oportunidad para refutarlas[70], de lo contrario, violaría el derecho a ser oído y, en consecuencia, se colocaría al contribuyente en un estado de indefensión.

F. Derecho de promover y evacuar pruebas

El derecho a probar forma parte sustancial del derecho a la defensa, en los términos del artículo 49.1 de la Constitución. Así como el contribuyente tiene el derecho de contradecir las pretensiones de la Administración tributaria con ocasión de un procedimiento de verificación y debe ser escuchado en la etapa formativa del acto administrativo, igualmente se le tiene que respetar tanto el derecho subjetivo de probar, como la oportunidad procedimental de ejercer tal derecho, esté o no expresamente regulada en la ley[71]. De lo contrario, carecería de sentido alguno contradecir y exponer alegatos, si los mismos no

---

ne el administrado, la Administración va a resolver una petición, una exigencia del particular, por lo cual, no se hace necesario *la audiencia del interesado*, en efecto, en estos procedimientos no se afecta con su omisión el derecho a la defensa, por cuanto el procedimiento ordinariamente se inicia a instancia del interesado, y el pronunciamiento tendrá, en caso de ser favorable, un contenido beneficioso para el administrado". Sentencia de 07-07-1988, Corte Primera de lo Contencioso Administrativo, consultada en la *Revista de Derecho Público* N° 35, EJV, Caracas, 1988, p. 91.

70 SCHICK, Walter, "El procedimiento en el Derecho tributario", en AMATUCCI, Andrea (Dir.), *Tratado de Derecho tributario*, tomo segundo, Editorial Temis, Bogotá, 2001, p. 290.

71 Claro está, que la ley que suprima este derecho y oportunidad procedimental es inconstitucional, como bien lo enseñó COUTURE: "la ley que priva del derecho a probar equivale a la ley que priva del derecho a defenderse. Ambas son inconstitucionales, porque el 'debido proceso' es aquél que encuentra en la prueba de los hechos, el necesario sostén de las afirmaciones de la defensa". COUTURE, Eduardo, *op. cit.*, p. 198.

pudieran ser soportados con los respectivos elementos probatorios. Además, se configuraría una clara violación al derecho a la defensa en caso de no garantizarle al contribuyente su derecho a aportar pruebas para desvirtuar las afirmaciones que haga la Administración tributaria.

Acertadamente indica FRAGA-PITTALUGA, que:

> En el ejercicio de este derecho fundamental, no pueden haber cortapisas de ninguna especie, salvo las limitaciones que excluyen toda posibilidad de valoración con respecto a las pruebas ilegales, impertinentes o inconducentes. De resto, el contribuyente, el responsable o el tercero, han de tener la posibilidad de probar todo aquello que les favorezca y que contribuya al mejor conocimiento del asunto y al establecimiento de la verdad material, a través de cualquier medio de prueba legal, pertinente y conducente[72].

Ello, para que así pueda la Administración tributaria decidir el asunto planteado con base en todos los elementos necesarios que le permiten un profundo y verdadero análisis del caso.

En este sentido, la Administración tributaria no sólo debe garantizarle al contribuyente el derecho de probar, sino que además el mismo pueda ser ejercido durante *todo el íter procedimental* hasta tanto se le notifique la decisión correspondiente, en virtud del *principio del informalismo* de los procedimientos administrativos como garantía del *principio de la búsqueda* o *investigación de la verdad real* por parte de la Administración.

Otro principio que rige esta materia es el de *libertad probatoria*, por lo que ambos, contribuyente y Administración Tributaria, pueden producir todas las pruebas contempladas en las distintas leyes venezolanas. Este principio está recogido en materia de procedimientos administrativos tributarios y ordinarios en los artículos 156 COT/2001[73] y 58 de la LOPA[74], respectivamente.

---

[72] FRAGA-PITTALUGA, Luis, "Las garantías...", *cit.*, p. 57.

[73] Artículo 156 del COT/2001: "Podrán invocarse todos los medios de prueba admitidos en derecho, con excepción del juramento y de la

Sin que se considere excluido en lo absoluto el derecho que tiene el contribuyente de probar, en los procedimientos administrativos de primer grado o constitutivos, y particularmente, en los procedimientos que pueden dar lugar a la imposición de sanciones a los administrados, la carga de la prueba reposa íntegramente en la Administración pública, así como la obligación de impulsar el procedimiento, en virtud del *principio de oficialidad*[75]. Por ello, está obligada a probar satisfactoriamente todos los hechos que a su decir encuadran en los supuestos legales para la imposición de las respectivas sanciones, pudiendo a su vez el contribuyente o responsable participar en la actividad probatoria de la Administración a través del *control y contradicción* de las pruebas que ésta promueva.

La obligación de probar de la Administración tiene como consecuencia la necesaria motivación de los actos administrativos como requisito fundamental para su validez. Es por esto, que la Administración está obligada a expresar claramente cuáles fueron los elementos de hecho y de Derecho que dieron lugar a su posición administrativa, a tenor de lo dispuesto en el artículo 9 de la LOPA.

En este sentido, debe tenerse bien claro que los actos administrativos que nacen con ocasión de los procedimientos administrativos *no constituyen pruebas por sí mismos*. Y es por

---

confesión de empleados públicos, cuando ella implique prueba confesional de la Administración. // Salvo prueba en contrario, se presumen ciertos los hechos u omisiones conocidos por las autoridades fiscales extranjeras".

74 Artículo 58 de la LOPA: "Los hechos que se consideren relevantes para la decisión de un procedimiento podrán ser objeto de todos los medios de prueba establecidos en los Códigos Civil, de Procedimiento Civil y de Enjuiciamiento Criminal o en otras leyes".

75 Artículo 53 de la LOPA: "La administración, de oficio o a instancia del interesado, cumplirá todas las actuaciones necesarias para el mejor conocimiento del asunto que deba decidir, siendo de su responsabilidad impulsar el procedimiento en todos sus trámites". Artículo 162 del COT/2001: "La Administración Tributaria impulsará de oficio el procedimiento y podrá acordar, en cualquier momento, la práctica de las pruebas que estime necesarias".

esta razón, que la Administración está llamada a recopilar todos los elementos probatorios pertinentes que coadyuven en la búsqueda y obtención de la verdad material.

Hay que anotar, por último, que la negativa por parte de la Administración de cumplir con la apertura y desarrollo del respectivo lapso de promoción y evacuación de pruebas, viciaría de nulidad la resolución que dicte para decidir el asunto planteado, debido a la indefensión que acarrea tal postura[76].

G. Derecho a la presunción de inocencia

Al igual que los derechos anteriormente desarrollados, este derecho fundamental del hombre alcanza en nuestro ordenamiento jurídico regulación constitucional, en el artículo 49, numeral 2°, según el cual: "Toda persona se presume inocente mientras no se pruebe lo contrario".

La presunción de inocencia tiene plena aplicación en los procedimientos tributarios sancionadores, en los cuales cobra especial significación y despliega la totalidad de sus efectos en beneficio del sujeto pasivo tributario investigado y presunto infractor. Este derecho consiste en que toda persona natural o jurídica se presume inocente mientras que no se haya legalmente establecido su culpabilidad.

En este sentido, la Administración tributaria debe presumir la inocencia del sujeto pasivo tributario investigado con ocasión del procedimiento de verificación tributaria. Esto significa que, la Administración está obligada a probar todo lo que le impute al contribuyente o responsable, y no al revés, por cuanto nadie puede ser obligado a probar su propia inocencia.

No obstante lo anterior, al sujeto pasivo debe permitírsele la presentación de los alegatos y pruebas que estime convenientes, así como el control y contradicción de las pruebas de la Administración, como garantía de un verdadero procedimiento bilateral y contradictorio, para así llegar a obtener la

---

[76] GARCÍA DE ENTERRÍA, Eduardo y FERNÁNDEZ, Tomás-Ramón, *op. cit.*, p. 486.

mayor cantidad de elementos que le permitan al órgano decisor dictar una resolución lo más apegada a la verdad material.

Por su parte, la jurisprudencia ha desarrollado el derecho a la presunción de inocencia de la siguiente manera:

> En virtud del derecho a la presunción de inocencia, una persona acusada de una infracción, *no puede ser considerada culpable hasta que así no lo declare una decisión condenatoria precedida de un procedimiento suficiente para procurar su dimanación*. Sin embargo, el particular no tiene derecho a la declaración de su inocencia, sino el derecho a ser presumido inocente, *lo que equivale a que su eventual condena sea precedida por una actividad probatoria suficiente.*
> Esto implica que pueda verificarse si ha existido la prueba de lo que racionalmente resulte, o pueda deducirse motivadamente de ella, el hecho o los hechos que desvirtúen la presunción, que el imputado pueda contradecir dichas pruebas y que además hayan sido legalmente obtenidas.
> De lo anterior se desprende, que el derecho a la presunción de inocencia tiene una protección extraprocesal, y otra procesal, la primera de ellas, atiende al *derecho a no ser condenado sin una precisa Resolución administrativa o judicial que lo declare, mientras que la segunda se refiere a la necesaria existencia de una actividad probatoria suficiente con la participación del acusado* y con un adecuado razonamiento del nexo causal entre la norma y la situación concreta, sin que base la mera sospecha o conjetura. Ambas proyecciones se complementan para alcanzar el objetivo perseguido con la consagración constitucional de la presunción de inocencia[77] (resaltado agregado).

Como se observa, resalta dentro de este derecho el peso que tiene la actividad probatoria, tanto por parte de la Administración -que tiene la carga de la prueba- como del administrado, sin la cual, la duda opera a favor de este último. Esto se

[77] Sentencia de 19-03-2001, Corte Primera de lo Contencioso Administrativo, consultada en: *Revista de Derecho Público*, N° 85-86/87-88, EJV, Caracas, 2001, p. 103.

explica, como enseña la doctrina, "porque es preferible tener varios culpables sueltos que un solo inocente en prisión"[78].

Aun cuando en opinión de algunos existen ciertos inconvenientes en relación con la coexistencia de este derecho con la denominada presunción de legitimidad de los actos administrativos, en nuestra opinión no debería existir tal problemática, debido a que ésta no se encuentra en el mismo rango de aquél, siempre jerárquicamente superior como derecho humano que es[79]. Como bien ha señalado nuestra doctrina, la presunción de

---

78 RODRÍGUEZ VILLAFAÑE, Miguel Julio, "Derecho a la información y el respeto a las garantías del debido proceso", *Anuario de Derecho Constitucional Latinoamericano*, Editor Konrad-Adenauer-Stiftung, Montevideo, 2003, p. 315.

79 Sobre el principio constitucional del derecho a la presunción de inocencia y su preeminencia en el Derecho administrativo sancionador, específicamente, en contraposición a la presunción de legitimidad de los actos administrativos, nos parece de suyo importante el comentario que hacen GARCÍA DE ENTERRÍA y FERNÁNDEZ: "Este principio ha deshecho en la esfera sancionatoria administrativa viejos privilegios procedentes en línea directa del antiguo Derecho de policía: la presunción de verdad de las actas o denuncias de funcionarios administrativos, la presunción de verdad del mismo acto sancionatorio, que se beneficiaría de la situación posicional de todos los actos administrativos que obligan a quienes disientan de los mismos a una impugnación en el que el recurrente tendría la carga de la prueba (aquí, nada menos, que la de probar su inocencia), la admisión generalizada de la prueba por presunciones o indiciaria para eludir la astucia de los infractores para ocultar o destruir las pruebas (así la vieja jurisprudencia en materia de contrabando, p. ej. Ss. Sala 3.° 29 enero, 3 junio y 8 junio 1970), etc. *La presunción constitucional de inocencia, con rango de derecho fundamental, supone que sólo sobre la base de pruebas cumplidas, cuya aportación es carga de quien acusa (aquí, la propia Administración, en su fase instructoria), podrá alguien ser sancionado. La supuesta presunción de verdad de los actos administrativos no es tal, sino un mecanismo de autotutela previa o provisional que presume sólo la validez en tanto ésta no se destruya a través de un medio impugnatorio (salvo las nulidades de pleno derecho); pero la impugnación podrá basarse, justamente, en que la Administración no ha alcanzado con sus pruebas a destruir esa presunción constitucional de inocencia (así, expresamente, la S. constitucional de 26 de abril 1990, a la que luego nos referiremos); es inimaginable imponer a alguien la carga de probar su inocencia, lo que normalmente equivale a una probatio diabolica. Toda sanción ha de apoyarse en una actividad probatoria de cargo o de demostración de la realidad de la*

legitimidad no alcanza ni envuelve a los hechos descritos en los actos administrativos sancionatorios, en cuyo caso, el interés público que da fundamento a la tributación se aparta y desmorona ante la garantía fundamental de la presunción de inocencia[80].

En definitiva, no se puede considerar tutelado el derecho a la presunción de inocencia a falta de un verdadero procedimiento que garantice el debido proceso y si al contribuyente no le es permitido participar en la actividad probatoria en dicho procedimiento, tal y como ocurre en la verificación tributaria.

3. Violación a los derechos y garantías constitucionales del contribuyente en el procedimiento de verificación tributaria

Como se ha señalado, el principio de la supremacía de la Constitución rige nuestro ordenamiento jurídico. Asimismo, este principio puede tenerse como una garantía objetiva de los administrados, en razón del cual, cualquier acto del Estado emanado en contraposición al mismo debe considerarse nulo[81]. Son varias las normas constitucionales según las cuales, aquellos actos dictados por el poder público en sus distintas formas que sean violatorios de los derechos consagrados y garantizados en el texto constitucional, estarán viciados de nulidad absoluta, por lo que no surtirán efecto alguno, sin perjuicio de la responsabilidad en que incurren los funcionarios públicos y entes que los ordenen o ejecuten[82].

---

infracción que se reprime, sin la cual la represión misma no es posible (Ss. 26 diciembre 1983, 20 febrero y 11 marzo 1985, 11 febrero 1986, 21 mayo 1987, etc.)" (resaltado agregado). GARCÍA DE ENTERRÍA, Eduardo y FERNÁNDEZ, Tomás-Ramón, *op. cit.*, p. 180.

80 FRAGA-PITTALUGA, Luis, *La defensa del contribuyente frente..., cit.*, p. 51.

81 BREWER-CARÍAS, Allan R., *La Constitución de 1999. Derecho constitucional venezolano*, tomo I, EJV, 4° ed., Caracas, 2004, p. 144.

82 Al respecto, el artículo 25 de la Constitución dispone que: "Todo acto dictado en ejercicio del Poder Público que viole o menoscabe los derechos garantizados por esta Constitución y la ley es nulo, y los funcionarios públicos y funcionarias públicas que lo ordenen o ejecuten in-

Se trata, por tanto, de un principio supremo, el cual acentúa la gran importancia y obediencia que merecen todos los derechos y garantías anteriormente desarrolladas, en pro de una relación contribuyente-Administración tributaria libre de vicios y violaciones por parte de cualquiera de ellos, pudiendo así el procedimiento tributario instaurado concretar su fin máximo: el alcance de la verdad material y de la justicia.

Lamentablemente, no es ésta la realidad. En una forma totalmente opuesta a la dogmática constitucional se encuentra regulado el procedimiento de verificación tributaria, en detrimento de los más esenciales derechos fundamentales del contribuyente, como lo son el derecho a la defensa y la garantía al debido proceso que, a nuestro parecer, no es más que una evidencia de los problemas de los que adolece nuestro ordenamiento jurídico y del irrespeto a los máximos postulados constitucionales.

---

curren en responsabilidad penal, civil y administrativa, según los casos, sin que les sirva de excusa órdenes superiores". En similar sentido, el artículo 8 de la LOAP establece que: "Todo los funcionarios y funcionarias de la Administración Pública están en la obligación de cumplir y hacer cumplir la Constitución de la República Bolivariana de Venezuela. // Los funcionarios y funcionarias de la Administración Pública incurren en responsabilidad civil, penal o administrativa, según el caso, por los actos de Poder Público que ordenen o ejecuten y que violen o menoscaben los derechos garantizados por la Constitución de la República Bolivariana de Venezuela y la ley, sin que les sirva de excusa órdenes superiores". Por su parte, el artículo 10 de la LOAP señala que: "Sin perjuicio del derecho de acceso a la justicia establecido en la Constitución de la República Bolivariana de Venezuela y la ley, los particulares cuyos derechos humanos hayan sido violados o menoscabados por un acto u orden de un funcionario público o funcionaria pública, podrán, directamente o a través de su representante, acudir ante el Ministerio Público para que éste ejerza las acciones a que hubiere lugar para hacer efectiva la responsabilidad civil, laboral, militar, penal, administrativa o disciplinaria en que hubiere incurrido dicho funcionario o funcionaria. Igualmente, podrán acudir a la Defensoría del Pueblo para que ésta inste al Ministerio Público a ejercer dichas acciones y, además, para que la Defensoría del Pueblo solicite ante el Consejo Moral Republicano que adopte las medidas a que hubiere lugar con respecto a tales funcionarios o funcionarias, de conformidad con la ley".

Nos parece increíble que en la actualidad se pretenda llevar a cabo un procedimiento de determinación tributaria, así como cualquier procedimiento administrativo oficioso, sin oír previamente al contribuyente, a espaldas del carácter verdaderamente contradictorio que este procedimiento posee.

Ya esto lo entendía y advertía JARACH hace décadas, cuyos comentarios no podían ser más certeros al señalar que "el procedimiento que desemboca en la determinación se acerca cada vez más a un verdadero proceso judicial, con legítimo contradictorio entre las partes"[83]. En la actualidad, años después que el maestro ítalo-argentino destacase brevemente lo que todavía hoy no se ha hecho realidad en su totalidad en nuestro país, se presenta inconcebible plantear el procedimiento de determinación tributaria a espaldas del derecho a la defensa y al debido proceso, como principios rectores de un verdadero contradictorio, en el cual el contribuyente tiene el derecho y la Administración la obligación, de promover y evacuar las pruebas que consideren pertinentes.

Como quedó sentado anteriormente, en los procedimientos iniciados a petición del administrado, el derecho a la defensa es ejercido *ab initio* y, en consecuencia, garantizada su materialización. Sin embargo, en los procedimientos que se inician de oficio por la Administración y, en especial, aquéllos de naturaleza sancionadora o parcialmente sancionadores, como lo es el procedimiento de verificación tributaria, debe necesariamente, so pena de violar postulados constitucionales, garantizarse el derecho de defensa a los administrados en todo estado y grado del procedimiento.

De conformidad con el artículo 48 de la LOPA, la apertura de este tipo de procedimiento debe necesariamente ser notificada al sujeto pasivo interesado, para luego instruirse la fase de alegaciones y pruebas, logrando simultáneamente la satisfacción de las necesidades públicas, así como la garantía de los

[83] JARACH, Dino, *Curso... cit.*, p. 410.

derechos de los contribuyentes y responsables, específicamente los inherentes al debido proceso y al derecho a la defensa.

Es menester dejar claro que, considerar incólumes e inalterados los derechos a la defensa y al debido proceso porque el contribuyente y el responsable gozan de medios impugnatorios de segundo grado y judiciales, resulta absurdo y carente de fundamento. En efecto, la posibilidad de recurrir los actos administrativos definitivos, bien sea por vía administrativa o contenciosa, no garantiza la protección del derecho a la defensa que ya fue vulnerado. Es en el mismo procedimiento administrativo constitutivo o de primer grado como garantía en sí, en el que deben ser protegidos estos derechos y hacerse efectivas sus garantías[84].

---

[84] En igual sentido, se pronuncian GARCÍA DE ENTERRÍA y FERNÁNDEZ: "Ahora bien, se comprende que esa posible objeción formal carecería de consistencia. Si la propia Constitución es la que ha permitido, como hemos visto, en su artículo 25, la dualidad del sistema represivo, judicial-penal y administrativo, sería absolutamente incoherente disminuir en una de esas dos formas las garantías mínimas de la defensa. *Argumento capital, al que no podría replicarse invocando la posibilidad de que la sanción administrativa sea fiscalizable a posteriori por el recurso contencioso-administrativo, porque este recurso enjuicia un acto sancionatorio ya consumado cuya legalidad valora; no es, pues, el Tribunal el que en este caso impone la sanción y no hay el menor paralelismo entre el proceso contencioso-administrativo y el proceso penal. Donde hay que situar todas las garantías del derecho a la defensa frente a las medidas represivas y en garantía de la presunción constitucional de inocencia es, pues, en la propia fase administrativa donde la sanción se produce, sin perjuicio de todas las ulteriores defensas procesales ordinariamente disponibles en todos los procesos contencioso-administrativos sin distinción*" (resaltado agregado). GARCÍA DE ENTERRÍA, Eduardo y FERNÁNDEZ, Tomás-Ramón, *op. cit.*, p. 190. En este mismo orden de ideas, ARAUJO-JUÁREZ indica que: "Es sabido que el procedimiento administrativo no sólo constituye un instrumento de garantía de la corrección del obrar administrativo, *sino que también cumple la importante función de constituir un medio de garantizar que la Administración Pública respete los derechos de los administrados. Finalidad de garantía que es la esencia misma del procedimiento administrativo y una exigencia ineludible del Estado de Derecho*. Esta sería, pues, en términos generales, la función del procedimiento administrativo como un todo considerado, en cuanto a institución jurídica. // (...) De lo anterior se desprende muy enfáticamente que, *la defensa procesal posible ante la jurisdicción*

Así, la falta de notificación y audiencia del contribuyente o responsable en el procedimiento de verificación tributaria vicia de nulidad absoluta la resolución administrativa que dicte la Administración tributaria con ocasión del mismo.

En este sentido, la propia Constitución establece de forma expresa la nulidad que afecta a los actos que vulneren cualquier derecho o garantía establecida en la misma, así como la responsabilidad penal, civil y administrativa que acarrea para el funcionario que los dicten, de conformidad con su artículo 25. Por ende, todos los actos administrativos resultantes del procedimiento de verificación tributaria, dictados en los términos indicados, estarían viciados de nulidad absoluta por inconstitucionalidad por violar directamente el derecho a la defensa y la garantía del debido proceso, expresamente recogidos por la Constitución en su artículo 49[85].

---

administrativa, no elimina la realidad ni la significación jurídica de la lesión al derecho fundamental de defensa producida ante la propia Administración Pública. // Por tanto, el criterio de la sentencia señalada conduce prácticamente a la eliminación de la eficacia jurídica del vicio de procedimiento y, más concretamente, de la indefensión, pues en la medida en que todos los actos administrativos por virtud del principio de la universalidad del control que consagra el artículo 259 de la Constitución vigente, son susceptibles de impugnación judicial, *la oportunidad de defensa en vía judicial subsanaría tal lesión, lo que es todo un absurdo, siendo tal criterio subsanatorio inaceptable si se piensa que la mayoría de los amparos constitucionales que se siguen contra la Administración Pública y que se declaran con lugar, es con fundamento en la lesión o amenaza de lesión al derecho fundamental de defensa ante la propia Administración Pública*" (resaltado agregado). ARAUJO-JUÁREZ, José, "La teoría de la forma y el derecho fundamental de defensa ante la Administración Pública", en PARRA ARANGUREN, Fernando y RODRÍGUEZ GARCÍA, Armando (Eds.), *Estudios de Derecho administrativo. Libro Homenaje Universidad Central de Venezuela*, vol. I, TSJ, Colección Libros Homenaje N° 2, Caracas, 2001, pp. 60, 61 y 64.

85 En igual sentido, ARAUJO-JUÁREZ señala que: "Por tanto, conviene tener presente que para que el derecho fundamental de defensa sea efectivo, no basta con consagrar en las normas de procedimiento administrativo ciertas formalidades que traten de garantizar el mismo ante la Administración Pública. Es necesario, además, asegurarle su efectivo cumplimiento por parte de la Administración Pública, lo que sólo se puede lograr sancionando con la nulidad todo acto –incluido aquel cu-

Por su parte, el propio COT/2001 en su artículo 240.1, en concordancia con el artículo 19.1 de la LOPA, establece que serán nulos de nulidad absoluta los actos administrativos "cuando así esté expresamente determinado por una norma constitucional, o sean violatorios de una disposición constitucional".

Lo anterior significa que, todos los actos administrativos definitivos originados con ocasión del procedimiento de verificación tributaria se tendrán como si nunca se hubiesen dictado, esto es, su nulidad produce efectos *ex tunc* y, en consecuencia, deben entenderse impugnables en cualquier momento. Así lo dispone expresamente el artículo 239 del COT/2001 junto con el artículo 83 de la LOPA, según los cuales, la Administración podrá revocar los actos viciados de nulidad absoluta en cualquier momento, de oficio o a solicitud de parte.

En este mismo orden de ideas, debemos recordar el control difuso de la constitucionalidad que detentan todos los tribunales de la República, de conformidad con el artículo 334 de la Carta Magna, según el cual éstos deberán aplicar las normas constitucionales en caso de que éstas colidan con otras de rango inferior, *verbi gratia*, los artículos del COT/2001 que regulan el procedimiento de verificación en irrespeto a los constitucionales derechos a la defensa y garantía del debido proceso, pudiendo, por ende, desaplicar sus normas. Lo anterior, sin perjuicio de poder solicitarse con el ejercicio del recurso popular de inconstitucionalidad, la nulidad de dichas normas ante la Sala Constitucional del Tribunal Supremo de Justicia.

No obstante lo anterior, ocurren situaciones de hecho ocasionados por la indebida ejecución de estos actos administrativos *a pesar de la nulidad absoluta que los impregna*, perfectamente impugnables a través de la acción de amparo consti-

---

yo contenido es conforme a Derecho- que haya sido dictado sin respetar el referido derecho fundamental de defensa". ARAUJO JUÁREZ, José, "La teoría...", *cit.*, p. 65.

tucional -por ejemplo, la medida de clausura de empresas[86]-, que además generan graves daños y perjuicios patrimoniales, y al honor y reputación de los contribuyentes, a cuya reparación económica puede ser condenada la Administración tributaria por los Tribunales de lo Contencioso Tributario e incluso, por el propio Tribunal Supremo de Justicia[87].

---

86 En nuestro país y, especialmente, en la actualidad, la falta de separación entre los procedimientos determinativos de la obligación tributaria y los procedimientos sancionadores, anteriormente reseñada, ha desatado graves consecuencias, debido a la desmedida voracidad fiscal que la Administración tributaria ha demostrado y el uso indiscriminado del procedimiento de verificación tributaria para aplicar la medida de clausura de empresas por incumplimiento de deberes formales. En efecto, no sólo la sanción es inconstitucional por emanar de un procedimiento inconstitucional *per se*, sino que, además, la imposición de la medida de cierre o clausura aplicada sin un debido proceso, violenta por sí misma una serie de derechos constitucionales del contribuyente, así como principios jurídico-penales, entre los cuales destaca el principio de proporcionalidad y razonabilidad que supone una correspondencia entre la infracción y la sanción. Al respecto, *vid.* Sentencia N° 101/2004 de 17.9.2004, Tribunal Superior Noveno de lo Contencioso Tributario, caso *Inversiones Garden Place* 002, C.A.

87 Artículo 259 de la Constitución: "La jurisdicción contencioso administrativa corresponde al Tribunal Supremo de Justicia y a los demás tribunales que determine la ley. Los órganos de la jurisdicción contencioso administrativa son competentes para anular los actos administrativos generales o individuales contrarios a derecho, incluso por desviación de poder; condenar al pago de sumas de dinero y a la reparación de daños y perjuicios originados en responsabilidad de la Administración; conocer de reclamos por la prestación de servicios públicos; y disponer lo necesario para el restablecimiento de las situaciones jurídicas lesionadas por la actividad administrativa". Artículo 140 de la Constitución: "El Estado responderá patrimonialmente por los daños que sufran los particulares en cualquiera de sus bienes y derechos, siempre que la lesión sea imputable al funcionamiento de la Administración Pública". Artículo 327 del COT/2001: "Cuando a su vez la Administración Tributaria resultare totalmente vencida por sentencia definitivamente firme, será condenada en costas en los términos previstos en este artículo. Asimismo, dichas sentencias indicarán la reparación por los daños que sufran los interesados, siempre que la lesión sea imputable al funcionamiento de la Administración Tributaria". Artículo 14 de la LOAP: "La Administración Pública será responsable ante los particulares por la gestión de sus respectivos órganos, de conformidad con la Constitución de la República Bolivariana de Venezuela y

Conforme con lo expuesto, en nuestra opinión el procedimiento de verificación tributaria, tal y como se encuentra regulado en el COT/2001, es a todas luces inconstitucional, en razón de la flagrante violación de los derechos desarrollados, integrantes del debido proceso, y garantizados por el principio de la supremacía de la Constitución.

CONCLUSIÓN

El derecho a la defensa y la garantía del debido proceso constituyen pilares fundamentales de un verdadero Estado de Derecho, cuyo constante irrespeto no hace más que reflejar la realidad que atraviesa una sociedad. Lamentablemente, Venezuela se encuentra en uno de los momentos más difíciles en su historia, desde las perspectivas política, social, económica y jurídica.

Evidentemente, no es posible concebir en estos términos un procedimiento que respete y garantice los derechos de los contribuyentes y responsables. Tan cierta es esta afirmación, que la Administración tributaria -proyectista del COT/2001- olvidó por completo las mínimas garantías que detentan los administrados en los procedimientos administrativos, e implementó uno totalmente plagado de incongruencias e inconstitucionalidades que ya avisaba el COT anterior, entre otras normas, en el reeditado parágrafo primero del artículo 149.

Por lo anterior e independientemente de la manera como está regulado el procedimiento de verificación, la Administración tributaria debe ejercer las facultades que detenta con ocasión al mismo apegada a los máximos postulados y derechos constitucionales del contribuyente, fundamentalmente en respeto al derecho a la defensa y a la garantía del debido proceso.

---

la ley, sin perjuicio de la responsabilidad que corresponda a los funcionarios o funcionarias por su actuación. // La Administración Pública responderá patrimonialmente por los daños que sufran los particulares, siempre que la lesión sea imputable a su funcionamiento".

Finalmente, sólo queda recordar el moderno concepto de la Constitución como norma de aplicación inmediata para impugnar todos los actos administrativos que emanen de la Administración tributaria en desatención de sus normas, principios, derechos y garantías, dirigidos a proteger el libre desenvolvimiento de la vida de los hombres y su feliz interacción en sociedad.

CAPÍTULO II:
LOS PROCEDIMIENTOS DE VERIFICACIÓN DE DECLARACIONES Y CUMPLIMIENTO DE DEBERES FORMALES DEL CÓDIGO ORGÁNICO TRIBUTARIO DE 2014

Son varios los estudios de la doctrina venezolana que versan sobre el llamado "procedimiento de verificación tributaria"[88]. Todos coinciden en una idea: la inconstitucionalidad de este "procedimiento", por la violación, entre otros derechos, del debido proceso y la defensa del contribuyente.

En vista de lo anterior, el enfoque adoptado consistirá, en primer lugar, en hacer un análisis descriptivo del procedimiento disciplinado en los artículos 182 al 186 del Código Orgánico Tributario de 2014 (COT/2014)[89] y, en segundo lugar, un planteamiento crítico del mismo a la luz del artículo 49 de la Constitución.

I. LOS PROCEDIMIENTOS DE VERIFICACIÓN EN EL CÓDIGO ORGÁNICO TRIBUTARIO DE 2014: ANÁLISIS DESCRIPTIVO DE LOS ARTÍCULOS 182 AL 186

1. Concepto del procedimiento de verificación tributaria

Si bien el COT/2014 -al igual que el COT/2001- no definió este procedimiento, hemos propuesto un concepto del mismo

---

88 Al respecto, entre otros, *vid.* DÍAZ, Fátima, "El procedimiento de verificación previsto en el COT y la aplicación de las garantías constitucionales consagradas en el artículo 49 de la Constitución", VII *Jornadas Venezolanas de Derecho Tributario*, AVDT, Caracas, 2004, pp. 283-301; y WEFFE H., Carlos E., *Garantismo y Derecho penal tributario en Venezuela*, Editorial Globe, Caracas, 2010, pp. 503-560.

89 Gaceta Oficial N° 6.152 Extraordinario, 18-11-2014.

(capítulo I de este libro), en un sentido normativo (o del *deber ser*), en los términos siguientes: el procedimiento de verificación tributaria es el procedimiento administrativo tributario por medio del cual, la Administración tributaria revisa de oficio la exactitud de las declaraciones presentadas por los contribuyentes o responsables, determinando la existencia o no de la obligación tributaria y constatando el cumplimiento de los deberes formales de los sujetos pasivos de la obligación tributaria, pudiendo imponer, en caso de comprobarse irregularidades o incumplimientos que constituyan ilícitos tributarios, las respectivas sanciones.

Se trata de lo que otras legislaciones –*e.g.*, la española[90]– han denominado procedimientos de *comprobación abreviada*, que consisten, precisamente, en la realización de análisis sintetizados sobre aspectos puntuales, en el caso venezolano, la revisión de la exactitud de la información contenida en la declaración del contribuyente o del cumplimiento de los deberes formales del sujeto pasivo[91], como más adelante se precisará.

2. Características del procedimiento de verificación tributaria

Del concepto propuesto, se pueden precisar algunas características del procedimiento verificador:

a. Se trata, de nuevo en un sentido normativo, de un procedimiento administrativo tributario[92].

---

90 Al respecto, vid. Arias Velasco, José y Sartorio Albalat, Susana, *op. cit.*, pp. 111-112.

91 Abache Carvajal, Serviliano, "De la teoría a la práctica: análisis del 'procedimiento de determinación oficiosa' regulado en la Ordenanza General de Procedimientos Tributarios del Municipio Simón Bolívar del Estado Anzoátegui (e indirecto del Código Orgánico Tributario)", *Revista de Derecho Tributario*, N° 122, AVDT, Caracas, 2009, p. 101.

92 Y es precisamente por ello, que la doctrina se ha encargado de criticar severamente este "procedimiento", en la medida que ni en su estructura positiva, ni en su aplicación administrativa y judicial, se respeta la teoría general del procedimiento administrativo, por un lado, y la dogmática constitucional, por el otro, como se verá más adelante.

b. Hay dos tipos de verificaciones: (*i*) la comprobadora de la exactitud de las declaraciones de los sujetos pasivos, en la que se determina la existencia (o inexistencia) de la obligación tributaria; y (*ii*) la comprobadora del cumplimiento (o incumplimiento) de los deberes formales de los mismos.

c. Ambas modalidades de verificaciones se inician de oficio por la Administración tributaria.

d. La verificación de las declaraciones posee una naturaleza jurídica mixta, comprobadora-determinativa y sancionadora; y la verificación de los deberes formales, si bien es comprobadora y sancionadora, no es determinativa.

e. En el marco de los dos tipos de verificaciones, la Administración tributaria está facultada para imponer sanciones en caso de comprobarse incumplimientos.

3. Tipos de verificaciones tributarias

De conformidad con el artículo 182 del COT/2014 –en los mismos y exactos términos establecidos en el artículo 172 del COT/2001–, la Administración puede realizar dos tipos de verificaciones: (*i*) de las *declaraciones* presentadas por los contribuyentes o responsables; y (*ii*) de los *deberes formales* de los sujetos pasivos de la obligación tributaria[93].

A. Verificación de declaraciones tributarias

La verificación de las *declaraciones*[94] del sujeto pasivo representa una típica actuación *comprobadora* –por oposición a las actuaciones de *investigación*– de la Administración[95].

---

93 Sobre los tipos de verificaciones tributarias, también *vid.* RUAN SANTOS, Gabriel, "La función de determinación en el nuevo Código Orgánico Tributario (fiscalización y determinación)", en SOL GIL, Jesús (Coord.), *Estudios sobre el Código Orgánico Tributario de 2001*, AVDT, Caracas, 2002, p. 411.

94 Por declaración de impuestos o, con mayor rigor conceptual, *declaración jurada de impuestos*, debe entenderse el "acto que manifiesta el

En efecto, en este tipo de verificación la labor administrativa está encaminada a cotejar, revisar o *comprobar* los datos, informaciones y elementos consignados en las declaraciones tributarias, y no a *investigar* (descubrir) hechos y bases imponibles no declaradas o ignoradas[96], como ocurre en el procedimiento de fiscalización[97].

En el marco de este tipo de actuación, que se debe efectuar con fundamento exclusivo en los mismos datos de la declaración y en sus anexos, pudiendo adicionalmente la Administración tributaria constatar la veracidad de dicha información con sistemas de información automatizada (artículo 184 del COT/2014), ésta podrá realizar los ajustes que considere pertinentes, así como liquidar las diferencias respectivas, con lo cual declarará la existencia o inexistencia de la obligación tributaria, esto es, *determinará* el tributo[98], estando facultada además para calcular los intereses moratorios e imponer una sanción equivalente al 10 % del tributo o cantidad a cuenta de

---

saber y la voluntad de cumplir una obligación, sin eficacia definitoria de la obligación sustancial. Su finalidad consiste en colaborar con la administración haciéndole saber el conocimiento y la voluntad del obligado de extinguir una determinada obligación". JARACH, Dino, *Finanzas públicas y Derecho tributario*, Editorial Cangallo, Buenos Aires, 1° ed., 2° reimpresión, 1993, p. 435.

95 Atendiendo la tradicional clasificación que se hace de la potestad de investigación, que habilita a la Administración para indagar hechos, compilar informaciones, así como comprobar situaciones, de ahí que esta potestad en sentido *amplio* comprenda dos modalidades de actividades en sentido *estricto*: *(i)* la actividad de *investigación* propiamente dicha, mediante la cual se *descubren* hechos anteriormente ignorados o desconocidos; y *(ii)* la actividad de *comprobación*, a través de la cual se *constata* la existencia de hechos conocidos pero inciertos. Al respecto, *vid.* BLANQUER, David, *Curso de Derecho administrativo*, tomo I, Tirant Lo Blanch, Valencia, 2006, pp. 325-326.

96 Cf. PÉREZ DE AYALA, José Luis y PÉREZ DE AYALA BECERRIL, Miguel, *Fundamentos de Derecho tributario*, Dykinson, Madrid, 2009, p. 189.

97 Sobre la naturaleza *comprobadora* de la verificación e *investigadora* de la fiscalización, *vid.* RAMÍREZ VAN DER VELDE, Alejandro, *op. cit.*, p. 557. Nuestras consideraciones en el capítulo I.

98 Cf. RAMÍREZ VAN DER VELDE, Alejandro, *op. cit.*, p. 557.

tributos omitidos (artículo 185 *eiusdem*), todo mediante resolución.

B. Verificación de deberes formales

Por su parte, la Administración tributaria también está facultada para verificar el cumplimiento de los *deberes formales*[99] de los sujetos pasivos y, de ser el caso, imponer sanciones (de multa o clausura) en caso de incumplimiento, actuación ésta que, como se colige de su objeto, también representa una actuación comprobadora y no investigadora en sentido estricto.

A tenor del mismo artículo 182 *eiusdem*, esta modalidad verificadora puede llevarse a cabo en dos lugares, a saber: *(i)* en las instalaciones de la Administración tributaria; y *(ii)* en la oficina del sujeto pasivo, en cuyo caso debe existir –a tenor de la norma en cuestión– autorización expresa por parte de la Administración tributaria[100], ya sea para verificar los deberes formales de un contribuyente en específico o para verificar dichos deberes a un grupo de contribuyentes, utilizando como factor común, por ejemplo, su ubicación geográfica o actividad económica.

En caso de que la Administración tributaria comprobase el incumplimiento de deberes formales por parte del sujeto pasivo verificado, aquélla está facultada para imponer la respectiva sanción mediante resolución, la cual deberá ser notificada de acuerdo con las reglas establecidas en los artículos 171 al 178 del COT/2014.

---

99 Por *deberes formales* deben entenderse "las obligaciones que la ley o las disposiciones reglamentarias y, aun las autoridades de aplicación de las normas fiscales, por delegación de la ley impongan a contribuyentes, responsables o terceros para colaborar con la administración en el desempeño de sus contenidos". JARACH, Dino, *Finanzas..., cit.*, p. 430.

100 En nuestra opinión, dicha "autorización" debe existir tanto en el caso de que la verificación tenga lugar en las instalaciones de la Administración, como en la oficina del sujeto pasivo, debido a que en ambos supuestos constituye el acto administrativo autorizatorio y de inicio del indicado "procedimiento", como lo precisamos en el capítulo I.

4. La "cosa determinada" en los procedimientos de verificación

De conformidad con el artículo 186 del COT/2014, las resoluciones dictadas con ocasión del procedimiento de verificación "no limitan ni condicionan el ejercicio de las facultades de fiscalización y determinación atribuidas a la Administración Tributaria", precisamente por tratarse de una comprobación abreviada y no de una investigación de fondo de la situación fiscal del sujeto pasivo, las cuales, por sus disímiles objetos, medios y, en fin, alcances, no pueden llegar a determinaciones idénticas.

Debe hacerse notar que así como la Administración tributaria está facultada para fiscalizar *a posteriori* a un sujeto pasivo ya verificado, a efectos de indagar hechos que no se desprendan de –o aparezcan de manera clara en– las declaraciones[101], aquella labor investigativa, cuando de alguna forma verse sobre un aspecto comprobado en la verificación, no podrá obviar la determinación realizada en la misma, que se traduce en la imposibilidad de materializar cambios de parecer sobre las circunstancias y hechos conocidos y debidamente revisados, so pena de viciar de nulidad absoluta tal actuación por resolver un caso precedentemente decidido con carácter definitivo y que haya creado derechos subjetivos (la "cosa determinada"), de conformidad con el artículo 250.2 del COT/2014.

II. INCONSTITUCIONALIDAD DE LOS PROCEDIMIENTOS DE VERIFICACIÓN TRIBUTARIA ESTABLECIDOS EN EL COT/2014: ANÁLISIS CRÍTICO A LA LUZ DEL ARTÍCULO 49 DE LA CONSTITUCIÓN

Como se indicó anteriormente, la idea que comparten los trabajos de la doctrina que han abordado el procedimiento de verificación, ha sido –precisamente– la inconstitucionalidad que lo embarga. En efecto, la crítica se centra en la falta de regulación en los artículos indicados de un verdadero "proce-

[101] Cf. RUAN SANTOS, Gabriel, "La función...", *cit.*, p. 449.

dimiento", esto es, un cauce formal por medio del cual la función comprobadora se *inicie, sustancie y termine.*

A otro decir: en los artículos 182 al 186 del COT/2014 -como en el caso de las normas correspondientes del COT/2001, antes analizado (capítulo I)-, *nada* se indica sobre las fases o etapas fundamentales que debe contener todo "procedimiento administrativo"[102], lo que ha desencadenado en la práctica la imposición de sanciones *de plano*, tanto de multa como de clausura[103], en franca violación del artículo 49 de la Constitución[104], así como de los tratados de derechos humanos que lo regulan[105].

Tal ausencia normativa e indebida ejecución administrativa, ha perpetuado la (mala) práctica de los llamados "reparos de escritorio"[106], en violación de los derechos fundamentales del contribuyente al debido procedimiento, a la defensa, a la información y participación, a ser notificado de los cargos por los que se le investiga, a ser oído o de contradicción, a promover y evacuar pruebas, a la imparcialidad del órgano administrativo decisor y a la presunción de inocencia, todos, como es

---

102 En este sentido, *vid.* WEFFE H., Carlos E., *Garantismo..., cit.*, p. 542.

103 Sobre la inconstitucionalidad de las sanciones de clausura impuestas con ocasión al procedimiento de verificación, *vid. Ibid.*, pp. 415-441.

104 Artículo 49 de la Constitución: "El debido proceso se aplicará a todas las actuaciones judiciales y administrativas y, en consecuencia: 1. La defensa y la asistencia jurídica son derechos inviolables en todo estado y grado de la investigación y del proceso. Toda persona tiene derecho a ser notificada de los cargos por los cuales se le investiga, de acceder a las pruebas y de disponer del tiempo y de los medios adecuados para ejercer su defensa. (...) 2. Toda persona se presume inocente mientras no se pruebe lo contrario. 3. Toda persona tiene derecho a ser oída en cualquier clase de proceso, con las debidas garantías (...)".

105 Entre ellos, la Convención Americana sobre Derechos Humanos (artículo 8.1) y el Pacto Internacional de Derechos Civiles y Políticos (artículo 14.1). Sobre la plena vigencia y aplicación en Venezuela de los tratados de derechos humanos a la materia tributaria, nuestras consideraciones en: ABACHE CARVAJAL, Serviliano, "Determinación, exigibilidad y derechos humanos. Hacia una reforma tributaria desde el Derecho de los derechos", X *Jornadas Venezolanas de Derecho Tributario*, AVDT, Caracas, 2011, pp. 105-151.

106 Cf. RAMÍREZ VAN DER VELDE, Alejandro, *op. cit.*, p. 557.

sabido, de expresa regulación constitucional a tenor del indicado artículo 49 de la Norma Fundamental, los cuales representan barreras insuperables de la actuación administrativa.

La situación apuntada también constituye una clara violación del principio de *buena administración*, que exige la instrumentalización del procedimiento para que la Administración proceda a expresar su voluntad, en garantía de los principios constitucionales que informan la actividad administrativa, establecidos en el artículo 141[107] de la Constitución[108].

Por más expedito que sea el procedimiento de verificación, éste debe –obligatoriamente– respetar las etapas fundamentales o esenciales de todo procedimiento administrativo, debiendo constituirse en un cauce formal de actos sucesivos y, así, consolidarse como límite infranqueable del poder público frente a las *libertades ciudadanas*, en fin, una *garantía en sí mismo* de los derechos del contribuyente y de la legalidad de la actuación administrativa[109].

---

[107] Artículo 141 de la Constitución: "La Administración Pública está al servicio de los ciudadanos y ciudadanas y se fundamenta en los principios de honestidad, participación, celeridad, eficacia, eficiencia, transparencia, rendición de cuentas y responsabilidad en el ejercicio de la función pública, con sometimiento pleno a la ley y al derecho".

[108] Cf. HERNÁNDEZ GONZÁLEZ, José Ignacio, "Algunas notas sobre los requisitos de validez de los actos administrativos", *Actualización en procedimiento administrativo*, FUNEDA, 2° ed. revisada, Caracas, 2008, p. 69.

[109] Así también lo ha entendido RODRÍGUEZ GARCÍA, quien, comentando la *concepción garantista* del procedimiento administrativo –y del propio Derecho público–, poniendo el acento debido en la libertad, ha expresado que: "como consecuencia directa e inmediata del significado de seguridad jurídica que trae consigo, el procedimiento administrativo opera como una *garantía* para el ciudadano, para el sujeto de derecho que entra en relación con la Administración, mediante un vínculo dinámico, que implica la presencia de derechos, intereses, cargas, sujeciones, deberes y obligaciones, pero también, competencias, potestades y facultares que se enmarcan en el juego de tensiones entre las diferentes posiciones jurídicas que ocupan los sujetos. // Desde esta perspectiva, destaca el carácter garantista que inspira en forma global al Derecho Público en general y al Derecho administrativo, en particular, que surge históricamente, se desarrolla tanto en su vertiente práctica como en su categorización científica, y solo tiene sentido funcio-

Lo anterior, es perfectamente realizable si se practica una interpretación (y aplicación) *sistemática* de las normas que regulan el procedimiento de verificación, tomando en consideración otras disposiciones del COT/2014, entre ellas, su artículo 158, de acuerdo con el cual:

> Las normas contenidas en esta sección serán aplicables a los procedimientos de carácter tributario en sede administrativa, sin perjuicio de las establecidas en las leyes y demás normas tributarias. En caso de situaciones que no pueden resolverse conforme a las disposiciones de esta sección, se aplicarán supletoriamente las normas que rigen los procedimientos administrativos y judiciales que más se avengan a su naturaleza y fines.

La disposición en cuestión establece la posibilidad de aplicar supletoriamente las normas generales sobre los procedimientos tributarios, inclusive, las del procedimiento administrativo ordinario, para las "situaciones que no pueden resolverse" de acuerdo con sus reglas. En tal virtud, son plenamente aplicables tanto el lapso *especial* de diez días a efectos probatorios establecido en el artículo 168 del COT/2014, como el lapso *general* regulado en la LOPA en su artículo 48, que establecen lo siguiente:

> Artículo 168 [COT/2014]: El término de prueba será fijado de acuerdo con la importancia y complejidad de cada caso, y no podrá ser inferior a diez (10) días hábiles.
> Artículo 48 [LOPA]: El procedimiento se iniciará a instancia de parte interesada, mediante solicitud escrita, o de oficio. En el segundo caso, la autoridad administrativa competente

---

nal y dogmático, en tanto se concibe como un Derecho que pone límites al Poder, un Derecho regulador del Poder para garantizar las libertades. En síntesis, es forzoso entender que las leyes del nuevo Estado que emerge de la Revolución francesa, son 'leyes de libertad', como se recoge en la atinada expresión acuñada hace ya medio siglo -en plenitud de la España 'franquista'- por el insigne profesor Eduardo García de Enterría". (Cursivas del autor). RODRÍGUEZ GARCÍA, Armando, "Reflexiones sobre el procedimiento administrativo y la simplificación de trámites en Venezuela", en CANÓNICO SARABIA, Alejandro (Coord.), *Visión actual de los procedimientos administrativos. III Congreso de Derecho Administrativo Margarita 2011*, CAJO - EJV, Caracas, 2011, p. 164.

o una autoridad administrativa superior ordenará la apertura del procedimiento y notificará a los particulares cuyos derechos subjetivos o intereses legítimos, personales y directos pudieren resultar afectados, concediéndoles un plazo de diez (10) días para que expongan sus pruebas y aleguen sus razones.

Así las cosas, el procedimiento de verificación tributaria, tal y como es *aplicado* por la Administración tributaria deviene *inconstitucional*, en razón de la vulneración de los indicados derechos fundamentales, en desmedro del principio de legalidad administrativa, entendido éste en el sentido *más específico* (conformidad constitucional) de la expresión.

Por su parte, la jurisprudencia tampoco ha ayudado, salvo contadas excepciones, a rectificar la apuntada e indebida práctica administrativa. Antes por el contrario, las más de las veces ha apoyado la forma en que el indicado "procedimiento" se ha ejecutado, con fundamento en una clara confusión sobre la *naturaleza determinativa*[110] del procedimiento y la supuesta *constitucionalidad* del mismo. En efecto, por un lado se ha considerado que al tratarse de una "mera verificación", no resulta necesario seguir el procedimiento de determinación; y, por el otro, se ha evaluado la "constitucionalidad" de la aplicación administrativa del procedimiento de verificación, a partir del apego en su ejecución a las normas del Código reguladoras de dicho procedimiento, a otras voces, se ha enjuiciado la "constitucionalidad" de la praxis administrativa sobre el procedimiento por su apego a las "normas legales" contenidas en los artículos 182 al 186 del COT/2014, y no a través de su valoración directa con la propia Constitución[111] (capítulos III y IV).

---

110 En esta línea, *vid.* RUAN SANTOS, Gabriel, "La función...", *cit.*, p. 449; y RAMÍREZ VAN DER VELDE, Alejandro, *op. cit.*, pp. 557-558.

111 Tanto la confusión sobre la naturaleza determinativa del procedimiento de verificación, como la evaluación de su constitucionalidad a partir del apego a los artículos 172 al 176 del COT/2001, se hacen patentes en la sentencia N° 531 de 27-04-2011, TSJ/SPA, caso *Edinter Corp, S.A. v. Fisco Nacional*. Sobre esta sentencia, nuestras consideraciones en: ABACHE CARVAJAL, Serviliano, "La Ley como parámetro evaluativo en el test de constitucionalidad y el derecho humano a la defensa en mate-

Todo lo señalado, ha llevado a considerar que la aplicación del procedimiento de verificación, en los términos expuestos, constituye un supuesto de *funcionamiento anormal de la actividad administrativa formal*, por violación de una obligación a cargo de la Administración: el cumplimiento del marco procedimental (*i.e.*, la *forma* o *formalidad* en el ejercicio de la potestad de investigación fiscal[112]); y se materializa en la consecuente emisión de actos administrativos (de sanción pecuniaria y/o clausura), viciados de patente inconstitucionalidad por violar lo establecido en el artículo 49 de la Constitución, con la entidad de dar lugar a la responsabilidad patrimonial de la Administración tributaria, así como del Estado juez por las sentencias dictadas en estos casos y, finalmente, del Estado legislador por la omisión normativa en la que se incurrió desde el COT/2001 (capítulo VIII).

---

ria tributaria. Comentario crítico a la sentencia N° 00531/2011", *Cátedra Libre de Derechos Humanos* UCV, abril 2012, en: https://clvddhhucv.wordpress.com/category/ entradas/derecho-a-la-defensa/.

112 Para nuestros desarrollos sobre la formalidad del ejercicio de la potestad de investigación, *vid.* ABACHE CARVAJAL, Serviliano, "'Forma y tiempo' de la potestad administrativa de investigación", *Revista Electrónica de Derecho Administrativo Venezolano*, N° 3, Centro de Estudios de Derecho Público de la Universidad Monteávila, Caracas, 2014, pp. 13-46.

CAPÍTULO III: PRAXIS (ADMINISTRATIVA Y JUDICIAL) EN TORNO AL PROCEDIMIENTO DE VERIFICACIÓN TRIBUTARIA: CASOS IMPUESTO SOBRE SUCESIONES E IMPUESTO AL VALOR AGREGADO

Ya hemos analizado tanto la *regulación positiva* (concepto, tipología y diferencias con el procedimiento de fiscalización), como la *aplicación* dada por la Administración tributaria al "procedimiento de verificación" (capítulos I y II), cuya importancia se evidencia en el hecho de que éste ha sido en la práctica el ejecutado por el Servicio Nacional Integrado de Administración Aduanera y Tributaria para, más allá de ejercer verdaderas funciones *determinativas*, imponer *multas* así como sanciones de *clausura* a los contribuyentes, ambas por supuestos incumplimientos de deberes formales en materia de impuestos indirectos, planteando las abiertas incongruencias e inconstitucionalidad que aquejan a este "procedimiento", sobre la base de la *ausencia total* (positiva[113] y aplicativa) de las fases fundamentales o cauce formal esencial de todo procedimiento administrativo, esto es, de un *procedimiento previo*.

Como es sabido, por más breve que sea el procedimiento de verificación, éste debe -*obligatoriamente*- respetar las etapas *fundamentales o esenciales* de todo procedimiento administrativo (máxime si es de tipo *oficioso-sancionador* como, en efecto, *lo es*), debiendo constituirse en un *cauce formal* de actos sucesivos y, así, en una *garantía en sí mismo* de los derechos del contribuyente y de la legalidad de la actuación administrativa, con especial atención a la fase de alegaciones y pruebas (derecho a la participación en la *constitución* de la voluntad administrativa de primer grado), de lo contrario el

---

113 Artículos 172 al 176 del COT/2001 y artículos 182 al 186 del COT/2014.

mismo se entenderá *inexistente* en opinión de la más autorizada doctrina[114].

Corresponde en este capítulo, realizar un análisis crítico de las prácticas *administrativa* y *judicial* de hace una década, a fines de evidenciar y poner en contexto que la *anómala situación* apuntada se siguió proyectando mucho tiempo después del dictado del COT/2001 -y todavía en la actualidad, cuestión que analizaremos luego (capítulos V y VI)- y, con ello, se ha continuado colocando al sujeto pasivo en una realidad de *total indefensión*, en franca proscripción de las *garantías mínimas* de los procedimientos y actos tributarios de naturaleza determinativa-sancionadora.

I. ANÁLISIS CRÍTICO DE LA PRAXIS ADMINISTRATIVA (DE HACE MÁS DE UNA DÉCADA): LOS ENTONCES "REPAROS DE ESCRITORIO" EN MATERIA DE IMPUESTO SOBRE SUCESIONES E IMPUESTO AL VALOR AGREGADO

Hace más de una década, resultó bastante marcada la práctica administrativa en torno al procedimiento de verificación por parte de la Administración tributaria nacional, consistente en emitir las populares y denominadas "Resoluciones de Imposición de Sanción y Determinación de Intereses Moratorios", tanto por reparos en materia de Impuesto sobre Sucesiones (ISS)[115], como por enteramientos supuestamente extemporáneos de las retenciones del Impuesto al Valor Agregado (IVA), mediante las cuales: (*i*) se determinaban *tributos*, en unos casos; (*ii*) se imponían *sanciones*, en otros; y (*iii*) se calculaban *intereses moratorios*, en la mayoría; todo *a espaldas* del contribuyente, quien se enteraba de que había "sido parte" del indi-

---

114 Al respecto, *vid.* GARCÍA DE ENTERRÍA, Eduardo y FERNÁNDEZ, Tomás-Ramón, *op. cit.*, p. 453.

115 Variadas arbitrariedades en esta materia pueden consultarse en: BAUMEISTER TOLEDO, Alberto y ABACHE CARVAJAL, Serviliano, "El síndrome de la iniquidad administrativa en los trámites sucesorales tributarios: un ensayo crítico", en DUPOUY, Elvira y DE VALERA, Irene (Coord.), *Temas de actualidad tributaria. Homenaje a Jaime Parra Pérez*, ACIENPOL - AVDT, Serie Eventos N° 27, Caracas, 2009, pp. 129-150.

cado procedimiento en el momento en el que había "terminado" el mismo y se le "notificaba" de dicho acto administrativo definitivo. Nada más peregrino.

Lo expuesto significa, como resulta claro, que continuaron -inconstitucionalmente- ejecutándose los llamados "reparos de escritorio", al margen de las sobradas críticas originadas en la doctrina, paradójicamente "sustanciándose" el procedimiento de verificación *¡sin procedimiento previo!*, en grosera y abierta violación de los derechos fundamentales del contribuyente integrantes del debido proceso, en desatención del artículo 49 de la Constitución[116], siendo los mismos -teóricamente- barreras insuperables a la actuación administrativa; así como también representaba la situación apuntada una abierta vulneración del principio de buena administración, que exige la instrumentalización del procedimiento para que la Administración proceda a expresar su voluntad en garantía de los principios constitucionales que informan la actividad administrativa, de acuerdo con el artículo 141[117] de la Constitución[118].

Esta situación, amén de ser totalmente injustificada (e injustificable), ha podido ser evitada, si se realizaba una interpretación (y aplicación) *sistemática* de las normas que regulaban el procedimiento de verificación en el COT/2014, entre ellas, su artículo 158, de acuerdo con el cual:

---

116 Artículo 49 de la Constitución: "El debido proceso se aplicará a todas las actuaciones judiciales y administrativas y, en consecuencia: 1. La defensa y la asistencia jurídica son derechos inviolables en todo estado y grado de la investigación y del proceso. Toda persona tiene derecho a ser notificada de los cargos por los cuales se le investiga, de acceder a las pruebas y de disponer del tiempo y de los medios adecuados para ejercer su defensa (...). 2. Toda persona se presume inocente mientras no se pruebe lo contrario. 3. Toda persona tiene derecho a ser oída en cualquier clase de proceso, con las debidas garantías (...)".

117 Artículo 141 de la Constitución: "La Administración Pública está al servicio de los ciudadanos y ciudadanas y se fundamenta en los principios de honestidad, participación, celeridad, eficacia, eficiencia, transparencia, rendición de cuentas y responsabilidad en el ejercicio de la función pública, con sometimiento pleno a la ley y al derecho".

118 Cf. HERNÁNDEZ GONZÁLEZ, José Ignacio, *op. cit.*, p. 69.

> Las normas contenidas en esta sección serán aplicables a los procedimientos de carácter tributario en sede administrativa, sin perjuicio de las establecidas en las leyes y demás normas tributarias. En caso de situaciones que no pueden resolverse conforme a las disposiciones de esta sección, se aplicarán supletoriamente las normas que rigen los procedimientos administrativos y judiciales que más se avengan a su naturaleza y fines.

La disposición en cuestión establecía la posibilidad de aplicar supletoriamente las normas generales sobre los procedimientos tributarios, inclusive, las del procedimiento administrativo ordinario, para las "situaciones que no pueden resolverse" de acuerdo a sus reglas. En tal virtud, resultaban plenamente aplicables tanto el lapso *especial* de diez días a efectos probatorios establecido en el artículo 168 del COT/2014, como el lapso *general* regulado en la LOPA en su artículo 48, en los términos antes explicados (capítulo II).

Sobre la señalada aplicación normativa supletoria, debe tenerse en cuenta que: (*i*) en primer lugar, la LOPA es la ley *general* de los procedimientos administrativos, por lo que tanto los procedimientos *ordinarios* como los *especiales* deben ajustarse a los preceptos *sustanciales* de ésta, y (*ii*) en segundo lugar, si bien resultan apreciables las diferencias sobre el objeto y la naturaleza entre los distintos procedimientos especiales, no puede obviarse que sus *principios* y *reglas*, con particular atención en los dirigidos a salvaguardar los *derechos fundamentales* de los administrados, son comunes a todo procedimiento administrativo y, por ello, al de verificación, situación ante la cual inexiste *argumento racional* que justificase su regulación -así como su interpretación y aplicación- a espaldas de la doctrina general del procedimiento administrativo (sancionador)[119].

---

119 En este sentido, resulta necesario tener presente el postulado del *legislador racional*, según el cual, entre otras cosas, el legislador tiene una *voluntad única y coherente* y no dicta *normas incompatibles*, predicaciones éstas que permitirían afirmar, que las normas del COT reguladoras del procedimiento de verificación deben interpretarse *siste-*

Así las cosas, el procedimiento de verificación tributaria, tal y como *ha seguido siendo aplicado* por la Administración tributaria, está afectado de *inconstitucionalidad*, en razón de la continuada vulneración de los indicados derechos fundamentales, en desmedro del principio de legalidad administrativa, entendido éste en el sentido *más específico* (conformidad constitucional) de la expresión[120]. Sostener lo contrario, equivaldría –en la práctica– a desnaturalizar la esencia misma de la construcción dogmática de los derechos fundamentales, como enseguida veremos.

II. ANÁLISIS CRÍTICO DE LA PRAXIS JUDICIAL (2004-2009)

En lo que respecta a la práctica judicial en materia del procedimiento de verificación, comentaremos seis fallos de los Tribunales Superiores de lo Contencioso Tributario del Área Metropolitana de Caracas, dictados desde 2004 hasta 2009, que ilustran el cambio en la tendencia jurisprudencial que se experimentó en ese momento, y que, como más adelante veremos (capítulo IV), sigue siendo la posición de los tribunales en la actualidad sobre el procedimiento de verificación.

En este sentido, tenemos en primer lugar la sentencia dictada el 10-05-2004 por el Tribunal Superior Octavo de lo Contencioso Tributario, en el caso Wenco Mall, C.A., en la cual estableció en un caso de amparo contra sanción de cierre dictada en el marco de un procedimiento de verificación, que:

> La administración tributaria debió llevar a cabo un procedimiento previo, antes de proceder a emitir la Resolución en la que se ordenó la clausura del establecimiento comercial, con

---

máticamente (argumento sistemático) con las demás disposiciones *procedimentales* de esa ley, y simultáneamente con las normas de la LOPA, en lo atinente a su *sustanciación*. Al respecto, *vid.* EZQUIAGA GANUZAS, Francisco Javier, "Argumentos interpretativos y postulado del legislador racional", *Isonomía: Revista de Teoría y Filosofía del Derecho*, N° 1, octubre, 1994, en: http://www.cervantesvirtual.com/servlet/SirveObras/01338308644248274088802/p0000006.htm#I_8_.

120 Al respecto, *vid.* BARBERIS, Mauro, *Ética para juristas*, Editorial Trotta, Madrid, 2008, pp. 158 y ss.

> el objeto de darle oportunidad a la contribuyente de presentar sus defensas (...).
> En virtud de las consideraciones anteriores, este Tribunal encuentra que efectivamente ha sido violada la garantía constitucional al debido proceso y los derechos constitucionales a la presunción de inocencia y al derecho a la defensa. (...) Estima en consecuencia el Tribunal que en el presente caso, existen pruebas suficientes de la violación de los derechos y garantías constitucionales invocada (sic) por los apoderados judiciales de WENCO MALL, C. A., violación esta que es inminente, tal y como se desprende de la Resolución (Imposición de Sanción) N° RCA/DFTD/2003-00328 (...) situación ésta que, que se traduce en una violación de derechos constitucionales de la accionante, por lo que, en este caso, es imperativo para este Tribunal en sede Constitucional, garantizar la vigencia de la Constitución[121].

En esa misma línea, haciendo un agudo –y garantista– análisis, el Tribunal Superior Noveno de lo Contencioso Tributario, en fallo N° 104/2006 de 24 de mayo, caso *Hidromáticos Diana*, C.A., dispuso que, incluso en los procedimientos de verificación –por más expeditos que sean–, deben respetarse las *fases esenciales* de todo procedimiento administrativo, permitiéndole de esta manera al contribuyente ejercer su defensa, en los términos siguientes:

> Aun en los procesos de verificación la Administración Tributaria debe observar las garantías mínimas y luego de pasar por las tres etapas: apertura, pruebas y decisión, puede aplicar las sanciones pertinentes, pero no antes, como lo hizo en el procedimiento que aplicó a la agraviada, cuando la sancionó "de plano" mediante el cierre del establecimiento, por ello se debe considerar que si no se ha observado el lapso probatorio o el debido proceso a la luz de la Constitución de la República Bolivariana de Venezuela la agraviada se presume inocente.

---

[121] Sentencia de 10-05-2004, Tribunal Superior Octavo de lo Contencioso Tributario, caso *Wenco Mall*, C.A., posteriormente revocada a través de la sentencia N° 552 de 16-03-2006, TSJ/SC, mediante la cual se declaró con lugar la apelación ejercida por la Procuraduría General de la República.

Pero al analizar el acto lesivo también este sentenciador constitucional observa que se ha violado el Derecho al Debido Proceso, toda vez que todo proceso sin excepción debe permitir la posibilidad de que el presunto infractor pueda defenderse, ante la obligación que tiene la Administración Tributaria de traer al expediente administrativo sustanciado al efecto, las pruebas para fundamentar sus acusaciones, es decir, la Administración Tributaria tiene en el presente caso la carga de la prueba para desvirtuar la inocencia, cosa que no se observa en las actas procesales y que no se deduce su cumplimiento de las exposiciones orales hechas por las partes del presente proceso (...).
Como se puede apreciar las actuaciones realizadas por la Administración Tributaria que decretan el cierre de plano, no cumplen con los requisitos mínimos y esenciales del Artículo 49 de la Constitución de la República Bolivariana de Venezuela, tanto es así que la Administración Tributaria obvia el procedimiento administrativo, incurriendo en violación al debido proceso, y a la presunción de inocencia, ya que indistintamente cual fuere el procedimiento aplicable el Código Orgánico Tributario el Artículo 148, señala: (...).
Luego el Artículo 158 del Código Orgánico Tributario establece que dicho lapso probatorio no podrá ser inferior a 10 días hábiles, cuando señala: (...).
Lo anterior obliga a que la Administración Tributaria, deba respetar por lo menos los 10 días hábiles a que hace referencia el Código Orgánico Tributario, norma rectora de esos procedimientos de naturaleza tributaria, incluso aquellos que terminan en una sanción y, basta que se compruebe que no se ha cumplido con el lapso probatorio para que se compruebe tanto la violación a la Presunción de Inocencia, como el Derecho al Debido Proceso, incluso el Derecho a la Defensa, toda vez que no se ha constituido la sanción con las garantías mínimas.
En otras palabras no cabe duda que el Artículo 158 del Código Orgánico Tributario, es el desarrollo legal del Artículo 49, numeral 1 de la Constitución de la República Bolivariana de Venezuela, y que al no observarse se viola su contenido, por lo que se justifica su análisis a través del presente fallo[122].

---

122 Sentencia N° 104 de 24-05-2006, Tribunal Superior Noveno de lo Contencioso Tributario, caso *Hidromáticos Diana, C.A.*, que quedó firme a

Por su parte, el Tribunal Superior Cuarto de lo Contencioso Tributario, en sentencia N° 1405/2006 de 20 de noviembre, en el caso Diseños Beatriz, C.A. siguiendo muy de cerca el fallo anteriormente citado, y haciendo referencia expresa a la doctrina del *procedimiento-garantista*, a tenor literal señaló lo que sigue:

> Ahora bien, y como se ha dicho, una de las potestades de los órganos del Poder Público, aparte de la de administración, reglamentaria, fiscal se encuentra la sancionatoria, pero en ella, la Administración está obligada a verificar los hechos, a permitir el contradictorio, y a ponderar los intereses involucrados, y ha [sic] motivar el acto, dando lugar, a lo que ha llamado la doctrina el denominado "procedimiento-garantista" o "procedimiento-participación" (...).
> De esta manera, de las actas procesales se evidencia que las autoridades tributarias, en el levantamiento de las actas de requerimiento y de recepción, al dictar la Resolución No. GRTICE-RC-DF-0635/2004-06 del 30-07-2004, procedió a imponer la sanción de clausura por dos (2) días continuos, prescrito en el Artículo 102 del Código Orgánico Tributario, por cuanto determinó del libro de Ventas, la omisión del RIF de un alto número de compradores de los bienes y servicios prestados por Diseños Beatriz, C.A.; sin brindarle la oportunidad de suministrar las omisiones descritas, cercenándole el derecho que tiene de defenderse y desvirtuar las imputaciones de las que es objeto, posterior a la ejecución de la sanción. Porque si bien es cierto que la Administración Tributaria le notifica los recursos administrativo y tributario que puede ejercer para desvirtuar el contenido de esa imputación, la misma se materializa luego de la ejecución de esa sanción.
> Por consiguiente, se evidencia, plenamente de los autos, la falta de acatamiento por parte de la Administración del Derecho a la Defensa, y con ello el Derecho al debido proceso, previstos en el Artículo 49, Numeral 1, de la Constitución de

---

través de la sentencia N° 1319 de 29-10-2008, TSJ/SPA, mediante la cual se declaró inadmisible la apelación ejercida por el Fisco Nacional.

la República Bolivariana de Venezuela, ratificado por la doctrina y la jurisprudencia patria[123].

En una línea radicalmente opuesta a la señalada hasta este punto, el Tribunal Superior Quinto de lo Contencioso Tributario, en sentencia N° 1239/2007 de 17 de abril, caso Soluciones del Futuro, S.A. consideró, en primer lugar, que la ejecución del procedimiento de verificación por parte de la Administración Tributaria, en estricto apego a los artículos 172 al 176 del COT/2001, se ajusta -por tal motivo- a Derecho y, en segundo lugar, que el hecho de que el contribuyente haya impugnado el acto administrativo definitivo a través del recurso contencioso tributario, significa que no se consumó violación alguna a su derecho a la defensa, estableciendo a letra lo siguiente:

> Vista la particularidad del Procedimiento de Verificación, e impuesta la sanción pecunia (sic) a que haya lugar, el contribuyente tiene la posibilidad de ejercer el Recurso Jerárquico, en la vía administrativa, o bien el Recurso Contencioso Tributario, por vía jurisdiccional, para impugnar la ilegitimidad del acto administrativo emanado del procedimiento en estudio y que considera que vulnera sus derechos e intereses.
> Ahora bien, consta de las actas procesales, específicamente, de la Providencia Administrativa, del Acta de Requerimiento de Documentos (Verificación Fiscal I.V.A.) (...); Acta de Recepción de Documentos (Verificación Fiscal I.V.A.) (...); Acta de Verificación Inmediata (Impuesto al Valor Agregado) (...); Acta de Requerimiento de Documentos (Verificación Fiscal I.V.A.) (...); Acta de Recepción de Documentos (...); Acta de Constancia (Verificación Fiscal I.V.A.) (...); Resolución de Imposición de Sanción (...), todas emanadas de la División de Fiscalización Gerencia Regional de Tributos Internos Contribuyentes Especiales de la Región Capital del Servicio Nacional Integrado de Administración Aduanera y Tributarias (SENIAT), que fue cumplido el procedimiento de verificación tributaria establecido en el Art. 172 y siguientes del Código Orgánico Tributario por lo que, a juicio de este Tribunal Quinto de lo Contencioso Tributario, el argumento expuesto por la recurrente, no desvirtúa en forma alguna las sancio-

---

123 Sentencia N° 1405 de 20-11-2006, Tribunal Superior Cuarto de lo Contencioso Tributario, caso *Diseños Beatriz*, C.A.

nes impuestas por la Administración Tributaria (...), y aunado a ello, no consignó elementos probatorios que indicasen o demostrasen, fehacientemente, el alegato argüido en su escrito recursorio, referente a la violación de los principios de debido proceso, derecho a la defensa, derecho de información y participación, derecho a ser oído, derecho de promover y evacuar pruebas y derecho a la presunción de inocencia, aún más cuando el contribuyente ejerció su derecho de impugnar el acto administrativo de imposición de sanción mediante el recurso contencioso tributario que ahora se decide[124].

Esta sentencia, sin duda, amerita un comentario. En primer lugar, el hecho de que la Administración tributaria se haya autolimitado a la letra de las normas que contienen el procedimiento de verificación para imponer la sanción, no legitima su proceder y ejecución, por cuanto dicho procedimiento, como es sabido, y en los términos anteriormente comentados, debe interpretarse a partir del debido procedimiento administrativo que norma la Constitución (artículo 49), esto es, la aplicación de los artículos 172 y siguientes del entonces COT/2001, debía forzosamente subsumirse en las normas constitucionales, de lo que se deduce que la situación planteada es de *hermenéutica jurídica* y no de literalismo normativo. Y en segundo lugar, la sentencia no considera en lo absoluto, lo que ha sido denominado en la doctrina como *violación del procedimiento previo*, por lo que no resulta válido cuestionar la existencia del vicio procedimental con base en el argumento de acuerdo con el cual el particular puede ejercer *con posterioridad* su derecho a la defensa, precisamente porque: (*i*) el derecho a la defensa es –por definición– una garantía del *procedimiento previo*, razón por la cual las actuaciones *posteriores* no pueden tener incidencia sobre las irregularidades *anteriores* a la adopción del acto; y (*ii*) por cuanto el *cabal* ejercicio previo del derecho a la defensa, coadyuva a que la Administración evalúe los intereses en discusión para adoptar la mejor decisión posible[125].

---

124 Sentencia N° 1239 de 17-04-2007, Tribunal Superior Quinto de lo Contencioso Tributario, caso *Soluciones del Futuro*, S.A.

125 Cf. HERNÁNDEZ GONZÁLEZ, José Ignacio, *op. cit.*, p. 72.

Paradójicamente, el mismo Tribunal Superior Quinto de lo Contencioso Tributario en el fallo N° 1243/2007 de 25 de abril, caso *Edinter Corp*, S.A., a escasos ocho días de la sentencia recién comentada -cambiando *totalmente* de criterio- declaró inconstitucional la *aplicación* dada al procedimiento de verificación por la Administración tributaria, haciendo expresa mención, entre otros asuntos, a la omisión de la notificación de los cargos por los cuales se le investigó al contribuyente y al no otorgamiento del tiempo necesario para ejercer sus defensas, señalando lo siguiente:

> Como a simple vista puede verse, no se dictó, en el curso del "procedimiento" de verificación que presumiblemente, a tenor de lo dispuesto en el artículo 172 del Código Orgánico Tributario, debió abrirse, el acto que, en todo procedimiento administrativo o judicial tendiente a la imposición de sanciones, notifica al imputado "de los cargos por los cuales se le investiga", en virtud de lo establecido en el numeral 1° del artículo 49 de la Constitución y que se encuentra regulado por los artículos 148 del Código Orgánico Tributario y 326 del Código Orgánico Procesal Penal, así mismo no se le concedió la oportunidad de disponer de tiempo y de medios adecuados para ejercer su defensa, respecto a lo consagrado en los artículos 148 del Código Orgánico Tributario y 48 de la Ley Orgánica de Procedimientos Administrativos que establece un lapso de 10 días hábiles, siguientes a la notificación del acto de imputación de cargos antes mencionado para la exposición de sus alegatos, pruebas y razones para su defensa; conculcándose así los derechos a la defensa, a la presunción de inocencia y al debido procedimiento administrativo, de la recurrente, viciando de nulidad a los actos administrativos impugnados, producto de la indebida aplicación del proceso de formación de la voluntad administrativa por ser violatorio de disposiciones constitucionales y ser dictado con ausencia total y absoluta del procedimiento legalmente establecido, lo cual conlleva a la nulidad previstas en los numerales 1 y 4 del artículo 240 del Código Orgánico Tributario (...).
>
> En este sentido, la verificación está necesariamente vinculada con los derechos y garantías fundamentales de los sujetos pasivos tributarios partícipes en el procedimiento, ámbito en el cual el derecho al debido procedimiento y a la defensa

tienen una importancia radical, por lo que, en respeto de dicha garantía, el procedimiento de verificación debe contar con todo un iter que garantice efectivamente los derechos antes mencionados (...).

Como se puede apreciar las actuaciones realizadas por la Administración Tributaria, no cumplen con los requisitos mínimos y esenciales del Artículo 49 de la Constitución de la República Bolivariana de Venezuela, tanto es así que la Administración Tributaria obvia el procedimiento administrativo, incurriendo en violación al debido proceso (...).

El hecho de que no se cumpla con el debido proceso constitutivo para desvirtuar la presunción de inocencia, la ausencia de actividad probatoria, hacen que este sentenciador considere que efectivamente existe una lesión grave en detrimento de los derechos constitucionales de la recurrente, la cual ha invocado la violación al derecho a la presunción de inocencia y al debido proceso entre otros.

En razón de lo anterior este Tribunal aprecia que se violó el Derecho al Debido Procedimiento, el Derecho a la Defensa y el Derecho a la Presunción de Inocencia. Así se declara.

Por otro parte si se puede precisar que la Administración Tributaria desconoce el contenido del Artículo 7 de la Constitución de la República Bolivariana de Venezuela, al desobedecer al no apreciar el Artículo 49 constitucional y su desarrollo normativo, previsto en el Código Orgánico Tributario, lo cual a su vez genera violación de Derechos Humanos previstos en los diferentes tratados internacionales, en los cuales se puede precisar la protección del Derecho a la Defensa y al Debido Proceso, los cuales deben ser garantizados por mandato del Artículo 19 de la Carta Magna, y que hacen que las Resoluciones impugnadas estén viciadas de nulidad absoluta conforme al Artículo 25 de la Constitución de la República Bolivariana de Venezuela al menoscabar derechos constitucionales, mediante la conducta contraria a lo preceptuado por el Artículo 141 del mismo texto legal. Así se declara.

En consecuencia considera esta Juzgadora, que con la sola violación de preceptos constitucionales las Resoluciones impugnadas son nulas de nulidad absoluta, de conformidad con el Artículo 240 del Código Orgánico Tributario, en sus nu-

> merales 1 y parte final del 4, por lo cual este Tribunal considera inoficioso analizar el resto de las denuncias[126].

Si bien resulta plausible la nueva dirección tomada en el apuntado cambio de criterio por parte del Tribunal, no puede obviarse la inseguridad que estos (constantes) vaivenes jurisprudenciales generan, máxime si se trata de derechos fundamentales y principios de Derecho, no sujetos a caprichosas "interpretaciones", sino por el contrario, a cavilados análisis que resalten la delicadísima *función judicial.*

Y en último lugar, la criticable sentencia N° 43/2009 de 21 de abril, dictada por el Tribunal Superior Segundo de lo Contencioso Tributario, según la cual, no sólo inexiste inconstitucionalidad alguna en los términos de las sentencias anteriores, sino que, además, en flaco servicio al principio *iura novit curia*, evalúa la "constitucionalidad" de la aplicación administrativa del procedimiento de verificación, a partir del apego en su ejecución a las normas del COT/2001 reguladoras de dicho procedimiento, a otras voces, enjuició la "constitucionalidad" de la praxis administrativa sobre el procedimiento a partir de su apego a la "norma legal", y no a través de su valoración directa con la propia Constitución, en los términos siguientes:

> De acuerdo al contenido de las transcritas disposiciones (artículos 172 y 173 del Código Orgánico Tributario); visto el acto recurrido y analizada la alegación de la contribuyente, encuentra el tribunal que la Administración siguió el procedimiento de verificación fiscal e impuso la sanción correspondiente en los términos establecidos en el Código Orgánico Tributario, por tanto, la alegación de la contribuyente de la existencia de una Inconstitucionalidad del procedimiento de verificación tributaria aplicado por la Administración Tributaria y sobre la nulidad absoluta de dicho acto por razones de inconstitucionalidad e ilegalidad con fundamento en la violación de los derechos constitucionales del debido proceso, a la defensa, derecho de información, derecho a ser oído, derecho de promover y evacuar pruebas; y el derecho a la presunción de inocencia, establecidos en el artículo 49 de la

---

126 Sentencia N° 1243 de 25-04-2007, Tribunal Superior Quinto de lo Contencioso Tributario, caso *Edinter Corp, S.A. v. Fisco Nacional.*

Constitución, por la total inexistencia de las fases de inicio y sustanciación del procedimiento administrativo necesario para la emisión de la Resolución impugnada, lo cual, en su criterio, supone su total indefensión, luce improcedente[127].

Como se colige con meridiana claridad, en la sentencia se revisó el supuesto apego "legal" de la ejecución por parte de la Administración tributaria del procedimiento de verificación, y con ello se le reconoció "constitucionalidad" a tal despliego administrativo, esto es, la constitucionalidad del actuar administrativo tiene como *parámetro* el cumplimiento del COT (no de la Constitución), en abierto desprecio de la apuntada hermenéutica jurídica así como del *test de constitucionalidad* conforme con la interpretación del Texto Fundamental (y no de la ley, lógicamente), cuyo carácter de "fuente interpretativa" de *todo el ordenamiento jurídico* viene dado por el principio de supremacía constitucional[128].

Lo anterior alcanza mayores niveles de gravedad, al pensarse que, si el análisis de la "constitucionalidad" del actuar administrativo se hace a partir de su supuesta conformidad a la *ley*, nada impediría, en esa inteligencia, que el *test de constitucionalidad de las leyes* también se practicase a partir del *contenido mismo* de la ley cuya constitucionalidad se evalúa, lo que llevaría al *absurdo* de afirmar la *imposible existencia de una ley inconstitucional.*

REFLEXIÓN FINAL

Ha pasado el tiempo, e indistintamente de las comentadas *declaratorias judiciales* de inconstitucionalidad de los actos administrativos de multas y cierres dictados con ocasión de la ejecución del procedimiento de verificación, la *praxis administrativa* ha involucionado, como luego se analizará (capítulos V y VI). En tal sentido, y más allá de las ciertamente *desoladoras*

[127] Sentencia N° 43 de 21-04-2009, Tribunal Superior Segundo de lo Contencioso Tributario, caso *Fuller Interamericana*, C.A.

[128] Cf. BREWER-CARÍAS, Allan R., *La Constitución...*, *cit.*, p. 129.

estadísticas[129] del TSJ/SPA, es menester no decaer, intentando, entre otras acciones, las correspondientes a exigir la responsabilidad patrimonial de la Administración tributaria -y del poder judicial- por los daños resarcibles que experimentan los contribuyentes como consecuencia de las comentadas y preocupantes prácticas administrativa y judicial.

---

[129] Al respecto, *vid.* CANOVA GONZÁLEZ, Antonio, *La realidad del contencioso administrativo venezolano (un llamado de atención frente a las desoladoras estadísticas de la Sala Político-Administrativa en 2007 y primer semestre de 2008)*, FUNEDA, Caracas, 2009; y más ampliamente, *vid.* CANOVA GONZÁLEZ, Antonio, HERRERA ORELLANA, Luis Alfonso, RODRÍGUEZ ORTEGA, Rosa E., y GRATEROL STEFANELLI, Giuseppe, *El TSJ al servicio de la revolución. La toma, los números y los criterios del TSJ venezolano* (2004-2013), Editorial Galipán, Caracas, 2014.

CAPÍTULO IV: TRAS LA JUSTICIA CONVENCIONAL. ANÁLISIS JURISPRUDENCIAL DEL DERECHO HUMANO A LA DEFENSA EN EL PROCEDIMIENTO DE VERIFICACIÓN TRIBUTARIA

Aun cuando se suele decir que "el tiempo lo pone todo en su justo lugar", no parece ser ese el caso -por lo menos, todavía- del derecho humano a la defensa en el marco actual del procedimiento de verificación tributaria. Por el contrario, cada vez se hace más patente su *decadencia progresiva*, al son de la jurisprudencia de los Tribunales Superiores de lo Contencioso Tributario, así como de su alzada natural, la TSJ/SPA, cuyo análisis es el objeto central de este capítulo.

Si bien son varios los procedimientos administrativos regulados en el COT, resulta poco menos que cuestionable la importancia que -*de hecho*- ha adquirido desde hace ya varios años el conocido procedimiento de verificación. La razón dista de ser compleja: se trata de un "procedimiento" que, *sin* fase de sustanciación, "habilita" a la Administración tributaria a revisar declaraciones y deberes formales, por un lado, e imponer *sanciones* ("de plano"[130], por demás incompatibles con el Estado de Derecho[131]) a contribuyentes.

---

[130] Sobre la tendencia de regular legislativamente e imponer administrativamente en Venezuela *sanciones de plano*, esto es, sanciones *sin procedimiento previo*, *vid.* PARÉS SALA, Alfredo, "'Dispare primero y averigüe después'. De las sanciones de plano o la perniciosa tendencia a prescindir del procedimiento administrativo constitutivo en el ámbito sancionador", en CANÓNICO SARABIA, Alejandro (Coord.), *Visión actual de los procedimientos administrativos. III Congreso de Derecho Administrativo Margarita* 2011, CAJO - EJV, Caracas, 2011, pp. 213-237.

[131] Cf. NIETO, Alejandro, *Derecho administrativo sancionador*, Editorial Tecnos, 3° ed., Madrid, 2002, p. 157.

En los términos que venimos explicando en los capítulos anteriores, razón por la cual no entraremos en mayores profundidades y apenas daremos un poco de contexto, el "procedimiento" de verificación tributaria adolece de una *ausencia total* de la fase imprescindible de todo procedimiento administrativo, esto es, de una verdadera sustanciación. Como fuera precisado (capítulos I, II y III), el "discurrir" del procedimiento de verificación tiene lugar *a espaldas* del contribuyente, quien se entera de que "fue parte" del mismo, en el momento en que éste "termina" y se le notifica el acto administrativo definitivo, con lo que, a la postre, *se desvirtúa su finalidad*[132].

Así el panorama, en este capítulo nos ocuparemos del análisis de la jurisprudencia de instancia y alzada, para evidenciar lo ya advertido, esto es, la *total indefensión* en que se encuentran los contribuyentes, en franca vulneración de las *garantías mínimas* del procedimiento tributario, no sin antes hacer algunas obligadas consideraciones sobre la plena vigencia que tienen en Venezuela los tratados de derechos humanos, habida cuenta de su *mundialización*[133] y de que el *derecho a la defensa* está, como es sabido, expresamente recogido en distintos instrumentos internacionales, por lo que la aplicación -en los términos indicados- del procedimiento de verificación se traduce, en definitiva, en una violación por parte de Administración y del poder judicial, no sólo del artículo 49 de la Constitución, de acuerdo con el cual este derecho "se aplicará a todas las actuaciones judiciales y *administrativas*" (resaltado agregado), sino del ordenamiento internacional.

I. LOS TRATADOS DE DERECHOS HUMANOS Y SU CONSAGRACIÓN CONSTITUCIONAL EN VENEZUELA

De conformidad con el artículo 23 de la Constitución:

---

132 Desvirtuación general del *procedimiento administrativo*, que ya ha sido acuciosamente denunciada en la doctrina. Al respecto, *vid.* PARÉS SALA, Alfredo, *op. cit.*, pp. 234-235.

133 Al respecto, *vid.* AYALA CORAO, Carlos M., "La mundialización de los derechos humanos", en DE VALERA, Irene (Coord.), *La mundialización del Derecho*, ACIENPOL, Serie Foros N° 3, Caracas, 2009, pp. 93-128.

> Los tratados, pactos y convenciones relativos a derechos humanos, suscritos y ratificados por Venezuela, tienen jerarquía constitucional y prevalecen en el orden interno, en la medida en que contengan normas sobre su goce y ejercicio más favorable a las establecidas por esta Constitución y la ley de la República, y son de aplicación inmediata y directa por los tribunales y demás órganos del Poder Público.

Es así, pues, como en Venezuela se les reconoce a los tratados de derechos humanos, en principio, *rango constitucional*[134]. No obstante, como también se observa de la norma en cuestión, dichos tratados de derechos humanos prevalecerán en el orden interno, en los supuestos que "contengan normas sobre su goce y ejercicio más favorable a las establecidas por esta Constitución y la ley de la República", permitiendo su clasificación en estos casos en un nivel supraconstitucional[135].

---

134 Así también lo ha entendido AYALA CORAO: "la Constitución de la República Bolivariana de Venezuela de 1999, consagró -a propuesta nuestra- una norma singular, que consagra la jerarquía, al menos constitucional, de los tratados relativos a los derechos humanos". AYALA CORAO, Carlos M., "La jerarquía constitucional de los tratados relativos a derechos humanos y sus consecuencias", en MÉNDEZ SILVA, Ricardo (Coord.), *Derecho internacional de los derechos humanos. Memoria del VII Congreso Iberoamericano de Derecho Constitucional*, UNAM, México D.F., 2002, p. 45.

135 Al respecto, BREWER-CARÍAS enseña lo siguiente: "hasta cierto punto, la Constitución de Venezuela de 1999 también puede ubicarse en este primer sistema que permite la aplicación directa de los tratados internacionales en el orden interno, al otorgarle jerarquía supra constitucional a los derechos humanos declarados en dichos tratados internacionales cuando contengan previsiones más favorables. // Al establecer esta norma que los derechos humanos declarados en los tratados, pactos y convenciones internacionales prevalecen respecto de las normas del orden jurídico interno si contienen disposiciones más favorables al goce y ejercicio de dichos derechos, se está refiriendo no sólo a lo que está establecido en las leyes, sino a lo dispuesto en la propia Constitución, otorgándole en consecuencia rango supra constitucional a dichos derechos declarados en instrumentos internacionales". BREWER-CARÍAS, Allan R., "La aplicación por los tribunales constitucionales de América Latina de los tratados internacionales en materia de derechos humanos", en CARRILLO ARTILES, Carlos Luis (Coord.), *Libro homenaje al profesor Alfredo Arismendi A.*, Instituto de Derecho Público de la Universal Central de Venezuela - Ediciones Paredes, Ca-

Las consecuencias de la constitucionalización venezolana de los tratados de derechos humanos no son pocas, ni -mucho menos- carecen de importancia, especialmente al tenerse en cuenta el artículo 7 de la Norma Fundamental, de acuerdo con el cual: "La Constitución es la norma suprema y el fundamento del ordenamiento jurídico. Todas las personas y los órganos que ejercen el Poder Público están sujetos a esta Constitución", por lo que los tratados de derechos humanos pasan a: (*i*) integrar el fundamento mismo del ordenamiento, que obliga -entre otras cosas- a que su interpretación sea conforme con los mismos[136], y a (*ii*) sujetar las actuaciones del poder público -*e.g.*, Administración tributaria y poder judicial- a sus contenidos, limitando de manera directa e inmediata su actuación.

Conforme con lo expuesto, el estatus del derecho humano a la defensa debe, ante todo, analizarse a la luz de los tratados de derechos humanos, en tanto integran el ordenamiento jurídico de manera verticalmente superior, esto es, se encuentran, junto con la Constitución, en la cúspide jerárquica del orden tributario interno (plano constitucional), inclusive por encima de aquélla (plano supraconstitucional) cuando contengan regulaciones más favorables sobre derechos humanos a las establecidas en la *norma normarum*.

---

racas, 2008, p. 122. En igual sentido, *vid.* AYALA CORAO, Carlos M., "La jerarquía..." *cit.*, pp. 54 y ss.

[136] En este sentido, *vid.* CASTAÑEDA OTSU, Susana, "El principio de interpretación conforme a los tratados de derechos humanos y su importancia en la defensa de los derechos consagrados en la Constitución", en MÉNDEZ SILVA, Ricardo (Coord.), *Derecho internacional de los derechos humanos. Memoria del VII Congreso Iberoamericano de Derecho Constitucional*, UNAM, México D.F., 2002, pp. 211-234.

II. EL DERECHO A LA DEFENSA EN LA CONVENCIÓN AMERICANA SOBRE DERECHOS HUMANOS Y EN EL PACTO INTERNACIONAL DE DERECHOS CIVILES Y POLÍTICOS

Al igual que la Constitución venezolana, la Convención Americana sobre Derechos Humanos[137] establece, en su artículo 8.1, el derecho a la defensa, en los términos siguientes:

> Artículo 8. Garantías judiciales:
> 1. *Toda persona tiene derecho a ser oída, con las debidas garantías y dentro de un plazo razonable*, por un juez o tribunal competente, independiente e imparcial, establecido con anterioridad por la ley, en la sustanciación de cualquier acusación formulada contra ella, o para la determinación de sus derechos y obligaciones de orden civil, laboral, *fiscal* o de cualquier otro carácter (resaltado agregado).

Como se evidencia del tenor literal de la norma, la misma no sólo establece el derecho a la defensa, sino que –además– lo hace expresamente en materia *fiscal*, es decir, a favor de los contribuyentes con ocasión de la determinación de sus derechos y obligaciones, totalmente aplicable, como resultará evidente, al procedimiento de verificación, en los términos anteriormente apuntados sobre el alcance de este derecho en los procedimientos administrativos venezolanos.

A este respecto se hace necesario indicar que la aplicación de la Convención en materia tributaria –y, realmente, en cualquier materia– no debe limitarse al ámbito de las personas *naturales*, debiendo entenderse extensiva a –y comprensiva de– la protección de las personas *jurídicas* en sentido estricto (personas *morales*), indistintamente de que no hayan sido expresamente incluidas a tales efectos. Entender lo contrario, no sería otra cosa que una interpretación *excluyente y restrictiva*, por oposición a *incluyente y progresiva*, de las normas de la Convención, en franca proscripción de sus propios artículos 24, de acuerdo con el cual "todas las personas son iguales ante

---

137 Ley aprobatoria publicada en Gaceta Oficial N° 31.256, 14-06-1977.

la ley. En consecuencia, tienen derecho, sin discriminación, a igual protección de la ley"; y 29.b, que establece que:

> ...ninguna disposición de la presente Convención puede ser interpretada en el sentido de: (...) b) limitar el goce y ejercicio de cualquier derecho o libertad que puede estar reconocido de acuerdo con las leyes de cualquiera de los Estados Partes o de acuerdo con otra convención en que sea parte uno de dichos Estados[138].

Siendo una palpable distinción sin fundamento ético, contraria, de por sí, a la propia idea de la Convención, en lo particular, y a la teoría de los derechos humanos, en lo general[139].

---

[138] En este mismo sentido, *vid.* BERTAZZA, Humberto J., "Derechos humanos y tributación", *Anais Das XX Jornadas Do Iladt.* Ano 2000 – *Salvador – Bahia*, tema 1, Derechos Humanos y Tributación, ABDF, Salvador-Bahia, 2000, pp. 74 y s. También se han ocupado de comentar esta cuestión, entre otros: ARCIA, Sebastián, "Derechos humanos y tributación", *Anais Das XX Jornadas Do Iladt.* Ano 2000 – *Salvador – Bahia*, tema 1, Derechos Humanos y Tributación, ABDF, Salvador-Bahia, 2000, pp. 414-415; y MONTERO TRAIBEL, José Pedro, "Observación a los derechos humanos a través de la tributación", *Anais Das XX Jornadas Do Iladt.* Ano 2000 – *Salvador – Bahia*, tema 1, Derechos Humanos y Tributación, ABDF, Salvador-Bahia, 2000, pp. 1114-1115.

[139] Así lo ha entendido VILLEGAS, quien luego de comentar los conceptos de "hombre" y "persona humana" a que hace referencia la Convención, explica que "tales conceptos en manera alguna excluyen que los derechos otorgados se concedan tantos a los seres humanos aisladamente consideraos como a éstos cuando actúan asociadamente (...) // Hay derechos en el Pacto que no pueden estar otorgados sino a personas de existencia visible, como, por ejemplo, el derecho a la vida (art. 4°), a la integridad personal (art. 5°) o a la libertad personal (arts. 6° y 7°); pero no es menos cierto que cuando habla de garantizar judicialmente derechos de orden civil, laborar y *fiscal* (art. 8°, párr. 1°), *no se puede sino referir a todos cuantos deben ser protegidos en el ejercicio de tales derechos, o sea, tanto las personas físicas como ideales* (...). // Sostener que el Pacto sólo protege a personas físicas, sería introducir una *distinción irrazonable*, ya que carecería de toda racionalidad acordar a los seres humanos la garantía de defensa judicial incondicionada cuando están aislados, *pero negárselas cuando están asociados. // El hecho de que los ciudadanos hayan decidido asociarse para desarrollar actos jurídicos al amparo de las leyes, no puede llevar a que la persona jurídica creada carezca del elemental derecho a ser oída y juzgada por un órgano*

También luce poco menos que razonable, bajo el patrocinio del artículo 16.1 de la Convención, de acuerdo con el cual "todas las personas tienen derecho a asociarse libremente con fines ideológicos, religiosos, políticos, económicos, laborales, sociales culturales, deportivos o de cualquier otra índole", que una vez que las personas naturales ejerzan su derecho humano a asociarse con fines económicos, bajo cualquier forma societaria, pierdan *el derecho* de defender judicialmente *los derechos* que tengan en su condición de asociados, precisamente por haber ejercido su derecho a la asociación.

En este sentido, resulta importante traer a colación un trascendental pronunciamiento de la Corte Interamericana de Derechos Humanos, en el cual se abordó expresamente la cuestión de la aplicación de la Convención a las *personas jurídicas*, en sentencia del caso *Cantos v. Argentina*, de 07-09-2001, señalando lo siguiente:

> 27. En el caso sub judice, la Argentina afirma que las personas jurídicas no están incluidas en la Convención Americana y, por lo tanto, a dichas personas no se les aplica sus disposiciones, pues carecen de derechos humanos. Sin embargo, la Corte hace notar que, en general, *los derechos y las obligaciones atribuidos a las personas morales se resuelven en derechos y obligaciones de las personas físicas que las constituyen o que actúan en su nombre o representación.*
> 28. Además de ello, se podría recordar aquí la Convención de Viena sobre el Derecho de los Tratados, tal como esta Corte lo ha hecho en varias ocasiones, y afirmar que *la interpretación pretendida por el Estado conduce a resultados irrazonables pues implica quitar la protección de la Convención a un conjunto importante de derechos humanos.*
> 29. Esta Corte considera que si bien la figura de las personas jurídicas no ha sido reconocida expresamente por la Convención Americana, como sí lo hace el Protocolo no. 1 a la Convención Europea de Derechos Humanos, *esto no restringe la posibilidad que bajo determinados supuestos el individuo pueda acudir al Sistema Interamericano de Protección de los Derechos Humanos para hacer valer sus derechos fundamen-*

---

judicial, sin obstáculo ni condición alguna" (resaltado agregado). VILLEGAS, Héctor B., *op. cit.*, pp. 513-514.

tales, aún cuando los mismos estén cubiertos por una figura o ficción jurídica creada por el mismo sistema del Derecho[140] (resaltado agregado)[141].

Como se observa, atendiendo al fin mismo de los derechos humanos, en sintonía con la doctrina y sentencia citadas, resulta necesario comprender dentro del fuero de protección de la Convención a las personas jurídicas en sentido estricto o personas morales, que a la postre son meras representaciones o medios de las propias personas naturales que las constituyen e integran, en la medida que muchos de los derechos humanos de las personas físicas se concretan y realizan a través de esos instrumentos jurídicos[142].

Por su parte, el Pacto Internacional de Derechos Civiles y Políticos[143] consagra, en su artículo 14.1, el derecho a la defensa, en los términos siguientes:

> Artículo 14.1. *Todas las personas son iguales ante los tribunales y cortes de justicia. Toda persona tendrá derecho a ser oída públicamente y con las debidas garantías* por un tribunal competente, independiente e imparcial, establecido por la ley, en la sustanciación de cualquier acusación de carácter penal formulada contra ella o para la determinación de sus derechos y obligaciones de carácter civil (resaltado agregado).

---

140 Sentencia de 7.9.2001, Corte Interamericana de Derechos Humanos, caso *Cantos v. Argentina*, en: http://www.corteidh.or.cr/.

141 Teniéndose en cuenta, claro está, la díscola relegación e inobservancia de la jurisprudencia de la Corte Interamericana de Derechos Humanos, por parte del Tribunal Supremo de Justicia. Al respecto, *vid.* AYALA CORAO, Carlos M., *La "inejecución" de las sentencias internacionales en la jurisprudencia constitucional de Venezuela* (1999-2009), Fundación Manuel García-Pelayo, Caracas, 2009.

142 Sobre este tema, *vid.* BAZÁN, Víctor, "La articulación Derecho interno-Derecho internacional en materia de protección de los derechos humanos y algunos desafíos y novedades del sistema interamericano", en CASAL H., Jesús María, ARISMENDI A., Alfredo y CARRILLO A., Carlos Luis (Coords.), *Tendencias actuales del Derecho constitucional. Homenaje a Jesús María Casal Montbrun*, tomo I, Universidad Central de Venezuela - Universidad Católica Andrés Bello, Caracas, 2007, pp. 324-326.

143 Ley aprobatoria publicada en Gaceta Oficial N° 2.146 Extraordinario, 28-01-1978.

Es así como el Pacto regula el derecho humano a la defensa, que si bien –a diferencia de la Convención– no hace referencia expresa a la materia *fiscal*, debe tenerse en cuenta, como es sabido, que las obligaciones tributarias tradicionalmente han sido incluidas en el ámbito civil[144].

III. TRAS LA JUSTICIA CONVENCIONAL. EL GOLPE DE TIMÓN SOBRE EL EJERCICIO DEL DERECHO HUMANO A LA DEFENSA DURANTE EL PROCEDIMIENTO DE VERIFICACIÓN, EN LA SENTENCIA N° 531 DE 27-04-2011 DE LA SALA POLÍTICO-ADMINISTRATIVA DEL TRIBUNAL SUPREMO DE JUSTICIA

Enseguida refrescaremos la línea jurisprudencial de los Tribunales Superiores de lo Contencioso Tributario del Área Metropolitana de Caracas que se vislumbra en los fallos dictados desde 2004 antes comentados (capítulo III), deteniéndonos, particularmente, en la sentencia de la TSJ/SPA que vino a concretar el *golpe de timón* en relación con el derecho humano a la defensa en el marco del procedimiento de verificación tributaria.

Luego de las sentencias dictadas el 10-05-2004 por el Tribunal Superior Octavo de lo Contencioso Tributario, en el caso *Wenco Mall*, C.A.; el 24-05-2006 por el Tribunal Superior Noveno de lo Contencioso Tributario, caso *Hidromáticos Diana*, C. A.; el 20-11-2006 por el Tribunal Superior Cuarto de lo Contencioso Tributario, en el caso *Diseños Beatriz*, C.A.; todas respetuosas de la doctrina del *procedimiento-garantista*, en los términos comentados (capítulo III), como por *arte de magia* se empezó a notar un preocupante cambio en la sentencia dictada el 17-04-2007 por el Tribunal Superior Quinto de lo Contencioso Tributario, en el caso *Soluciones del Futuro*, S.A., que si bien sería momentáneamente reconducido con la sentencia de 25-04-2007 del mismo Tribunal, en el caso *Edinter Corp*, S.A., en el que se declararía la inconstitucionalidad de la aplicación dada al procedimiento de verificación por la Administración tributa-

---

144 Cf. BLANCO-URIBE QUINTERO, Alberto, "Eliminación..." *cit.*, p. 684, nota al pie N° 55.

ria, precisamente por violación del derecho a la defensa, tal acierto no se mantendría en el tiempo.

En esta nueva y reprochable línea, poniendo en entredicho el derecho humano a la defensa del contribuyente, se produciría el fallo dictado por la TSJ/SPA con ocasión a la apelación interpuesta por el Fisco Nacional contra la sentencia de primera instancia en el referido caso *Edinter Corp*, S.A., en los términos siguientes:

> Se advierte que en el presente caso la Administración Tributaria obraba de conformidad con el procedimiento de verificación previsto en los artículos 172 y siguientes del vigente Código Orgánico Tributario, conforme al cual: (...).
> El procedimiento descrito en los indicados artículos faculta a la Administración Tributaria para que en el ejercicio de sus funciones, constate el cumplimiento por parte de los contribuyentes o responsables de los deberes formales a los que éstos se encuentran sujetos; quedando facultada dicha autoridad fiscal, en el caso de incumplimientos de las obligaciones de éstos, a imponer, mediante resolución motivada, las sanciones a que hubiere lugar.
> Ahora bien, en cuanto al referido procedimiento de verificación, la Sala en su pacífica y reiterada jurisprudencia ha sostenido que cuando el reparo fiscal sigue o se genera como derivado de la declaración de impuesto o de una solicitud expresa de reintegro, y provenga de las diferencias y contradicciones que detecte la Administración Tributaria en dicha declaración o solicitud, la actuación fiscal se limita a una simple verificación de los datos y pretensiones del contribuyente o responsable.
> Lo anterior, por cuanto el contribuyente está perfectamente enterado de todas las circunstancias de derecho y de hecho que rodean su pretensión y, por tanto, no parece necesario que se siga el procedimiento de determinación tributaria y que, como consecuencia de ello, se levante el acta inicial de fiscalización y se le exija al mismo contribuyente un escrito de descargo y la correspondiente apertura de un lapso probatorio, tal como si sus pretensiones fueran desconocidas por él. Por esta razón es que en estos casos de declaraciones y solicitudes de reintegro, el procedimiento es simplemente de *verificación* por la autoridad fiscal de los hechos y fundamentos de derecho que justifican la declaración o solicitud

del recurrente. (Véase sentencia N° 00083 del 29 de enero de 2002, dictada por esta Sala Político-Administrativa, caso: Aquamarina de la Costa, C.A., posteriormente ratificada en innumerables fallos de la Sala).

No obstante, el sentenciador de instancia en su fallo consideró que en el presente caso aun cuando se trataba de un procedimiento de verificación, la Administración Tributaria estaba obligada, en resguardo de los derechos a la defensa y al debido proceso, así como a la presunción de inocencia, a ordenar la apertura del lapso probatorio descrito en el artículo 158 del vigente Código Orgánico Tributario, aplicable a dicho caso de conformidad con lo dispuesto en el artículo 148 *eiusdem*, que disponen: (...).

Ahora bien, versando el presente caso sobre una verificación fiscal conforme a la cual, según se ha señalado *in extenso*, la Administración Tributaria en el ejercicio de sus funciones, constata el cumplimiento por parte de los contribuyentes o responsables de los deberes formales a los que éstos se encuentran sujetos e impone las sanciones a las que hubiere lugar en caso de incumplimientos de dichas obligaciones, resulta, a juicio de esta Sala, que en el presente caso, a diferencia de lo dicho por el sentenciador de instancia, la autoridad fiscal no estaba obligada a ordenar la apertura del lapso probatorio previsto en el citado artículo 158 del vigente Código Orgánico Tributario, pues ésta sólo cumplía con el procedimiento descrito en los artículo 172 al 176 del citado cuerpo normativo.

En este sentido, siendo que dicha articulación probatoria no fue prevista por el legislador tributario dentro del procedimiento de verificación, no puede considerarse que al no ordenarse la apertura de la misma, la Administración Tributaria haya incurrido en las señaladas violaciones de los derechos a la defensa y al debido proceso, así como a la presunción de inocencia invocadas por la contribuyente[145] (resaltados de la Sala).

---

[145] Sentencia N° 531 de 27-04-2011, TSJ/SPA, caso *Edinter Corp*, S.A. Este criterio se ha mantenido a la fecha, cuyas inmediatas reiteraciones se vinieron a concretar en la sentencia N° 71 de 08-02-2012, TSJ/SPA, caso *Aserradero El Tablazo*, C.A.; sentencia N° 344 de 03-04-2013, TSJ/SPA, caso *Víctor Miguel Villarreal Rodríguez*; y sentencia N° 467 de 02-04-2014, TSJ/SPA, caso *Per Siempre Bella*, C.A.

Además de las críticas anteriormente expuestas sobre esta línea jurisprudencial (capítulo III), es necesario traer otras consideraciones. Por un lado, cuando en la sentencia se afirma que "por cuanto el contribuyente está perfectamente enterado de todas las circunstancias de derecho y de hecho que rodean su pretensión y, por tanto, *no parece necesario que se siga el procedimiento de determinación tributaria*" (resaltado agregado), la Sala evidencia su manifiesta confusión sobre la *naturaleza* del procedimiento de verificación. En efecto, lo cierto es que, como fuera antes precisado (capítulos I y II), el procedimiento de determinación tributaria, cuando es oficioso, se lleva a cabo a través de los procedimientos de fiscalización y de verificación, esto es, aquél es el *género* y éstos son sus *especies*. En ambos procedimientos (fiscalización y verificación) se *determina oficiosamente la existencia o no de la obligación tributaria y su cuantía*[146], razón por la cual, al pretender la Sala diferenciar el procedimiento de verificación del de determinación, incurre, sin lugar a dudas, en una grave confusión conceptual, que a la postre la hace errar sobre cómo debe *sustanciarse* el mismo, a tenor del propio COT y del artículo 49 constitucional.

En segundo lugar, en el fallo también se asevera que:

> ...siendo que dicha articulación probatoria no fue prevista por el legislador tributario dentro del procedimiento de verificación, no puede considerarse que, al no ordenarse la apertura de la misma, la Administración Tributaria haya incurrido en las señaladas violaciones de los derechos a la defensa y al debido proceso, así como a la presunción de inocencia invocadas por la contribuyente.

Pues bien, al (lamentable) son de la sentencia N° 43/2009 de 21 de abril, del Tribunal Superior Segundo de lo Contencioso Tributario, antes comentada (capítulo III), la Sala inexcusablemente confunde la (falta de) regulación *legal* de una fase procedimental (la probatoria), a efectos de evaluar su *constitucionalidad*, con la confrontación directa de dicha omisión con la

---

[146] Hecha excepción de la verificación de *deberes formales*, en cuya modalidad no tiene lugar determinación alguna.

propia Constitución. A otro decir, en el razonamiento de la Sala, como el COT (una *ley*) omitió regular la necesaria articulación probatoria en la sustanciación del procedimiento de verificación, entonces mal podría considerarse que su no apertura fuese inconstitucional por violación de los derechos humanos a la defensa y al debido proceso (establecidos en la *Constitución*).

Muy al contrario: es precisamente la apuntada ausencia procedimental de la fase probatoria (como integrante del derecho humano a la defensa), la que debía (forzosamente) suplir la propia Administración tributaria[147] y, en caso de no hacerlo, la posterior instancia judicial que se entiende regida por el principio *iura novit curia*.

En definitiva, en un (forzado) intento de revestir con un halo de legalidad y constitucionalidad la actuación de la Administración tributaria, la TSJ/SPA consideró que una *omisión legislativa* –así como una *actuación administrativa* que se fundamenta en tal omisión– no puede calificarse de inconstitucional, *porque así lo dice –y quiso– la ley*[148]. De nuevo, se repite el inaceptable argumento, por falaz, de acuerdo con el cual el *test de constitucionalidad de las leyes* no se debe efectuar sobre el parámetro obligatorio que representa la Constitución, sino a

---

147 La Administración está en la obligación de *desaplicar* las normas legales que atenten contra las disposiciones constitucionales, como acertadamente lo ha expuesto DUQUE CORREDOR: "De manera que la razón de ser del principio de la sujeción plena de la administración pública a la Constitución, a la ley y al Derecho es la de proteger la preeminencia de los derechos humanos, por encima de cualquier autoridad o acto, de modo que si no se interpretan las normas señaladas, a favor del ciudadano, en el sentido que la administración está facultada, en base a esas mismas normas, para desaplicar temporalmente las normas legales o sublegales violatorias o que amenacen tales derechos, la garantía universal e indivisible de los derechos humanos se convierte en puro humo". DUQUE CORREDOR, Román, *Temario de Derecho constitucional y de Derecho público*, Legis, Caracas, 2008, p. 232.

148 En palabras más llanas, "si el COT lo dice, está bien...". Vale entonces preguntarse, ¿y dónde queda la Constitución? La respuesta obligada, de acuerdo con el razonamiento de la Sala, sería "*debajo del* COT". Nada más peregrino.

partir del *contenido mismo* de la ley cuya constitucionalidad se cuestiona y que da pie a actuaciones administrativas igualmente inconstitucionales.

IV. UNA (SENCILLA) PROPUESTA DE SOLUCIÓN INTERPRETATIVA AL GALIMATÍAS JURISPRUDENCIAL

La (preocupante) situación jurisprudencial expuesta, amén de ser totalmente injustificada (e injustificable), ha podido -y puede perfectamente en la actualidad- ser solventada, si se realiza una interpretación (y aplicación) *sistemática* de las normas que disciplinan el procedimiento de verificación, como lo hiciera la jurisprudencia inicialmente dictada y posteriormente cambiada, tomando en consideración otras disposiciones del entonces vigente COT/2001, entre ellas, sus artículos 148[149] y 158[150] (normas presentes tanto en el COT/2014, como en el vigente Código Orgánico Tributario de 2020 [COT/2020][151]), y el también antes referido artículo 48[152] de la LOPA, que, en su conjunto, habilitan la aplicación de un lapso legal de por lo menos diez días hábiles para que el contribuyente pueda participar durante la formación de la voluntad administrativa, como concreción de una real y efectiva sustan-

---

149 Artículo 148 del COT/2001: "Las normas contenidas en esta sección serán aplicables a los procedimientos de carácter tributario en sede administrativa, sin perjuicio de las establecidas en las leyes y demás normas tributarias. En caso de situaciones que no pueden resolverse conforme a las disposiciones de esta sección, se aplicarán supletoriamente las normas que rigen los procedimientos administrativos y judiciales que más se avengan a su naturaleza y fines".

150 Artículo 158 del COT/2001: "El término de prueba será fijado de acuerdo con la importancia y complejidad de cada caso, y no podrá ser inferior a diez (10) días hábiles".

151 Gaceta Oficial N° 6.507 Extraordinario, 29-01-2020.

152 Artículo 48 de la LOPA: "El procedimiento se iniciará a instancia de parte interesada, mediante solicitud escrita, o de oficio. En el segundo caso, la autoridad administrativa competente o una autoridad administrativa superior ordenará la apertura del procedimiento y notificará a los particulares cuyos derechos subjetivos o intereses legítimos, personales y directos pudieren resultar afectados, concediéndoles un plazo de diez (10) días para que expongan sus pruebas y aleguen sus razones".

ciación del procedimiento de verificación, para presentar sus argumentos y pruebas en ejercicio de su derecho humano a la defensa.

De lo anterior que, como se presenta notable, la atendida aplicación judicial del procedimiento de verificación tributaria es abiertamente *inconstitucional* y violatoria de los indicados tratados de derechos humanos, en razón de la transgresión del derecho humano a la defensa del contribuyente.

REFLEXIÓN FINAL

Más allá de las tendencias de la jurisprudencia de la TSJ/SPA, así como de los Tribunales Superiores de lo Contencioso Tributario, hay que seguir trabajando para que, en esta materia y tantas otras que siguen igual o peor suerte, con el tiempo se logre restablecer el privilegiado lugar que debe tener el *derecho humano a la defensa*, como pilar fundamental de la teoría (y práctica) de los derechos humanos, a su vez cimiento indispensable del Estado de Derecho; después de todo, y como cada vez se repite con mayor ahínco en la Venezuela actual: "*no hay mal que dure cien años, ni cuerpo que lo resista*".

CAPÍTULO V:
LAS "VERIFICACIONES INMEDIATAS" DE DEBERES FORMALES Y LA EFICACIA DE LOS ACTOS TRIBUTARIOS EN EL CÓDIGO ORGÁNICO TRIBUTARIO DE 2020, A PROPÓSITO DE UNA NUEVA PRÁCTICA DE LA ADMINISTRACIÓN TRIBUTARIA

La Administración tributaria ha estado llevando a cabo –recientemente– una nueva práctica a la hora de sustanciar la modalidad o tipología del procedimiento de verificación tributaria que versa sobre el cumplimiento de deberes formales del contribuyente o responsable. En efecto, en las actuales "sustanciaciones" de este –de por sí ampliamente criticable "procedimiento", como ya se ha podido advertir (capítulos I y II)–, los funcionarios a cargo pretenden que la información y documentación requerida al sujeto obligado sea entrega de manera "inmediata", en el acto mismo de notificación de la providencia administrativa autorizatoria.

Y es que, además, en dichas providencias administrativas autorizatorias, así como en las actas de requerimientos, se hace referencia expresa a que se trata de una "verificación inmediata" de deberes formales, o lo que es igual, hasta la denominación formal del procedimiento ha sido ajustada para, de esta manera, desde el inicio mismo hacerle pensar al contribuyente que no puede sino obedecer tales lineamientos establecidos en dichos actos administrativos.

Si se tratase de una cuestión exclusivamente denominativa, como tampoco sería extraño, la cuestión no tendría mayor relevancia. El problema es que no es algo de mero rótulo formal, de *nomen iuris* sin trascendencia, sino de una nueva práctica con reprochables consecuencias sancionatorias en el marco de estas verificaciones de deberes formales, lesivas, por demás, de los derechos del contribuyente.

En razón de lo anterior, para poder evaluar esta nueva práctica de la Administración tributaria, en primer lugar resulta necesario refrescar el régimen de eficacia de los actos administrativos, en general, para luego adentrarnos en la eficacia de los actos tributarios, en particular y, con ello, analizar estas pretendidas "verificaciones inmediatas" de deberes formales. Veamos.

I. SOBRE LA EFICACIA DE LOS ACTOS ADMINISTRATIVOS, EN GENERAL

Para entender el *régimen de eficacia* de los actos administrativos, esto es, *cómo* y *cuándo* los mismos surten efectos, lo primero que habría que anotar es que tales reglas varían según la clasificación de dichos actos -precisamente- a partir de sus *efectos*.

Como es sabido, los actos administrativos han sido clasificados de muy diversas maneras. En esta oportunidad, apenas nos interesa traer unas breves consideraciones sobre la clasificación de estos actos en atención a sus *efectos* y, dentro de esta perspectiva, tener en cuenta su subdivisión en actos administrativos *normativos* o de "efectos generales" y *no normativos* o de "efectos particulares", según su *contenido* (normativo o no), así como de acuerdo con los *destinatarios* de los mismos, en actos administrativos generales e individuales.

Así, lo enseña BREWER-CARÍAS:

> En primer lugar, según el carácter normativo o no normativo de los actos administrativos, estos se clasifican en actos de efectos generales y actos de efectos particulares. Puede decirse así, que la Ley Orgánica de Procedimientos Administrativos acoge una primera forma de clasificación de los actos administrativos según sus efectos, en el sentido de que clasifica los actos administrativos en actos normativos (de efectos generales) y en actos administrativos no normativos (de efectos particulares) (...).
>
> Los primeros son aquellos de contenido normativo, es decir, que crean normas que integran el Ordenamiento Jurídico; en

cambio, los segundos, los actos administrativos de efectos particulares, son aquellos que contienen una decisión no normativa, sea que se aplique a un sujeto o a varios sujetos de derecho. (...) Por tanto, puede decirse que, en el artículo 13 de la Ley está la clave para clasificar los actos administrativos, según su contenido o efectos según que sean normativos o no normativos, identificándose los actos de efectos generales, es decir, de contenido o carácter general, con los actos normativos, y en consecuencia los actos de efectos particulares o de contenido o carácter particular, con aquellos que no tienen contenido normativo[153].

Esta clasificación, como lo explica BREWER-CARÍAS, parte de lo establecido en el artículo 13 de la LOPA, según el cual:

Ningún acto administrativo podrá violar lo establecido en otro de superior jerarquía; *ni los de carácter particular vulnerar lo establecido en una disposición administrativa de carácter general*, aun cuando fueren dictados por autoridad igual o superior a la que dictó la disposición general (resaltado agregado).

Tenemos, entonces, que los denominados actos administrativos de "efectos generales" o *normativos*, como su nombre lo permite entender, establecen *normas jurídicas generales y abstractas*, de ahí que se afirme que surten efectos de forma *general*, mientras que los de "efectos particulares" o *no normativos* son aquéllos que, a diferencia de los anteriores, no delimitan normas jurídicas generales y abstractas, y más bien contienen una decisión *particular* sobre alguna cuestión de interés personal.

---

153 BREWER-CARÍAS, Allan R., *El Derecho administrativo y la Ley Orgánica de Procedimientos Administrativos. Principios del procedimiento administrativo*, EJV, Colección Estudios Jurídicos N° 16, Caracas, 2002, pp. 143-144. En igual sentido, *vid.* BREWER-CARÍAS, Allan R., "Sobre la importancia para el Derecho administrativo, de la noción de acto administrativo y de sus efectos", *III Jornadas Internacionales de Derecho Administrativo "Allan Randolph Brewer-Carías"*, FUNEDA, Caracas, 1997, pp. 19-43; y HOSTIOU, René, "Eficacia de los actos administrativos. Obligación de la Administración de comunicarlos. Publificación y notificación", *III Jornadas Internacionales de Derecho Administrativo "Allan Randolph Brewer-Carías"*, FUNEDA, Caracas, 1997, pp. 81-98.

Por su parte, los actos administrativos *generales* tienen como destinatarios a una *pluralidad* (indeterminada o determinada) *de sujetos*, por oposición a los actos administrativos *individuales* que, como su nombre apunta, sólo interesan a un *único individuo*, a un único sujeto cuyos derechos subjetivos o intereses legítimos, personales y directos se ven afectados por el mismo.

En sintonía con la clasificación de los actos administrativos, según sus efectos, que trae la LOPA y ha sido desarrollada por la doctrina, en los términos recién expuestos, la misma ley de la materia regula con precisión su *régimen de eficacia*, el cual, como será lógico pensar, está atado a la tipología misma de los actos administrativos. Así lo disciplinan los artículos 72 y 73 de la LOPA:

> Artículo 72: Los actos administrativos de *carácter general* o que interesen a un número indeterminado de personas, *deberán ser publicados* en la GACETA OFICIAL que corresponda al organismo que tome la decisión.
> Se exceptúan aquellos actos administrativos referentes a asuntos internos de la administración.
> También serán publicados en igual forma los actos administrativos de carácter particular cuando así lo exija la Ley.
> Artículo 73: Se *notificarán* a los interesados todo acto administrativo de *carácter particular* que afecte sus derechos subjetivos o sus intereses legítimos, personales y directos, debiendo contender la notificación el texto íntegro del acto, e indicar si fuere el caso, los recursos que proceden con expresión de los términos para ejercerlos y de los órganos o tribunales ante los cuales deban interponerse (resaltado agregado).

Como bien lo disponen los citados enunciados (*i*) cuando se trate de actos administrativos de *carácter general*, o en los términos que la doctrina los ha referido, *normativos* o de "efectos generales", deberán ser publicados en la Gaceta Oficial, salvo que versen sobre asuntos internos de la Administración; y (*ii*) de tratarse de actos administrativos de *carácter particular*, o como ha sido planteado, de los denominados actos *no normativos* o de "efectos particulares", o actos individuales que afecten los derechos subjetivos o intereses legítimos, personales y directos de los particulares, entonces los mismos se *notificarán* a su interesado, cumpliendo los rigores establecidos en el propio artículo 73 de la LOPA, así como teniendo en cuenta los artículos 74, 75, 76 y 77 *eiusdem*.

Lo anterior, con todo rigor, es explicado por BREWER-CARÍAS de la manera siguiente:

> En cuanto a la publicación de los actos administrativos, el Artículo 72 de la Ley Orgánica establece, que los actos administrativos "de carácter general o que interesen a un número indeterminado de personas", deberán ser publicados en la Gaceta Oficial que corresponda al organismo político-territorial (República, Estados o Municipios) que tome la decisión. Por tanto, los actos administrativos de carácter general, los cuales según la terminología que hemos empleado, serían los actos de efectos generales, es decir, los actos normativos; así como los actos que interesen a un número indeterminado de personas, los cuales según la terminología que también hemos utilizado serían actos generales, deben necesariamente publicarse en la Gaceta Oficial del organismo respectivo para que comiencen a surtir efectos. Un Reglamento, por ejemplo, surte efectos a partir de su publicación en la Gaceta Oficial, al igual que cualquier acto normativo de la Administración. Aquí rige también, por vía analógica, el principio del Artículo 1° del Código Civil, según el cual, la Ley es obligatoria desde su publicación en la Gaceta Oficial, o desde la fecha posterior en que allí se indique (...).
>
> Ahora bien, tratándose de actos administrativos de efectos particulares, salvo la excepción antes mencionada, la Ley establece la obligación en el Artículo 73, de que sean notificados para que comiencen a surtir efectos, prescribiendo la notificación a los interesados de todo acto administrativo de carácter o de efectos particulares, que afecte los derechos subjetivos o los intereses legítimos, personales y directos de un interesado.
>
> En ese caso, para que el acto comience a surtir efectos, es necesario hacérselo conocer expresa e individualmente al interesado mediante la notificación[154].

---

[154] BREWER-CARÍAS, Allan R., *El Derecho... cit.*, pp. 197-198.

Al respecto, y particularmente sobre la notificación, enseña FRAGA-PITTALUGA que:

> La notificación puede ser definida como la actuación formal que cumple la Administración Pública, mediante la cual comunica el contenido de la manifestación de voluntad, de juicio o de conocimiento de carácter individual que ha dictado, al destinatario señalado en el acto o a sus representantes, para que ese destinatario asuma frente a tal acto la conducta que, siempre en acatamiento y dentro del marco de la ley, considere apropiada para la protección de sus derechos subjetivos o intereses legítimos[155].

En los términos que lo precisa la doctrina, la notificación es un requisito clave, es de la esencia misma para que los actos administrativos *no normativos* o de "efectos particulares" comiencen a tener eficacia, esto es, *empiecen a surtir efectos*, de ahí su particular importancia. O lo que es igual, antes de su notificación, dichos actos administrativos no tienen (no pueden tener) efecto alguno.

No hay duda, entonces, que así como la *publicación* en la Gaceta Oficial de los actos administrativos *normativos* o de "efectos generales" es la que origina su *eficacia general* (vigencia), en el caso de los actos administrativos *no normativos* o de "efectos particulares" es su *notificación*, por razón de la afectación de los derechos subjetivos o intereses legítimos, personales y directos de los administrados, la que da lugar a su *eficacia particular*, con la cual comienzan a surtir efectos tales pronunciamientos de la Administración.

II. SOBRE LA EFICACIA DE LOS ACTOS TRIBUTARIOS, EN PARTICULAR, Y LAS "VERIFICACIONES INMEDIATAS" DE DEBERES FORMALES

En cuanto a la eficacia de los actos tributarios, en tanto actos administrativos especiales por la materia, las reglas –de entrada– son las mismas. En ese sentido, para que un acto tributario *normativo* o de "efectos generales" adquiera eficacia,

155 FRAGA-PITTALUGA, Luis, *La notificación electrónica de los actos tributarios*, s/e, Caracas, 2021, p. 4.

éste debe ser publicado en la Gaceta Oficial. Por su parte, los actos tributarios *no normativos* o de "efectos particulares" -que son los que revisten especial interés a nuestros fines-, al igual que los actos administrativos generales de esta tipología, deben ser debidamente *notificados* al sujeto pasivo (contribuyente o responsable) cuyos derechos o intereses se vean afectados por el mismo, para poder desplegar sus efectos.

Como lo destaca FRAGA-PITTALUGA, cierto es que:

> La importancia de la notificación queda de inmediato revelada si se entiende que a partir de ella se desencadenan diversos efectos de naturaleza jurídico-formal y jurídico material. Desde el punto de vista jurídico-formal, la notificación permite que se inicien, se suspendan, se reinicien o terminen procedimientos administrativos y judiciales; *que se requieren informaciones relevantes o necesarias para la sustanciación y resolución de estos procedimientos*; que se inicie el cómputo de diversos de plazos, entre otros[156] (resaltado agregado).

Y es por razón de lo que indica la doctrina, que goza de la mayor relevancia que se respeten las reglas sobre el momento en que surten efectos los actos tributarios *no normativos* o de "efectos particulares", como lo son la providencia administrativa autorizatoria y las actas de requerimiento, en el marco de la administrativamente denominada "verificación inmediata", para precisamente saber a partir de cuándo el sujeto pasivo estaría obligado a entregar la información y documentación requerida para la sustanciación de dicho procedimiento.

A los fines anteriores, los artículos 171 al 178 del COT/2020 expresamente disciplinan el régimen de las *notificaciones* y, con ello, de los actos *no normativos* o de "efectos particulares" que emite la Administración tributaria. Así, de conformidad con el artículo 171 *eiusdem*: "La notificación es *requisito necesario* para la *eficacia* de los actos emanados de la Administración Tributaria, cuando éstos produzcan *efectos individuales*" (resaltado agregado).

---

[156] *Idem.*

Como se permite entender del contenido del enunciado citado, y en los mismos y exactos términos planteados a partir de la doctrina y normativa base sobre la eficacia de los actos administrativos en general, los actos emitidos por la Administración tributaria surtirán sus "efectos individuales" -precisamente por tratarse de actos *no normativos* o de "efectos particulares"- cuando sean notificados, en tanto dicho mecanismo se identifica con el "requisito necesario" de *eficacia* de los mismos.

A renglón seguido, el artículo 172 del COT/2020 establece las distintas formas en que puede llevarse a cabo la notificación de los actos tributarios en cuestión, a saber (*i*) personalmente, (*ii*) por constancia escrita, y (*iii*) por correspondencia[157]; estableciendo a letra que:

> Las notificaciones se practicarán, sin orden de prelación, en alguna de estas formas:
> 1. Personalmente, entregándola contra recibo al contribuyente o responsable. Se tendrá también por notificado personalmente al contribuyente o responsable que realice cualquier actuación que implique el conocimiento del acto, desde el día en que se efectuó dicha actuación.
> 2. Por constancia escrita, entregada por cualquier funcionario de la Administración Tributaria en el domicilio del contribuyente o responsable. Esta notificación se hará a persona adulta que habite o trabaje en dicho domicilio, quien deberá firmar el correspondiente recibo, del cual se dejará copia para el contribuyente o responsable en la que conste la fecha de entrega.
> 3. Por correspondencia postal efectuada mediante correo público o privado, por sistemas de comunicación telegráficos o electrónicos, siempre que se deje constancia en el expediente de su recepción.
> Parágrafo Único. En caso de negativa a firmar al practicarse la notificación conforme a lo previsto en los numerales 1 y 2 de este artículo, el funcionario levantará Acta en la cual se dejará constancia de la negativa. La notificación se entende-

---

157 Para un análisis más detenido de esta norma y las distintas formas de notificación, *vid. Ibid.*, pp. 18-22.

> rá practicada una vez que se incorpore el Acta en el expediente respectivo.

Sin entrar en esta oportunidad en las críticas que se pueden presentar a ese artículo, por ejemplo en relación con el evidente sinsentido que supone la "falta" de *orden de prelación* de las distintas formas de notificación, y apenas destacando la *posibilidad* (*v.g.*, el *derecho*[158]) que tiene el sujeto pasivo a *negarse a firmar* la notificación -como se evidencia del parágrafo único-, interesa enfocar nuestra atención en su análisis conjunto con lo disciplinado en las normas que le siguen, habida cuenta que, de esta manera, se podrá identificar *cuándo* (y aquí la clave) surten efecto las distintas modalidades de notificación. A tenor literal, los artículos 173, 174 y 175 del COT/2020 establecen lo siguiente:

> Artículo 173: Las notificaciones practicadas conforme a lo establecido en el *numeral 1 del artículo anterior surtirán sus efectos en el día hábil siguiente después de practicadas.*
> Artículo 174: Cuando la notificación se practique conforme a lo previsto en los *numerales 2 y 3 del artículo 172 de este Código, surtirá efecto al quinto día hábil siguientes de verificadas.*
> Artículo 175: Las notificaciones se practicarán en día y horas hábiles. *Si fueren efectuadas en día inhábil, se entenderán practicadas el primer día hábil siguiente* (resaltado agregado).

En los términos expresamente señalados -conjuntamente- en los artículos 172 al 175 del COT/2020, claramente se entiende que, cuando la Administración tributaria notifica sus actos *no normativos* o de "efectos particulares" a los sujetos pasivos: *(i) personalmente*, éstos surtirán efectos *el día hábil siguiente*; *(ii)* por *constancia escrita*, los mismos surtirán efecto al *quinto*

---

158 Lo que puede entenderse, dentro de las distintas acepciones del concepto, bajo el rótulo de "derecho como equivalente a no prohibido" o "derecho como ausencia de prohibición", en los términos que lo explica NINO siguiendo a KELSEN. Cf. NINO, Carlos Santiago, *Introducción al análisis del Derecho*, Editorial Ariel, 11° ed., Barcelona, 2003, pp. 198-201; y NINO, Carlos Santiago, *Ética y derechos humanos*, Editorial Astrea, 2° ed. ampliada y revisada, 1° reimpresión, Buenos Aires, 2005, p. 26.

día hábil siguiente; (*iii*) por *correspondencia*, también surtirán efectos al *quinto día hábil siguiente*; y (*iv*) en un *día inhábil*, se entenderá practicada el *primer día hábil siguiente*; o lo que es lo mismo –y esto es lo verdaderamente relevante–, en *ninguno de los supuestos* disciplinados en el COT/2020, los actos de la Administración tributaria surten efectos el *mismo día* en el que son notificados. A otro decir, de acuerdo con las normas bajo examen: *ningún acto tributario no normativo o de "efectos particulares" goza de "eficacia inmediata"* y, hasta que no surta efectos, no existe (no puede existir) *deber de cumplimiento*[159].

En línea con lo comentado, el *deber ser* consistiría en: (*i*) notificar la providencia administrativa autorizatoria; (*ii*) al día siguiente –en el mejor de los casos: numeral 1 del artículo 172, en interpretación conjunta con el artículo 173–o al quinto día siguiente –en el más frecuente de los casos: numerales 2 (nos referimos a éste como el más común) y 3 del artículo 172, en interpretación conjunta con el artículo 174–, notificar el acta de requerimiento N° 1 –esta primera acta mal puede/debe notificarse, como es la práctica consolidada, junto con la providencia administrativa autorizatoria, habida cuenta que primero debe surtir efectos la providencia para dar formal inicio al procedimiento y, luego, empezar su formal sustanciación mediante la notificación de las actas de requerimiento–; y (*iii*) de aquí en adelante, notificar las sucesivas actas de requerimiento y demás actos de trámite, en recta sustanciación del procedimiento.

Pues bien, teniendo en cuenta lo anterior, luce evidente que las pretendidas "verificaciones inmediatas" de deberes formales no sólo *carecen de base legal* –ello salta a la vista–, sino que, además, se traducen en actuaciones *contra legem*, en las que frontalmente se vulneran las normas referidas del COT/2020 sobre el régimen de eficacia de los actos *no norma-*

159 Así también lo explica FRAGA-PITTALUGA: "Ningún plazo corre entonces mientras el acto administrativo respectivo no adquiera eficacia, *ni resulta obligatoria la observancia del contenido del acto*" (resaltado agregado). FRAGA-PITTALUGA, Luis, *La notificación... cit.*, p. 9.

tivos o de "efectos particulares" de la Administración tributaria, por demás incurriendo en una flagrante omisión del procedimiento legalmente establecido.

En este sentido, luce de máxima importancia traer a colación la sentencia dictada el 23-07-2014 por la TSJ/SPA, en el expediente N° 2012-0850, precisamente sobre la necesaria aplicación por parte de la Administración tributaria de los entonces artículos 161 y siguientes del COT/2001 (hoy artículos 171 y siguientes del COT/2020), en materia de notificaciones -a personas adultas que trabajen en el domicilio del contribuyente- de actos *no normativos* o de "efectos particulares", en el contexto de su régimen de *eficacia* y sus implicaciones en los derechos constitucionales a la defensa y debido proceso:

> Cuando la notificación no sea practicada personalmente, el citado artículo 162 del Código Orgánico Tributario de 2001, en su numeral 2, prevé la posibilidad de que pueda efectuarse "*a persona adulta que habite o trabaje en dicho domicilio*", sin embargo, *la misma surtirá sus efectos después del quinto (5to.) día hábil siguiente de verificada*, de conformidad con lo establecido en el artículo 164 *eiusdem* (...).
> Sobre la base de lo expuesto, *concluye esta Máxima Instancia que el Tribunal a quo incurrió en el vicio de falso supuesto de derecho por errónea interpretación del artículo 164 del Código Orgánico Tributario de 2001, ocasionándole a la contribuyente una violación de su derecho a la defensa y al debido proceso*[160] (resaltado agregado).

Lo precisado es particularmente importante, al tenerse en cuenta, en el marco de esta práctica actual de la Administración tributaria, que no sólo se le *impediría* al contribuyente entregar la información requerida de no hacerlo de forma (ilegalmente) "inmediata", dando lugar a sanciones (igualmente carentes de base legal) por supuesto incumplimiento del deber de colaboración, sino que, como también ha ocurrido, se pudiera (mal) activar el -totalmente improcedente- auxilio por parte del Resguardo Nacional Tributario o de cualquier fuerza pública, para pretender justificar la retención y aseguramiento

---

[160] Sentencia de 23-07-2014, TSJ/SPA, expediente N° 2012-0850.

de documentos de esa manera, a la vez que adoptar las medidas para su conservación, en directa vulneración de los derechos (al debido proceso, defensa, presunción de inocencia, etc.) del contribuyente.

En suma, la -normativamente *inexistente*- "verificación inmediata" de deberes formales se traduce, en los términos planteados, en una actuación administrativa *(i)* ausente de base legal, *(ii)* ilegalmente ejecutada, *(iii)* con prescindencia absoluta del procedimiento legalmente establecido y, en consecuencia *(iv)* violatoria de los derechos al debido proceso y a la defensa del contribuyente.

REFLEXIÓN FINAL

Lo brevemente expuesto, no es más que otra manifestación de la *anomalía funcional* que aqueja el actuar de la Administración tributaria en los tiempos que corren, en el contexto de un "procedimiento" ya bastante plagado de patologías (capítulos I y II), que se aleja cada vez más de los designios del principio de legalidad administrativa, así como de los derechos constitucionales al debido proceso y a la defensa del contribuyente que informan la teoría general del procedimiento administrativo.

CAPÍTULO VI: LA VERIFICACIÓN TRIBUTARIA (VIRTUAL) Y LOS NUEVOS "REPAROS DE PANTALLA" BAJO EL CÓDIGO ORGÁNICO TRIBUTARIO DE 2020. EL CASO DE LA CONTRIBUCIÓN ESPECIAL DE PENSIONES

I. ¿EN DÓNDE HABÍAMOS QUEDADO? MÁS PREGUNTAS QUE RESPUESTAS

Cuando se publicó la Ley de Protección de Pensiones de Seguridad Social[161] (LPP) nos abocamos -como el resto del medio- a su estudio, con la idea de desentrañar sus particularidades y delimitar sus ámbitos de incidencia. En nuestro caso, plasmamos en un ensayo académico[162] nuestras consideraciones introductorias sobre sus contenidos normativos, particularmente en relación con los elementos constitutivos de la "contribución especial" (CE), su deducibilidad en el impuesto sobre la renta (ISLR), el tema de los intereses moratorios y las sanciones particulares en caso de incumplimientos relativos a la CE y lo correspondiente a su entrada en vigencia.

En aquel momento, concluimos que la CE adolecía de una "configuración *frankensteiniana*" -en no pocos aspectos tan disforme como la reciente versión de la criatura de Guillermo DEL TORO-, precisamente por su atécnica confección, a la vez que pronosticamos eventuales arbitrariedades y creatividades que excederían la capacidad de asombro (y contributiva) de no pocos contribuyentes.

---

161 Gaceta Oficial N° 6.806 Extraordinario, 08-05-2024.

162 Al respecto, *vid.* ABACHE CARVAJAL, Serviliano, "La seguridad jurídica del contribuyente en jaque. Preguntas (¿y respuestas?) sobre la 'contribución especial' de la Ley de Protección de Pensiones", *Revista de Derecho Público*, N° 177-178, EJV, Caracas, 2024, pp. 75-96.

Lamentablemente, el tiempo nos dio la razón. Antes sobraban las preguntas sobre múltiples cuestiones de la CE, a la vez que escaseaban las respuestas uniformes sobre esas cuestiones. Ahora, la inseguridad jurídica que desde la publicación de la LPP embargaba a los contribuyentes se ha visto no sólo concretada, sino potenciada, por una oleada de multas virtuales que han aparecido colgadas en las cuentas que las personas jurídicas tienen en el portal de la Administración tributaria nacional, enterándose –por su propia revisión– que han sido sujetos de un "procedimiento sancionador", desconociendo las razones (jurídicas y fácticas) detrás de los mismos y, en no pocos casos, tratándose de entidades en estado de cesación de actividades (*dormant status*) sin empleados en su nómina.

Por lo anterior, decidimos abordar nuevamente este tema, para abordar –puntualmente–, los problemas de *forma* que se aprecian sobre las multas virtuales referidas, desde las perspectivas de los derechos al debido proceso y a la defensa del contribuyente en el contexto del procedimiento de verificación tributaria, así como los problemas de *fondo* que están presentes en las multas, en cuanto a los períodos revisados y la vigencia de la LPP, por un lado, y en relación con la falta de hecho (y base) imponible que se también se aprecian en los casos que referiremos, por el otro. Finalmente, cerraremos con una reflexión sobre la encrucijada en la que se encuentran (o encontraban, como veremos) los sujetos sancionados ante la situación planteada: impugnar o no impugnar las multas, por las razones de distinta índole que también se comentarán.

II. LAS CUESTIONES DE FORMA Y FONDO DE LOS "REPAROS DE PANTALLA": ¿CÓMO LLEGAMOS Y DÓNDE ESTAMOS?

1. ¿Cómo llegamos...? La cuestión de forma: los derechos al debido proceso y a la defensa del contribuyente

Empecemos, entonces, por la cuestión de *forma*, revisando las multas virtuales desde los derechos constitucionales al debido proceso y a la defensa del contribuyente, particularmente en cuanto al "procedimiento sustanciado" y la motivación exigua de la que adolecen las planillas de resolución y liquidación de las sanciones impuestas.

A. La verificación tributaria (virtual) y los nuevos "reparos de pantalla"

Como se permite leer del texto de las planillas de resolución y liquidación que están siendo colgadas en las cuentas de los contribuyentes en el portal de la Administración tributaria nacional, las mismas invocan los artículos 182 y 183 del COT/2020 como "base procedimental" de la imposición de sanciones, los cuales establecen, sabido es, el "procedimiento de verificación tributaria".

Pues bien, habiendo abordado en los capítulos anteriores los múltiples inconvenientes de este "procedimiento", basta con recordar una vez más que el COT/2020 (al igual que sus antecesores) *nada* indica sobre las fases o etapas fundamentales del mismo, razón por la cual la Administración tributaria, ciñéndose al tenor literal de las normas que lo disciplinan -y, paralelamente, dejando de lado la Constitución-, no permite al contribuyente una oportunidad para participar en la formación de la voluntad administrativa, sino que, a contracorriente de la teoría del procedimiento administrativo, "inicia" y "termina" su actuación (*en secreto*[163]) en un mismo acto, sin haberlo formalmente sustanciado, esto es, sin procedimiento previo, por lo que termina imponiendo unas inconstitucionales sanciones de plano, al margen, por demás, de los principios sustantivos y adjetivos inspiradores del orden penal que deben tenerse en

---

[163] Como bien lo explica FRAGA-PITTALUGA: "A pesar de lo anterior, el procedimiento de verificación viola el debido proceso, pues: // a. Es un procedimiento que se conduce secretamente sin notificar al sujeto pasivo, es decir, que se lleva a cabo a sus espaldas y sin ponerlo en conocimiento de que se ha iniciado una revisión de su declaración jurada". FRAGA-PITTALUGA, Luis, *La defensa del contribuyente*, ACIENPOL - EJV - AVDT, Serie Estudios N° 130, Caracas, 2021, p. 101.

cuenta en el procedimiento administrativo sancionador –como bien lo precisa GARCÍA NOVOA[164]–, salvo ciertos matices.

Con lo anterior, es más que suficiente para entender los graves problemas y vicios de los que adolecen todas y cada una de las sanciones impuestas por la Administración tributaria nacional con base en este "procedimiento". Pero como si ello no fuese suficiente, en esta nueva ola de sanciones virtuales la autoridad fiscal ha ido más allá. Nos explicamos: en los términos que recién comentamos, en los casos de imposición de multas por incumplimientos de deberes formales, la práctica administrativa venía siendo que, junto con la *notificación* del acto administrativo correspondiente, el contribuyente se enteraba de la "apertura, sustanciación y terminación" de un procedimiento del cual había sido "parte". Esto, como ya vimos, es totalmente reprochable por abierta vulneración de los derechos al debido proceso y a la defensa del contribuyente, entre otros. Pero ahora, la Administración tributaria ni siquiera se ha estado molestando, como regla, de notificar a los contribuyentes las referidas multas, sino que ante la revisión de sus cuentas en el portal web de la Administración es que los propios sujetos pasivos se topan con las planillas de resolución y liquidación de multas, de ahí que las califiquemos de "multas virtuales de escritorio".

El funcionario a cargo no sólo no se levanta de su escritorio para "sustanciar" el "procedimiento" de verificación (de ahí que en el pasado hayan sido rotuladas este tipo de actuaciones como "reparos de escritorio"[165]), sino que ahora tampoco lo

---

164 Cf. GARCÍA NOVOA, César, *Estudios de Derecho tributario penal y sancionador*, Centro Mexicano de Estudios en lo Penal Tributario, Ciudad de México, 2016, p. 33.

165 Antes de la promulgación del COT/2001, el procedimiento de verificación (de las declaraciones) se llevaba a cabo –exclusivamente– en las propias oficinas de la Administración tributaria, sin que los fiscales tuvieran la necesidad de trasladarse al domicilio fiscal del sujeto pasivo investigado, razón por la cual, recibieron la calificación de "reparos de escritorio" los resultantes de este "procedimiento". Esta situación cambió a raíz del COT/2001, el cual previó (en el parágrafo único del artículo 172), la posibilidad de que el procedimiento de verificación tri-

hace para siquiera "notificar" la sanción impuesta a los contribuyentes por supuestos incumplimientos de la normativa tributaria. Se observa, así, que la otrora cuestionable práctica administrativa alrededor del "procedimiento" de verificación ha alcanzado, con esta situación, un nuevo e indeseable nivel: ya no sólo le resulta molesto a la Administración tributaria notificar el inicio del procedimiento, así como sustanciarlo con la necesaria participación del sujeto pasivo, sino que tampoco considera que le hace falta notificar su terminación, pretendiendo que el mismo surta *efectos* al margen de lo disciplinado en los artículos 171 y siguientes del COT/2020, antes analizados (capítulo V). Nada más peregrino...

En suma, los sujetos multados enfrentan una nueva y abierta vulneración de sus más elementales derechos constitucionales al debido proceso, defensa, presunción de inocencia, etc., ante la actual y reprochable práctica administrativa en torno al procedimiento virtual de verificación tributaria en la imposición de estas "sanciones por pantalla", con ocasión a la aplicación de la LPP, las cuales, salvo que sean notificadas (como algunas lo han sido recientemente[166]), además de inválidas, carecen de eficacia alguna, en los términos advertidos.

---

butaria se desarrollase en el domicilio fiscal del sujeto pasivo. Este cambio tuvo su fundamento en la inclusión que hizo el COT/2001 de la modalidad de "verificación de los deberes formales", en la cual los fiscales de la Administración *deben* necesariamente trasladarse al domicilio fiscal de los sujetos pasivos y requerirles la documentación sobre el cumplimiento de los mismos.

166 Pero no mediante la entrega de una notificación *física* en la sede del contribuyente, sino a través de unas "citaciones" (de un día para el siguiente) por *correo electrónico*, que carecen de *validez* y *eficacia*. En efecto, de conformidad con el artículo 34 del COT/2020: "*La Administración Tributaria podrá establecer un domicilio fiscal electrónico obligatorio para la notificación de comunicaciones o actos administrativos que requiera hacerle a los sujetos pasivos*. Dicho domicilio electrónico tendrá preferencia respecto de los previstos en los artículos 31, 32 y 33 de este Código. *El funcionamiento y formalidades relativas al domicilio fiscal electrónico será regulado por la Administración Tributaria*" (resaltado agregado). Como se permite apreciar, de acuerdo con esta norma (*i*) la Administración tributaria tiene la potestad de establecer un do-

B. Las (¿motivadas?) "planillas de resolución y liquidación": entre lo exiguo y lo ausente

Lo anterior, de por sí, da sobrada cuenta de la contrariedad jurídica *formal* que implica la nueva práctica administrativa en comentarios. Pero hay más. Aunado a lo recién señalado, lo cierto es que los actos administrativos contentivos de las planillas virtuales de resolución y liquidación de multas también adolecen de una *motivación* insuficiente, apenas pudiendo el contribuyente *inferir* las razones de hecho y de Derecho que "respaldarían" la actuación de la Administración tributaria.

En este sentido, y tampoco siendo necesario desarrollar este comentario con especial detenimiento, basta con leer el formato de planilla utilizado para imponer la multa (todas son virtualmente *idénticas*, apenas cambiándose los datos de cada sujeto sancionado y montos de las correspondientes multas), para advertir lo verdaderamente *exiguo* de la pretendida "motivación" que se plasma en las mismas. En efecto, por motivación entienden suficiente apenas indicar algunos artículos del

---

micilio fiscal electrónico de carácter *obligatorio*, precisamente para la notificación de actos administrativos que requiera efectuar a los sujetos pasivos; y (*ii*) el funcionamiento y formalidades relativas al indicado domicilio fiscal, deberá ser regulado por la propia Administración tributaria. Pues bien, lo cierto es que la Administración tributaria a la fecha no ha regulado los particulares sobre el (*iii*) *funcionamiento*, así como las (*iv*) *formalidades*, ambas relativas al *domicilio fiscal electrónico*; tema de especial importancia por estar en juego –nada más y nada menos que– la posibilidad misma de ejercer el *derecho constitucional a la defensa* con ocasión a una notificación practicada por esa vía. De lo anterior que se evidencie, en los términos que lo ha sostenido FRAGA-PITTALUGA, que "Como consecuencia de las previsiones contenidas en el artículo 34 del Código Orgánico Tributario, no cabe la menor duda que es indispensable que la Administración Tributaria dicte un *acto administrativo de efectos generales y carácter normativo*, en el cual regule el *funcionamiento* y las *formalidades* del domicilio fiscal electrónico" (FRAGA-PITTALUGA, Luis, *La notificación... cit.*, p. 35), de ahí que no resulte difícil comprender por qué, hasta tanto no se dicte la correspondiente regulación, cualquier pretendida notificación efectuada vía electrónica deba entenderse –ante la falta del acto administrativo *normativo* o de "efectos generales" de cobertura– tanto *inválida* como *ineficaz*.

COT/2020, de la LPP, de la Resolución 32[167] y de la Providencia N° SNAT/2024/000120[168], para "justificar" la imposición de estas multas virtuales por pretendidos incumplimientos de deberes formales, a tenor literal indicándose lo que sigue:

> Imposición de sanción/liquidación
> De conformidad con lo previsto en los artículos 89, 90, 99, 182 y 183 del Código Orgánico Tributario, publicado en la Gaceta Oficial N° 6.507 Extraordinario de fecha 29/01/2020, en concordancia con los artículos 6 y 9 de la Ley de Protección de las Pensiones de Seguridad Social Frente al Bloqueo Imperialista, publicada en la Gaceta Oficial N° 6.806 Extraordinario de fecha 08/05/2024 con el artículo 97 de la Resolución N° 32, que establece las atribuciones y funciones del Servicio Nacional Integrado de Administración Aduanera y Tributaria (SENIAT), y con lo establecido en el artículo n° 1 de la Providencia Administrativa n° SNAT/2024/000120 de fecha 26/11/2024, publicada en la Gaeta [sic] Oficial n° 43.032 de fecha 19/12/2024 que establece el calendario para la declaración y pago de la contribución especial en el año 2025, se verificó la omisión de la declaración electrónica de protección de las pensiones, correspondiente a: (cuadro) // concepto // liquidación de multa de acuerdo a lo establecido en el literal "e" numeral 1 del artículo 155 y artículo 82 del COT publicado en la Gaceta Oficial N° 6.507 Extraordinario de fecha 29/01/2020 en concordancia con el artículo 13 de Ley de Protección de las Pensiones de Seguridad Social Frente al Bloqueo Imperialista. Ver planila [sic] anexa a esta resolución.

De la simple lectura del extracto citado en su *totalidad* (no se trata de una transcripción parcial, valga la reiteración), salta a la vista la falta de motivación suficiente para justificar la imposición de la sanción pretendida. Indistintamente de ello, y como también es sabido, mucho se ha desarrollado en la doctrina para explicar –a la vez que sobra la jurisprudencia que precisa– en qué consiste el *requisito de motivación* de los actos administrativos, versando esta exigencia fundamental de su confección jurídica en el desarrollo de las *razones* que asisten a

---

[167] Gaceta Oficial N° 4.881 Extraordinario, 29-03-1995.

[168] Gaceta Oficial N° 43.032, 19-12-2024.

la Administración en el despliegue de su actuación (en esencia, el *por qué*), justificaciones éstas que deben versar tanto sobre los hechos como en cuanto al Derecho.

Pues bien, no es suficiente -ni cercanamente- que la Administración tributaria apenas "refiera" o "mencione" algunos artículos para "fundamentar" su actuación, sino que debe *explicitar* las razones, justificaciones o, precisamente, los motivos de su actuación (nuevamente: el *porqué* de su decisión), en el contexto de la situación y actuación del contribuyente que daría pie a la imposición de las sanciones, en fin, que el sujeto pasivo pueda "conocer con exactitud los motivos que dieron lugar al acto administrativo"[169], cuestión que, como salta a la vista, no es ni remotamente el caso. Así se ha reiterado en reciente jurisprudencia, por demás y de manera expresa, en relación con la motivación de los actos administrativos dictados en el marco de un procedimiento de verificación, como en el caso bajo análisis:

> En efecto, ha señalado esta Máxima Instancia que aún en los "casos de simple verificación de las declaraciones o solicitudes, la Administración Tributaria debe, mediante resolución expresa, motivar suficientemente dicha objeción a fin de que la contribuyente conozca las razones que llevaron a la Administración Tributaria a modificar los resultados de su declaración y, en consecuencia, pueda ejercer los correspondientes recursos administrativos y judiciales de que dispone para su legítima defensa". (Ver fallo número 00083 de fecha 29 de enero de 2002, caso: Aquamarina de la Costa, C.A., ratificado en las sentencias números 00677 y 01344, de fechas 9 de mayo de 2007 y 1° de diciembre de 2016, casos: Aquamarina de la Costa, C.A. y Tinoco, Travieso, Planchart & Núñez, respectivamente)[170].

En el formato referido no se justifica (y esto es clave) la *sujeción* a la CE de las personas jurídicas virtualmente sancionadas, o lo que es igual, por qué X o Y entidad debe pagar la CE,

---

[169] Sentencia N° 2.361 de 24-10-2001, TSJ/SPA, caso *María del Carmen García Heredia v. Consejo de la Judicatura.*

[170] Sentencia de 16-07-2005, TSJ/SPA, caso C.A. *Mafarta v. Fondo Nacional de Ciencia, Tecnología e Innovación* (FONACIT).

que es otra forma de decir que dicha persona jurídica lleva a cabo una actividad económica gravada, esto es, que la misma encuadra o se subsume en el hecho imponible tipificado en la LPP, de lo que se seguiría, entonces, que al no presentarse la declaración, se habría configurado el incumplimiento del deber formal correspondiente. Nada de eso se exterioriza (ni siquiera *exiguamente*) en la "motivación" de las planillas de resolución y liquidación, incurriéndose, más bien, en una evidente *petición de principio* o *argumento circular*[171].

La Administración da por satisfecha su obligación de motivación con la referencia aislada de unas normas, sin explicar *por qué*, *cómo* y en *qué medida* y *extensión*, las mismas son (unas) supuestamente desatendidas por el contribuyente, a la vez que (otras) aplicables por la Administración (*motivación jurídica*), tampoco explicando, con anterioridad, la actividad económica que realiza (si acaso realiza actividad alguna) el contribuyente para encuadrar o subsumir su actuación (u omisión) dentro del supuesto de hecho de las normas aplicables (*motivación fáctica*), cuestión que se evidencia, aún más, al reparar en que se trata de un formato electrónico *idéntico en todos los casos*, como si *todos* los contribuyentes sancionados llevasen a cabo actividades económicas (y, de hacerlo, que estuviesen gravadas) y hubiesen actuado de la misma y exacta manera (activa o pasiva), en todos y cada uno de los casos y situaciones objeto de multa. Esto, huelga profundizarlo, carece de sentido alguno.

En fin, la exigua (por no decir inexistente) motivación de la que adolecen las multas virtuales por pantalla en cuestión, afectan nuevamente los derechos al debido proceso y a la defensa, entre otros, de los sujetos sancionados, al no conocerse con exactitud por qué, cómo y en qué medida supuestamente se encuentran sujetos a la CE y, además, desatienden las con-

---

171 "El argumento circular o petición de principio consiste en un razonamiento que presupone aquello que quiere probar". MARTÍNEZ ZORRILLA, David, *Metodología jurídica y argumentación*, Marcial Pons, Madrid, 2010, p. 216.

ductas exigidas a los sujetos pasivos, a la vez que las normas invocadas por la Administración tributaria, con las consecuencias invalidantes que ello supone en relación con dichos actos administrativos sancionadores.

2. ¿...y dónde estamos? La cuestión de fondo: respuestas (administrativas) a algunas preguntas (técnicas) sobre los principios (y derechos) constitucionales a la irretroactividad y a la legalidad tributaria

Habiendo revisado algunos de los problemas de *forma* más notables, volquemos nuestra atención a la cuestión de *fondo* en torno a las sanciones virtuales por pantalla. En nuestra anterior aproximación al tema presentábamos una serie de preguntas que surgían a propósito de la configuración técnica de los elementos constitutivos de la CE, por un lado, y de la vigencia de la LPP, por el otro. En esta oportunidad, debe volverse sobre ambas cuestiones, habida cuenta las respuestas administrativas que, allende la motivación insuficiente referida de la que adolecen las planillas de resolución y liquidación, se pueden apenas *inferir* sobre los principios (y *derechos*[172]) constitucionales de irretroactividad de la ley tributaria y de legalidad tributaria. Veamos.

---

172 Derecho N° 71 de la *Carta de derechos del contribuyente para los países miembros del Instituto Latinoamericano de Derecho Tributario* (ILADT): "Derecho a la irretroactividad y la anterioridad de las normas tributarias materiales o sustanciales, así como a la irretroactividad de los preceptos penales, infraccionales o sancionatorios más gravosos". Disponible en: http://iladt.org/FrontEnd/docs/Carta_Derechos_Contribuyente_ILADT_aprobada_y_Presentacion.pdf; y derecho N° 8 de la *Carta de derechos del contribuyente para los países miembros del Instituto Latinoamericano de Derecho Tributario* (ILADT): "Derecho a la legalidad de las actuaciones de la Administración tributaria, lo que incluye el derecho a que la Administración no disponga de las posiciones jurídicas de los obligados tributarios sin respeto a la ley", en: http://iladt.org/FrontEnd/docs/Carta_Derechos_Contribuyente_ILADT_aprobada_y_Presentacion.pdf.

A. Los períodos revisados: de nuevo sobre la vigencia de la Ley de Protección de Pensiones

Sin explicación alguna, como ya fuera comentado, los actos administrativos contentivos de las sanciones por pantalla producto del procedimiento virtual de verificación traen, en modalidad de formato, unos "cuadros" que hacen mención a "períodos" que, al tener a mano el contexto (y pasado cercano) sobre la posición de la Administración tributaria en relación con la aplicabilidad temporal de la CE, se permite nuevamente *inferir* que tales "períodos" son los verificados y sobre los cuales las personas jurídicas habrían "incumplido" sus deberes formales, todo lo cual, como fuera advertido, partiría de la *suposición* de su sujeción al tributo, esto es, en la ya identificada *petición de principio*.

Pues bien, tales "períodos" empiezan a relacionarse desde el mes de mayo de 2024 o, como a tenor literal lo indican las planillas: "5/2024". Los mismos continúan mes a mes por el resto del año 2024 y durante el 2025 hasta el mes de julio. A nuestros fines, apenas interesa enfocarnos en el mes de inicio ("5/2024"), con la idea de nuevamente *inferir* y, con ello, brevemente comentar, la (ahora reiterada) postura de la Administración tributaria en relación con su "interpretación" sobre la entrada en vigencia de la LPP.

En este sentido, y a modo de refrescamiento, de acuerdo con la "Disposición Final Única" de la LPP: "Esta Ley entrará en vigencia a partir de su publicación en la Gaceta Oficial de la República Bolivariana de Venezuela". Como lo precisamos en nuestra aproximación anterior a este tema, es fácil entender que, según dicho enunciado, la propia LPP delimita la "vigencia inmediata" de su contenido a partir de su publicación en la Gaceta Oficial.

Pero, además, en los términos que también lo precisamos en el ensayo referido, tal postura normativa estaría "respaldada" por la Providencia N° SNAT/2024/000042[173] de la Adminis-

[173] Gaceta Oficial N° 42.881, 17-05-2024.

tración tributaria nacional, que estableció las normas para la declaración y pago de la CE, de acuerdo con la cual el 04-06-2024 habría sido la primera fecha para declarar y pagar por parte de los contribuyentes cuyos Registros de Información Fiscal (RIF) terminen con el número 7. Adicionalmente, y en reiteración administrativa de lo anterior, se encuentra la conocida "Consulta N° DCR-5-93.324" de 14-06-2024[174], que también tuvimos la oportunidad de analizar críticamente en nuestro citado estudio.

Ahora bien, al cifrarse las multas por pretendidos incumplimientos de deberes formales a partir del mes de mayo de 2024, como se desprende de las planillas de resolución y liquidación, entonces se permite apreciar que la Administración tributaria insiste en que la LPP entró en vigencia con su publicación en Gaceta (08-05-2024), inclusive antes de siquiera haberse (mal) dictado la alícuota por el ejecutivo (16-05-2024)[175], sancionándose a las personas jurídicas en cuestión bajo una evidente aplicación retroactiva de la ley.

Basta, a estos fines, apenas recordar que de conformidad con los artículos 317[176] de la Constitución y 8[177] del COT/2020, la ley tributaria *debe* fijar su "lapso de entrada en vigencia" y, de no hacerlo, dicho *lapso* ("tiempo entre dos límites"[178]) *se entenderá fijado*, es decir, serán efectivas dichas leyes, *vencidos los sesenta días de su publicación* en la Gaceta Oficial, lo cual habría ocurrido, en principio, el 09-07-2024. Sin embargo, por

---

174 División de Doctrina Tributaria de la Gerencia de Doctrina y Asesoría de la Gerencia General de Servicios Jurídicos del SENIAT.

175 Decreto N° 4.952, Gaceta Oficial N° 42.880, 16-05-2024.

176 Artículo 317 de la Constitución: "(...) Toda ley tributaria fijará su lapso de entrada en vigencia. En ausencia del mismo, se entenderá fijado en sesenta días continuos".

177 Artículo 8 COT/2020: "(...) Las leyes tributarias fijarán su lapso de entrada en vigencia. Si no lo establecieran, se aplicarán una vez vencidos los sesenta (60) días continuos a su publicación en la Gaceta Oficial de la República Bolivariana de Venezuela".

178 Voz "lapso": "*Tiempo entre dos límites*". Real Academia Española, *Diccionario de la Lengua Española*, edición del tricentenario, actualizado 2023, en: https://dle.rae.es/lapso?m=form.

tratarse de un *tributo periódico*, para la fecha indicada (09-07-2024) estaría en curso ese período mensual, por lo que resultaba forzoso aplicar el conocido cuarto aparte del artículo 8 del COT/2020, siendo entonces la LPP aplicable "desde el primer día del período respectivo del contribuyente que se inicie a partir de la fecha de entrada en vigencia de la ley", esto es, a partir del 01-08-2024, por lo que la primera declaración correspondería al mes de septiembre, con base en la información sobre el "total de los pagos realizados por el contribuyente a las trabajadoras y trabajadores por concepto de salario y bonificaciones de carácter no salarial" del mes de agosto.

Lo anterior se traduciría, así, en que cualquier y todo potencial incumplimiento de la normativa en cuestión, incluyendo la correspondiente a sus deberes formales, como los sancionados en las planillas de resolución y liquidación de multas, serían en todo caso temporalmente aplicables a los incumplimientos ocurridos a partir del mes de septiembre (no del mes de mayo), resultando improcedentes las sanciones impuestas –por inaplicabilidad temporal de la LPP– para los meses anteriores a su entrada en vigencia. Pensar lo contrario, equivaldría a convalidar la aplicación retroactiva de la LPP, en desatención de las normas indicadas, así como del principio (y *derecho*) a la irretroactividad de la ley tributaria, *ex* artículo 24[179] de la Constitución.

B. Sin hecho (y base) imponible... no hay paraíso: la falta de actividad económica y de trabajadores

Finalmente, está la cuestión del principio de legalidad y reserva de ley tributaria, a propósito de la ausencia de hecho y base imponibles en todos los casos de sujetos sancionados que no realizan una actividad económica gravada o, que de hacerlo, se encuentran en *estado de cesación de actividades* (*dormant status*). En efecto, la oleada de multas virtuales impuestas a través del portal de la Administración tributaria ha recaído,

[179] Artículo 24 de la Constitución: "Ninguna disposición legislativa tendrá efecto retroactivo, excepto cuando imponga menor pena (...)".

además de sobre los contribuyentes del tributo, en cabeza de personas jurídicas que no llevan a cabo una actividad sujeta a la CE o que, por múltiples razones, han cesado sus actividades (gravadas) en el país. Ello supone, en ambos casos, que no se realiza el hecho imponible de la CE, el cual, de acuerdo con el artículo 6 de la LPP, vendría a ser que dichas personas jurídicas "de carácter privado, domiciliadas o no en la República Bolivariana de Venezuela, *realicen actividades económicas en el territorio nacional*" (resaltado agregado).

Sin entrar en esta oportunidad en mayores consideraciones y detalles sobre el hecho imponible de la CE, para lo cual remitimos a nuestro tantas veces referido trabajo[180], basta en esta oportunidad, por una parte, recordar que no toda actividad estaría sujeta, sino sólo las que se identifiquen –así nos parece[181]– con *actividades económicas mercantiles/industriales* y, por la otra, que al estar la persona jurídica de que se trate en estado de *cesación de actividades*, por definición no realizará actividad económica alguna, con lo cual no se verificará respecto de dicha entidad el hecho imponible y, con ello, no será (no podrá ser) "contribuyente" de la CE. O lo que es igual, al no realizarse el hecho imponible disciplinado en la LPP, porque la actividad económica desplegada no está gravada o por no realizar actividad económica alguna por encontrarse en estado de cesación, entonces simplemente se estará (en ambos casos) en una situación de *no sujeción* y, por tal razón, al estar fuera del ámbito de incidencia de la CE, entonces –lógicamente– tampoco se estaría sujeto al cumplimiento de sus deberes formales.

Lo anterior es uno de los datos distintivos entre la *no sujeción* y la *exención*, precisamente porque en la primera (la *sujeción*), al no haber obligación tributaria por falta de verificación del hecho imponible, tampoco habrá deber formal alguno que cumplir; mientras que en la segunda (la *exención*), con base en una norma nace la obligación al realizarse el hecho imponible,

---

180 Cf. ABACHE CARVAJAL, Serviliano, "La seguridad..." *cit.*, pp. 78-82.

181 Cf. *Ibid.*, pp. 80-82.

pero por mandato de otra norma se "neutralizan"[182] los efectos del hecho imponible o, como lo establece el COT/2020, tiene lugar una dispensa (total o parcial) del pago de la obligación tributaria, no así del cumplimiento de los deberes formales.

Lo planteado debería ser suficiente para entender, en sana lógica, que ante la no verificación del hecho imponible por personas jurídicas que realizan una actividad no gravada o que se encuentran en estado de *cesación de actividades*, entonces tampoco podría haber base imponible, en tanto en cuanto ésta se traduce en la cuantificación o cifrado de aquél. Ello es evidente: si no hay hecho imponible, tampoco habrá (no puede haber) base imponible.

Sin embargo, dado el patente divorcio conceptual que tiene lugar entre el hecho y la base imponible de la CE, como también lo advertimos[183], entonces pudieran darse (y, en efecto, se dan) situaciones paradójicas, en las que sí se verifica el hecho imponible ante la realización de una actividad económica gravada por la CE, pero no hay base imponible por ausencia de trabajadores. Igualmente a la inversa: al haber trabajadores a los cuales se les pagan sus salarios correspondientes, se pudiera cifrar la base imponible, pero la persona jurídica empleadora no realiza una actividad gravada o no se encuentra realizando actividad económica alguna por estar –precisamente– en situación de cesación de actividades. Aquí "habría base imponible", pero ¿sin hecho imponible? Tamaña contradicción...

Situaciones como las descritas, tienen lugar por razón del comentado divorcio conceptual entre el hecho imponible de la CE (*realización de actividades económicas comerciales/industriales en el territorio nacional*) y la base imponible de la CE (*total de los pagos realizados por el contribuyente a las trabajadoras y trabajadores por concepto de salario y bonificaciones de carácter no salarial*). Y lo que es peor, en lugar de que la Administración tributaria simplemente acepte que (*i*) o bien

---

182 Cf. FRAGA-PITTALUGA, Luis, *Principios constitucionales de la tributación*, EJV, Colección Estudios Jurídicos N° 95, Caracas, 2012, p. 57.

183 Cf. ABACHE CARVAJAL, Serviliano, "La seguridad..." *cit.*, p. 83.

no hay hecho imponible, con lo cual se estaría en una situación de no sujeción; *(ii)* o bien "hay" base imponible, pero sin hecho imponible (la paradoja precisada, que se traduciría en una irracional situación de "no sujeción con base imponible"); *(iii)* o bien no hay hecho imponible (por ausencia de actividad económica gravada o de actividad en lo absoluto), así como tampoco hay base imponible (por falta de trabajadores); más bien se pretenda que ante la falta de trabajadores, la persona jurídica declare por lo menos un trabajador para "cumplir" con el deber formal de presentar la declaración, allende no estar vinculado por dicho deber formal, en la medida que se encuentra en una situación de *no sujeción* y, con ello, fuera del ámbito de incidencia total (obligación tributaria y deberes formales) de la CE.

En definitiva, lo cierto es que si no se verifica el hecho imponible, no hay (no puede haber) obligación tributaria, precisamente porque se está en una situación de no sujeción y, con ello, al margen del ámbito de incidencia del tributo del que se trate, en este caso, de la CE disciplinada en la LPP. De lo anterior que, como forzosa consecuencia, todas las multas liquidadas e impuestas a personas jurídicas que no realizan una actividad económica *gravada* o se encuentran en *estado de cesación*, con lo cual no realizan actividades económicas en lo absoluto –y/o tampoco tienen, en paralelo, trabajadores en su nómina–, estarían en desatención del principio (y *derecho*) de legalidad y reserva de ley tributaria (particularmente del estándar de tipicidad tributaria), incurriendo en patentes falsos supuestos de hecho y de Derecho, con lo que ello supone de cara a su invalidez jurídica.

III. A MODO DE REFLEXIÓN FINAL: ¿A DÓNDE VAMOS? IMPUGNAR O NO IMPUGNAR... ÉSA ES (¿O ERA?) LA PREGUNTA: ENTRE LA TERMINACIÓN (OPORTUNA) EN SEDE ADMINISTRATIVA O LA CONTINUACIÓN (PROLONGADA) EN SEDE JUDICIAL

Lo planteado ha puesto a no pocas personas jurídicas ante un dilema: impugnar o no impugnar las planillas virtuales de resolución y liquidación de sanciones por incumplimiento de deberes formales, dado el monto (estándar) de las multas, las cuales ascienden a unos 8.000,00 euros en promedio. Recuérdese, nuevamente, que buena parte de los sujetos sancionados, además de los que no realizan actividades económicas gravadas, se encuentran en estado de cesación de actividades, con lo cual cualquier y toda multa resulta cuantitativamente relevante. A ello habría que sumar los costos que deben asumir las personas jurídicas para hacer valer sus derechos, bien sea mediante la preparación, interposición y seguimiento de recursos jerárquicos ante la propia Administración tributaria o de recursos contencioso tributarios ante los Tribunales Tributarios, por apenas mencionar los dos remedios procesales usualmente empleados.

Sin embargo, lo que hace unos meses se presentaba como una pregunta en cabeza de las personas jurídicas que *no realizan actividades gravadas* y de las entidades en *estado de cesación* que no llevan a cabo actividad económica alguna, hoy las decisiones parecieran inclinarse hacia la opción de ejercer los recursos de ley y, con ello, impugnar las multas por pantalla impuestas a través del procedimiento virtual de verificación tributaria.

Ahora la pregunta que surge ya no está del lado de los sujetos sancionados que han decidido hacer valer sus derechos frente a tales multas, sino más bien del lado de la Administración tributaria, quien tiene en sus manos la posibilidad de terminar oportunamente estos procedimientos en sede administrativa al *estimar* los recursos jerárquicos presentados con base en las cuestiones de forma y fondo comentadas, entre otras, o *desestimar* dichas impugnaciones e innecesariamente prolongar y escalar esta situación a la sede judicial. Ya veremos cómo decide actuar.

CAPÍTULO VII:
EL PROCEDIMIENTO DE VERIFICACIÓN Y LA RESPONSABILIDAD PATRIMONIAL DEL ESTADO

A diferencia de la importante evolución que ha tenido la responsabilidad patrimonial del Estado en otras latitudes, como ha sido la ejemplar situación de España, o la del vecino país de Colombia, cuyos avances -sin duda- han marcado la pauta sobre el tema, la experiencia venezolana en materia de responsabilidad ha sido, en el mejor de los casos, muy inconsistente, como lo evidencian las sentencias del Tribunal Supremo de Justicia.

Lo anterior, se hace incluso más notable en relación con el *Estado tributario*[184]. En efecto, Administración, legislador y juez tributarios, se encuentran todavía lejos de observar el fenómeno de la responsabilidad patrimonial del Estado venezolano *con ojos de normalidad*, realidad igualmente predicable de quienes se dedican a la disciplina fiscal. Esto se evidencia, por ejemplo, en la prácticamente inexistente doctrina tributaria nacional -con contadas excepciones-, así como por la ausente práctica profesional *regular* de exigir (*acumuladamente* al recurso contencioso tributario o de manera *autónoma* por vía de la demanda de daños y perjuicios) la responsabilidad del Estado tributario, inclusive, en los supuestos cuya materialización no resiste -en buen Derecho- cuestionamientos ante su patente configuración, lo cual se traduce, en los prácticamente *inexistentes* pronunciamientos judiciales, a duras penas contados con los dedos de una mano. Lo anterior es obvio: sin reclamos

[184] Entendiendo por éste, las distintas manifestaciones del *poder público* en materia tributaria, a saber: el Estado administrador tributario (*i.e.*, la Administración tributaria); el Estado legislador tributario (*i.e.*, el legislador de la normativa formal fiscal de rango legal); y el Estado juez tributario (*i.e.*, los jueces competentes en materia tributaria).

intentados por los contribuyentes, no pueden –ni podrán– haber sentencias que los acuerden o nieguen. Después de todo, *el que no toca, no entra...*

La problemática planteada coloca al estudioso en una precaria posición, por lo menos en lo que a la experiencia se refiere, obligándolo a hacerse de herramientas de exclusivo corte teórico para abordar el panorama de la responsabilidad patrimonial del Estado tributario venezolano.

Es por lo anterior que, abordaremos la responsabilidad del Estado a partir del *procedimiento de verificación*, cuya particular importancia en el foro se ha hecho palpable por las *graves consecuencias patrimoniales* derivadas de su aplicación, el cual, además, nos parece más que idóneo para abocarnos al estudio del tema, debido a que en el mismo se dan cita, como veremos, las responsabilidades del Estado administrador, juez y legislador tributario venezolano.

I. GENERALIDADES SOBRE LA RESPONSABILIDAD PATRIMONIAL DEL ESTADO

Como explica TURUHPIAL CARIELLO[185], hasta el siglo antepasado, a pesar de ciertas construcciones teóricas, tuvo vigencia la *irresponsabilidad monárquica* ante la ley positiva, cuya génesis se remonta al conocido principio del Derecho divino de los reyes, de acuerdo con el cual *The King can do no wrong*, y a su corolario principio de *non suitability*[186], doctrina que quedó expuesta, entre tantos ejemplos, en el discurso proferido en 1681 por el rey Carlos III en la Universidad de Cambridge[187].

---

185 Cf. TURUHPIAL CARIELLO, Héctor, *La responsabilidad extracontractual del Estado por actuaciones conforme a la ley*, EJV, Colección Estudios Jurídicos N° 63, Caracas, 1995, p. 28.

186 Cf. *Ibid.*, p. 90.

187 En ese discurso, el rey Carlos III expuso lo siguiente: "Nosotros aún creeremos y sostendremos que el título de nuestros reyes no emana del pueblo, sino de Dios, que sólo ante EL son éllos (sic) responsables, que a los vasallos no corresponde ni crear ni censurar, sino honrar y obedecer a su soberano, quien lo es por fundamental derecho heredi-

Una vez consolidado el resurgimiento de la *administración del Estado*, durante el siglo XIX, fue teniendo lugar paulatinamente, por vía *jurisdiccional*, el establecimiento de la responsabilidad del Estado en sus actuaciones con (y frente a) los administrados, a los fines de garantizar la integridad en sociedad de los derechos particulares[188].

Surge, entonces, de la superación de la teoría de la *inmunidad estatal* (*sovereign inmunity*[189]) la concepción del principio de la "responsabilidad del Estado" (*liability of public authorities*[190]), cuya base en la evolución jurisprudencial francesa fue ubicada inicialmente en las ideas del *hecho ilícito* y de la *culpa*, mientras que en la doctrina alemana se la situó en la noción axiológica del *hecho injusto y contrario a la equidad*[191], teniendo este instituto (*indemnizatorio-resarcitorio*) inherente a todo Estado de Derecho[192] su fundamento *general*, tal como enseña ORTIZ ÁLVAREZ[193], en la *integridad patrimonial*, mientras que los fundamentos *específicos* de los regímenes de responsabilidad por funcionamiento *normal* (de sacrificio particular o sin falta -*absence of fault*[194]-), y de responsabilidad por funcionamiento *anormal* (por falta -*wrongful acts*[195]-), se hallan, respectivamente, en la ruptura del principio de la "igualdad ante las cargas públicas", y en la violación del derecho de los particulares a

tario de sucesión, que ninguna religión, ni ley, ni culpa o incumplimiento, puede alterar o disminuir". *Ibid.*, p. 28.

188 Cf. *Ibid.*, p. 29.

189 Cf. STRAUSS, Peter L., *An Introduction to Administrative Justice in the United States*, Carolina Academic Press, Durham, 1989, p. 272.

190 Cf. *Ibid.*, pp. 271 y ss.

191 Cf. TURUHPIAL CARIELLO, Héctor, *op. cit.*, p. 106.

192 Cf. ORTIZ ÁLVAREZ, Luis A., "La responsabilidad patrimonial del Estado y de los funcionarios públicos en la Constitución de Venezuela de 1999", *Revista de Derecho Constitucional*, N° 1, Editorial Sherwood, Caracas, 1999, p. 269.

193 Cf. ORTIZ ÁLVAREZ, Luis A., *La responsabilidad patrimonial de la Administración pública*, EJV, Colección Estudios Jurídicos N° 64, Caracas, 1995, p. 638.

194 Cf. STRAUSS, Peter L., *op. cit.*, p. 274.

195 Cf. *Ibid.*, p. 271.

la "obtención de un funcionamiento normal de los servicios públicos".

II. FUNDAMENTO CONSTITUCIONAL, LEGAL Y JURISPRUDENCIAL DE LA RESPONSABILIDAD PATRIMONIAL DEL ESTADO VENEZOLANO

La vigente Constitución venezolana introdujo una importante norma, que de manera *expresa*[196] regula el régimen de responsabilidad patrimonial del Estado, en su artículo 140, de acuerdo con el cual: "El Estado responderá patrimonialmente por los daños que sufran los o las particulares en cualquiera de sus bienes y derechos, siempre que la lesión sea imputable al funcionamiento de la Administración Pública"[197].

---

196 En la autorizada opinión de BREWER-CARÍAS, la diferencia de esta regulación y la correspondiente a la derogada Constitución de 1961 (Gaceta Oficial N° 662 Extraordinario, del 23-01-1961), es que en ésta el principio de la responsabilidad del Estado se *deducía* de lo establecido en sus artículos 47 y 206. Cf. BREWER-CARÍAS, Allan R., *La Constitución... cit.*, p. 274. En similar sentido, *vid.* CARRILLO, Carlos Luis y MENÉNDEZ, Mayra Emilia, "Responsabilidad patrimonial derivada de las conductas del Estado legislador en Venezuela", en PARRA ARANGUREN, Fernando (Ed.), *Ensayos de Derecho administrativo. Libro homenaje a Nectario Andrade Labarca*, vol. I, TSJ, Colección Libros Homenaje N° 13, Caracas, 2004, p. 249; y DE GRAZIA SUÁREZ, Carmelo, "La responsabilidad extracontractual del Estado en el ordenamiento jurídico venezolano. Evolución jurisprudencial 1993-2003", XXVIII *Jornadas "J.M. Domínguez Escovar" en homenaje a la memoria del Dr. Eloy Lares Martínez. Avances jurisprudenciales del Contencioso Administrativo (continuación)*, Instituto de Estudios Jurídicos del Estado Lara, Barquisimeto, 2003, pp. 12-13. Por su parte, ORTIZ ÁLVAREZ se refiere a que ésta y las demás normas de la Constitución de 1999, son más modernas, amplias y claras, así como de mayor rigor técnico. Cf. ORTIZ ÁLVAREZ, Luis A., "La responsabilidad..." *cit.*, p. 268.

197 Si bien es apreciable, entre otras, la *imprecisión terminológica* incurrida en la norma al referirse en su parte final a la "Administración Pública", en lugar de a los "Poderes Públicos", situación que, de entrada, podría generar confusión sobre el alcance de la responsabilidad patrimonial del *Estado legislador* y del *Estado juez*, por no encontrarse expresamente incluidos en la disposición, lo cierto es que, tanto por: *(i)* vía jurisprudencial (sentencia N° 1671 de 18-07-2000, sentencia N° 2130 de 09-10-2001, y sentencia N° 593 de 09-04-2002; todas del TSJ/SPA), en relación con el poder judicial la primera, el poder legislativo la segunda

Como se observa, el régimen constitucional de la *cláusula de cobertura patrimonial de la actividad estatal venezolana*[198],

---

y sobre todos los poderes públicos la tercera; (*ii*) vía normativa constitucional expresa (artículos 49.8 y 255 *in fine*), con relación al poder judicial; (*iii*) vía Exposición de Motivos de la Constitución -que si bien carece de carácter *normativo* y ha sido abiertamente cuestionada por la doctrina (*vid.* BREWER-CARÍAS, Allan R., "Comentarios sobre la ilegítima 'Exposición de Motivos' de la Constitución de 1999 relativa al sistema de Justicia Constitucional", *Revista de Derecho Constitucional*, N° 2, Editorial Sherwood, Caracas, 2000, pp. 47-59), resulta conmensurable su condición meramente *referencial* sobre el texto constitucional-, de acuerdo con el cual, el Estado responderá "patrimonialmente por los daños que sufran los particulares en cualquiera de sus bienes y derechos, siempre que la lesión sea imputable al funcionamiento, normal o anormal de los *servicios públicos y cualesquiera actividades públicas, administrativas, judiciales, legislativas* (...)" (resaltado agregado), en relación con todos los poderes públicos; y finalmente (*iv*) vía interpretación sistemática de la Constitución (artículos 1, 2, 6, 14, 19, 21, 26, 30, 49, 133, 299, 311 y 316) y de la ubicación del citado artículo 140 (Título IV, Del Poder Público), también con relación a todos los poderes públicos; se desprende que el régimen constitucional venezolano de la responsabilidad patrimonial abarca *todos* los poderes públicos del Estado (carácter *unitario*). En esta línea, entre otros, *vid.* GUERRERO HARDY, Álvaro, *El régimen de la responsabilidad patrimonial de la Administración Pública durante la vigencia de los Estados de excepción*, Cuadernos de Derecho Público N° 2, FUNEDA, Caracas, 2008, pp. 80-83; BALASSO TEJERA, Caterina, "La responsabilidad patrimonial de la Administración en el ámbito procesal administrativo", *El contencioso administrativo hoy. Jornadas 10° aniversario*, FUNEDA, Caracas, 2004, pp. 186-187; DE GRAZIA SUÁREZ, Carmelo, *op. cit.*, p. 34; BADELL MADRID, Rafael, "La responsabilidad patrimonial del Estado en la Constitución de 1999 y su recepción en la jurisprudencia del Tribunal Supremo de Justicia", *El Derecho público a los 100 números de la Revista de Derecho Público* 1980-2005, EJV, Caracas, 2006, pp. 109 y ss.; ORTIZ ÁLVAREZ, Luis A., "La responsabilidad..." *cit.*, pp. 272 y ss.; y CARRILLO, Carlos Luis, y MENÉNDEZ, Mayra Emilia, *op. cit.*, pp. 260 y ss.

198 Cuya inspiración directa se ubica en el artículo 160.2 de la Constitución Española de 1978: "Los particulares, en los términos establecidos por la ley, tendrán derecho a ser indemnizados por toda lesión que sufran en cualquiera de sus bienes y derechos, salgo en los casos de fuerza mayor, siempre que la lesión sea consecuencia del funcionamiento de los servicios públicos"; y en el artículo 90 de la Constitución Colombiana de 1991: "El Estado responderá patrimonialmente por los daños antijurídicos que le sean imputables causados por la acción o la

también consagrado a nivel legal en la LOAP, en su artículo 13[199] (y genéricamente en el artículo 10[200]), regula lo que la doctrina ha denominado el sistema de *responsabilidad directa, objetiva, general y unitaria* del Estado[201], de acuerdo con el cual, y como es sabido, éste responde ante los administrados sin necesidad de demandar el funcionario actuante (*directa*); sin exigirse culpa en la acción u omisión administrativa (*objetiva*); se activa tanto por su funcionamiento *normal* (sacrificio particular) como *anormal* (actuación antijurídica), lo que se evidencia de la *amplitud* del discurso normativo sobre el "funcionamiento" -puro y simple- de la Administración Pública[202], sin distingo

---

omisión de las autoridades públicas". Al respecto, *vid.* ORTIZ ÁLVAREZ, Luis A., "La responsabilidad patrimonial del Estado..." *cit.*, pp. 274 y ss.

199 Artículo 13 de la LOAP: "La Administración Pública será *responsable* ante las personas por la gestión de sus respectivos órganos, de conformidad con la Constitución de la República Bolivariana de Venezuela y la ley, sin perjuicio de la responsabilidad de cualquier índole que corresponda a las funcionarias o funcionarios por su actuación. *La Administración Pública responderá patrimonialmente por los daños que sufran las personas en cualquiera de sus bienes y derechos, siempre que la lesión sea imputable a su funcionamiento*" (resaltado agregado).

200 Artículo 10 de la LOAP: "La actividad de la Administración Pública se desarrollará con base en los principios de (...) *responsabilidad* en el ejercicio de la misma, con sometimiento pleno a la ley y al derecho, y con supresión de las formalidades no esenciales (...)" (resaltado agregado).

201 Cuya primera (y *radical*, así como *progresiva*, en palabras de NIETO) manifestación *normativa* se remonta al ordenamiento jurídico español, en la conocida Ley de Expropiación Forzosa de 1954, seguida por la Ley de Régimen Jurídico de la Administración del Estado de 1957, y luego, por la Constitución Española de 1978. Al respecto, *vid.* NIETO, Alejandro, "Responsabilidad civil de la Administración pública", *Revista de Derecho Público*, N° 10, EJV, Caracas, 1982, pp. 48-49; GARCÍA DE ENTERRÍA, Eduardo, "La Ley de Expropiación Forzosa de 1954, medio siglo después", *Revista de Administración Pública*, N° 156, Centro de Estudios Políticos y Constitucionales, Madrid, 2001, pp. 251-268; GONZÁLEZ PÉREZ, Jesús, *Responsabilidad patrimonial de las Administraciones públicas*, Civitas, 2° ed., Madrid, 2000, pp. 41-48; y TURUHPIAL CARIELLO, Héctor, *op. cit.*, pp. 137 y ss.

202 Así como de la citada Exposición de Motivos de la Constitución, en cuyo texto sí se indica expresamente que el Estado venezolano deberá "responder patrimonialmente por los daños que sufran los particulares en cualquiera de sus bienes y derechos, siempre que la lesión sea

alguno, según se materialice o no la *falta de servicio*[203] (*general*); y abarca *todos* los poderes públicos (*unitaria*).

En este sentido, resulta necesario destacar que las indicadas disposiciones no son más que el producto de las evoluciones constitucional[204] y jurisprudencial[205] ocurridas en Venezuela, esta última -con especial énfasis- a partir del voto salvado por el magistrado Luis FARÍAS MATA, en la sentencia dictada el 15-12-1992, por la Sala Político-Administrativa de la otrora Corte Suprema de Justicia, en el caso *Silvia Rosa Riera v. República (Instituto Nacional de la Vivienda)*[206], en el cual, como explica IRIBARREN MONTEVERDE[207], se evidencia la recepción de la conocida decisión Blanco (*arrêt Blanco*) del 08-02-1873, dictada por

---

imputable al funcionamiento, *normal o anormal* de los servicios públicos (...)" (resaltado agregado).

203 En este sentido, *vid.* BREWER-CARÍAS, Allan R., *La Constitución... cit.*, p. 274; LINARES BENZO, Gustavo, "La Responsabilidad de la Administración" en XXVIII *Jornadas "J.M. Domínguez Escovar" en homenaje a la memoria del Dr. Eloy Lares Martínez. Avances jurisprudenciales del Contencioso Administrativo*, Instituto de Estudios Jurídicos del Estado Lara, Barquisimeto, 2003, pp. 226-228; CARRILLO, Carlos Luis, y MENÉNDEZ, Mayra Emilia, *op. cit.*, pp. 250 y 251; DE GRAZIA SUÁREZ, Carmelo, *op. cit.*, p. 65; BADELL MADRID, Rafael, *op. cit.*, p. 110; y ORTIZ ÁLVAREZ, Luis A., "La responsabilidad..." *cit.*, p. 276; y en la jurisprudencia, *vid.* Sentencia de 09-10-2001, TSJ/SPA, caso *Hugo Eunices Betancourt*, consultada en *Revista de Derecho Público*, N° 85-88, EJV, Caracas, 2001, pp. 79 y ss.

204 Al respecto, *vid.* ORTIZ ÁLVAREZ, Luis A., *La responsabilidad... cit.*, pp. 88-89.

205 Al respecto, *vid.* ORTIZ ÁLVAREZ, Luis A., *Jurisprudencia de Responsabilidad Extracontractual del Estado* (1961-1997), FUNEDA - EJV, Colección Jurisprudencia N° 5, Caracas, 1997.

206 A la cual deben agregarse, en el marco de la indicada evolución jurisprudencial venezolana, luego de la entrada en vigencia de la Constitución de 1999, la sentencia de 15-07-2000, TSJ/SPA, caso *Eleoriente*, y la sentencia de 06-08-2004, TSJ/SC, caso *Gladys de Carmona*. En este sentido, también deben consultarse las demás sentencias relacionadas en: IRIBARREN MONTEVERDE, Henrique, *El régimen actual venezolano (paradójicamente clásico) de la responsabilidad administrativa extracontractual*, Ediciones Liber, Caracas, 2006, pp. 25-39, que muestran un panorama no muy alentador sobre el establecimiento judicial de la responsabilidad patrimonial del Estado venezolano.

207 Cf. *Ibid.*, pp. 15 y ss.

el Tribunal de Conflictos francés, que sentó en ese país las bases del régimen de responsabilidad patrimonial del *poder público*, a partir de la creación progresiva de un sistema *especial*[208] para esa rama del Derecho, en superación de los principios y reglas *iusprivatistas* (civiles)[209], que por mucho tiempo le fueron aplicados sin mayores consideraciones a esta materia[210], cuya diferencia fundamental radica en la *valoración de la culpa*[211].

---

208 Especialidad que en el ordenamiento jurídico venezolano se evidencia, además de en el citado artículo 140 de la Constitución, en su artículo 259, de acuerdo con el cual: "La jurisdicción contencioso administrativa corresponde al Tribunal Supremo de Justicia y a los demás tribunales que determine la ley. Los órganos de la *jurisdicción contencioso administrativa* son *competentes* para anular los actos administrativos generales o individuales contrarios a derecho, incluso por desviación de poder; *condenar el pago de sumas de dinero y a la reparación de daños y perjuicios originados en responsabilidad de la Administración; conocer de reclamos por la prestación de servicios públicos y disponer lo necesario para el restablecimiento de las situaciones jurídicas subjetivas lesionadas por la actividad administrativa*" (resaltado agregado).

209 Sobre distintas posiciones acerca del tema, *vid.* NIETO, Alejandro, *op. cit.*, pp. 43-56; BADELL MADRID, Rafael, *op. cit.*, pp. 110 y ss.; MOSSET ITURRSPE, Jorge, "Visión iusprivatista de la responsabilidad del Estado", en STIGLITZ, Gabriel (Dir.) *Responsabilidad del Estado y de los funcionarios públicos*, Rubinzal-Culzoni Editores, Buenos Aires, 2003, pp. 17-33; STRAUSS, Peter L., *op. cit.*, pp. 274; y ORTIZ ÁLVAREZ, Luis A., "La responsabilidad..." *cit.*, pp. 283 y ss.

210 Tal como lo explica TURUHPIAL CARIELLO, en relación con la demanda de responsabilidad por *falta personal* del funcionario público en aquella época: "si bien desde 1.789, la concepción de un estado al cual le era imposible obrar ilícitamente en cualquier área o manifestación de sus potestades esenciales (legislativa, ejecutiva o judicial) era la predominante, el particular lesionado podía intentar acción contra el funcionario causante del daño bajo las normas del *Código Civil* y ante la jurisdicción ordinaria" (resaltado del autor). TURUHPIAL CARIELLO, Héctor, *op. cit.*, p. 114.

211 Al respecto, *vid.* GARRIDO MAYOL, Vicente, *La responsabilidad patrimonial del Estado. Especial referencia a la responsabilidad del Estado legislador*, Tirant Lo Blanch, Valencia, 2004, pp. 73 y ss.

III. EL PROCEDIMIENTO DE VERIFICACIÓN Y LA RESPONSABILIDAD PATRIMONIAL DEL ESTADO

Teniendo a mano lo desarrollado en los capítulos anteriores, sobre la inconstitucional regulación y aplicación (administrativa y judicial) del procedimiento de verificación tributaria, por razón de la indiscutible vulneración de los derechos al debido proceso y a la defensa del contribuyente -junto con los demás derechos íntimamente vinculados a éstos-, en nuestra opinión resulta ejemplar este "procedimiento" como caso de estudio de la responsabilidad patrimonial del Estado, teniendo en cuenta que, como en seguida lo plantearemos, en el mismo se dan cita sus distintas modalidades o tipologías funcionales, esto es, la responsabilidad del Estado administrador por los daños resarcibles que causa la Administración tributaria a los sujetos pasivos como consecuencia de la aplicación de este procedimiento, a la vez que del Estado juez, por los errores judiciales incurridos en sus sentencias en torno a la aplicación administrativa de la verificación, y del propio Estado legislador, por su omisiva regulación normativa del cauce formal o íter procedimental del mismo. Veamos.

1. El procedimiento de verificación y la responsabilidad patrimonial del Estado administrador

En el ordenamiento tributario venezolano, la responsabilidad patrimonial de la Administración tributaria encuentra regulación expresa, como su norma matriz, en el artículo 327 del COT/2020, disposición que viene a complementar los indicados enunciados constitucionales y legales, ratificando su carácter *directo*, *objetivo* y *general*. A tenor literal, el enunciado disciplina lo siguiente:

> Artículo 335: Declarado totalmente sin lugar el Recurso Contencioso, el tribunal procederá en la respectiva sentencia a condenar en costas al contribuyente o responsable, en un monto que no excederá del diez por ciento (10%) de la cuantía del recurso. Cuando el asunto no tenga una cuantía determinada, el tribunal fijará prudencialmente las costas.
> Cuando a su vez la Administración Tributaria resultare totalmente vencida por sentencia definitivamente firme, será

condenada en costas en los términos previstos en este artículo. Asimismo, dichas sentencias indicarán la reparación por los daños que sufran los interesados, siempre que la lesión sea imputable al funcionamiento de la Administración Tributaria.
Los intereses son independientes de las costas, pero ellos no correrán durante el tiempo en el que el juicio esté paralizado.
Parágrafo Único. El Tribunal podrá eximir del pago de costas, cuando a su juicio la parte perdidosa haya tenido motivos racionales para litigar, en cuyo caso se hará declaración expresa de estos motivos en la sentencia.

Ahora bien, en lo tocante a la responsabilidad de la Administración tributaria como consecuencia de la aplicación del procedimiento de verificación, su activación tendría lugar a partir del funcionamiento anormal del *servicio público*, entendido éste como sinónimo de la *actividad administrativa*[212], precisamente porque, como a lo largo del trabajo se viene indicando, el mismo se *inicia, ejecuta y termina* (por multa y/o clausura del establecimiento) a espaldas del contribuyente, esto es, *sin la debida sustanciación de un procedimiento previo*, configurándose, de esta manera, una situación de *funcionamiento anormal de la actividad administrativa formal*.

Se hace necesario, antes de analizar la concreción en el caso del procedimiento de verificación del funcionamiento *anormal* de la Administración, precisar en qué consiste dicha *anomalía funcional*, a partir de su concepción como "violación de una obligación a cargo de la Administración", en los términos desarrollados por ORTIZ ÁLVAREZ[213]. En este sentido y a tales fines, el juez goza de los expedientes de las apreciaciones "textual" y "funcional" para determinar sobre la base de estándares, si existe –y además ha sido violada– alguna *obligación administrativa*, establecida en los textos normativos (Constitución, leyes, reglamentos, etc.).

---

212 Cf. *Ibid.*, p. 82.
213 Cf. ORTIZ ÁLVAREZ, Luis A., *La responsabilidad... cit.*, pp. 270-277.

Pues bien, en el caso que nos ocupa, no hay duda alguna sobre la *obligación expresa* que existe en el artículo 49 de la Constitución, así como en el artículo 168 del COT/2020 y en el artículo 48 de la LOPA (*apreciación textual*), con relación al necesario respeto del *derecho al debido procedimiento* y del *derecho a la defensa* del contribuyente, que implican, entre otros aspectos, la celebración de una "audiencia previa" en la que éste pueda alegar y probar, como manifestación directa de la presunción de inocencia –*todos* derechos fundamentales[214]– en la *sustanciación* de los procedimientos *sancionadores*, como lo es el procedimiento de verificación tributaria, el cual produce –por razones de la forma en que es aplicado por la Administración– actos administrativos viciados de *nulidad absoluta*[215], y que, como ha expuesto PAILLET[216]: "actualmente todos los vicios de una decisión de ilegalidad son susceptibles de ser constitutivos de una falta de servicio", siendo la *regla* que toda ilegalidad configura una anomalía funcional y la antijuricidad de los daños causados[217], máxime cuando, como en el presente caso, se trata de la más patente e *inexcusable inconstitucionalidad*, y no sola *ilegalidad*, ambas transgresoras del principio de legalidad administrativa[218].

---

[214] Cuya especial protección e *indemnización* ha sido incluida en el artículo 30 de la Constitución: "El Estado tendrá la obligación de indemnizar integralmente a las víctimas de violaciones a los derechos humanos que le sean imputables, y a sus derechohabientes, incluido el pago de daños y perjuicios (...)". Al respecto, *vid.* ORTIZ ÁLVAREZ, Luis A., "La responsabilidad..." *cit.*, pp. 304-309.

[215] Artículo 25 de la Constitución: "*Todo acto dictado en el ejercicio del Poder Público que viole o menoscabe los derechos garantizados por esta Constitución y la ley es nulo*, y los funcionarios públicos y funcionarias públicas que lo ordenen o ejecuten incurren en *responsabilidad penal, civil y administrativa*, según los casos, sin que les sirvan de excusa órdenes superiores" (resaltado agregado).

[216] PAILLET, Michel, "Faute de service", *Juris-classeur administratif français*, París, 1993, fasc. 818-820, citado en ORTIZ ÁLVAREZ, Luis A., *La responsabilidad... cit.*, p. 273.

[217] Cf. *Ibid.*, p. 555.

[218] En este sentido, opina MEDINA ALCOZ: "cuando el daño deriva del incumplimiento de algunos de aquellos deberes, la Administración ha de repararlo: los daños que derivan de la infracción de las normas que

Esto debe atenderse conjuntamente con la idea de la obligación administrativa como una obligación de *medios* y no de *resultados*, que implica la *debida diligencia* hacia la consecución de un resultado cierto[219], evidenciándose, en la aplicación dada por la Administración tributaria al procedimiento de verificación, totalmente lo *opuesto*, esto es, la *extrema ligereza* o *desinterés absoluto* –en contraposición a la debida diligencia– en el seguimiento del marco (constitucional) procedimental, y la superposición del *resultado sobre el medio*: las sanciones de multa y clausura *sobre* los derechos fundamentales al debido procedimiento y a la defensa.

De acuerdo con lo expuesto, resulta apreciable, entonces, que los *daños antijurídicos* causados al contribuyente en la ejecución del procedimiento de verificación tienen como título de imputación, el *funcionamiento anormal del servicio* (actividad administrativa formal), por la emisión de los *actos administrativos* de sanción pecuniaria y clausura viciados de inconstitucionalidad, al contrariar abiertamente lo establecido en el artículo 49 del Texto Fundamental, tal como en el pasado llegó

---

constriñen a la Administración a desenvolver una determinada conducta (actuar de buena fe, resolver el procedimiento en tiempo razonable, acordar una resolución final ajustada a Derecho) han de ser indemnizadas, y el título jurídico que justifica el resarcimiento no es la culpa, ni el sacrificio, ni, naturalmente, el riesgo específico, sino el mero incumplimiento (imputable). La contrariedad jurídica de la actuación administrativa constituye un desvalor tan importante que justifica por sí el surgimiento de la obligación resarcitoria, salvo que concurra un caso fortuito o una fuerza mayor. Dicho de otro modo, *el incumplimiento (imputable a la Administración) de los deberes que conforman la relación jurídica procedimental es exponente de un funcionamiento anormal del servicio público, con el que se explica y justifica la incursión en la responsabilidad administrativa*" (resaltado agregado). MEDINA ALCOZ, Luis, *La responsabilidad patrimonial por acto administrativo. Aproximación a los efectos resarcitorios de la ilegalidad, la morosidad y la deslealtad desde una revisión general del sistema*, Thomson-Civitas, Madrid, 2005, p. 227.

219 Cf. ORTIZ ÁLVAREZ, Luis A., *La responsabilidad... cit.*, p. 275.

a ser reconocido por la jurisprudencia[220], además del derecho de *propiedad*[221].

Este daño, además de *subjetivamente antijurídico*, e *imputable* a la Administración tributaria por su anormal funcionamiento –lo que pone de manifiesto la *relación de causalidad* entre la conducta administrativa desplegada y la lesión generada–, se identifica con una afectación *cierta*, *individualizable* y *económicamente* evaluable, que afecta la *integridad patrimonial* del contribuyente, quien no está obligado a *tolerarla* y, por ello, redunda en una *lesión resarcible*. En la sanción de multa, su cuantificación parte del monto de la misma (de ser pagada y luego impugnada). Mientras que en la sanción de clausura, ésta puede revestir dos modalidades: *(i)* la *patrimonial* (en sentido estrictamente *económico*), por el daño emergente y el lucro cesante durante el tiempo de aplicación de la medida, pues el daño que el acto causa se continúa produciendo mientras que el mismo se sigue ejecutando[222]; y *(ii)* la *moral* (integrante del *patrimonio moral*[223] del contribuyente), por la violación del derecho al honor y a la reputación, por consecuencia de la imposición en el domicilio del sujeto pasivo de carteles deshonrosos –*sin base legal alguna*–, así como por razones de la abierta publicidad que la Administración tributaria le otorga a tales medidas a través de los medios oficiales de comunicación (TV, redes sociales, etc.), que, en los términos expuestos por la doctrina[224], pueden entenderse violatorias de la prohibición constitucional de penas *infamantes*, a tenor de los artículos

---

220 Al respecto, *vid.* Sentencia N° 101 de 17-09-2004, Tribunal Superior Noveno de lo Contencioso Tributario, caso *Inversiones Garden Place 002, C.A. v. Fisco Nacional*; y sentencia N° 1243 de 25-04-2007, Tribunal Superior Quinto de lo Contencioso Tributario, caso *Edinter Corp, S.A. v. Fisco Nacional.*

221 Artículo 115 de la Constitución: "Se garantiza el derecho de propiedad. Toda persona tiene el derecho al uso, goce, disfrute y disposición de sus bienes (...)".

222 Cf. GARCÍA DE ENTERRÍA, Eduardo y FERNÁNDEZ, Tomás-Ramón, *op. cit.*, p. 426.

223 Cf. BADELL MADRID, Rafael, *op. cit.*, p. 129.

224 Cf. WEFFE H., Carlos E., *Garantismo... cit.*, p. 441.

44.3, 46.4 y 60 de la Carta Magna[225]. Ambos supuestos (multa y clausura), representan casos ejemplares de la responsabilidad patrimonial por *acto administrativo*[226].

Aunado a lo anterior, debe tenerse en cuenta que, ante la posibilidad de que se pensaran *apegadas a Derecho* las sanciones impuestas con ocasión al procedimiento de verificación, debido a que las mismas son dictadas por la Administración tributaria en aplicación de los artículos 182 al 186 del COT/2020, indistintamente que éstos no se ajusten a la Constitución por las razones señaladas, posición que desde ya avisamos incorrecta, debido a que el primer elemento que informa al principio de legalidad administrativa es la supremacía constitucional[227] y su fuerza vinculante[228] –en términos de GAUDEMET[229]: "el principio de que la Ley se presume que debe ser ejecutada conforme al principio de legalidad", esto es, conforme a la ley y al Derecho[230]–, estando *obligada* la Administración tributaria al fiel cumplimiento del Texto Fundamental como norma de *aplicación directa e inmediata*, lo cierto es que,

---

[225] A nadie escapan las graves consecuencias que pueden reportar tales medidas, *directamente* sobre el "honor y la propia imagen" del contribuyente, así como *indirectamente* –y por vía de consecuencia– sobre "la actividad comercial o el ejercicio profesional" del mismo.

[226] En general, sobre el tema de la *responsabilidad por acto administrativo*, *vid.* MEDINA ALCOZ, Luis, *op. cit.*, *in totum.*

[227] En este sentido, *vid.* BREWER-CARÍAS, Allan R., *Estudios de Derecho administrativo* 2005-2007, EJV, Colección Estudios Jurídicos N° 86, Caracas, 2007, pp. 16 y ss.

[228] Artículo 7 de la Constitución: "La Constitución es la norma suprema y el fundamento del ordenamiento jurídico. Todas las personas y los órganos que ejercen el Poder Público están sujetos a esta Constitución".

[229] GAUDEMET, Yves, *Préface* a la obra de BROYELLE, Camille, *La responsabilité de l'Etat du fait des lois*, París, 2003, citado en: GARCÍA DE ENTERRÍA, Eduardo, *La responsabilidad patrimonial del Estado legislador en el Derecho español*, Thomson-Civitas, Madrid, 2005, p. 20.

[230] Artículo 141 de la Constitución: "La Administración Pública está al servicio de los ciudadanos y ciudadanas y se fundamenta en los principios de honestidad, participación, celeridad, eficacia, eficiencia, transparencia, rendición de cuentas y *responsabilidad en el ejercicio de la función pública, con sometimiento pleno a la ley y al derecho*" (resaltado agregado).

aun bajo ese *pseudo* criterio, y partiendo de la opinión de FRAGA-PITTALUGA[231], cuando la sanción impuesta compromete el libre ejercicio de los señalados derechos y ello se materializa en un daño que sobrepasa los límites tolerables por el contribuyente, en el marco del justo equilibrio de las cargas públicas, también debe proceder el establecimiento de la responsabilidad patrimonial[232].

Igualmente debe considerarse que, en caso de entenderse "legales"[233] las actuaciones de la Administración tributaria bajo el criterio apuntado, y aunque la responsabilidad patrimonial siguiese surgiendo como consecuencia del funcionamiento *anormal* del ente administrativo por violación de la Carta Magna –insistimos: el principio de legalidad administrativa no se agota en la ley, antes bien, la desborda y abarca en su composición técnica a la *norma de las normas*, esto es, a la Constitución–, entonces sería pensable agregar a la causa de la *afectación de la integridad patrimonial* del contribuyente, a la propia *ley formal*, por razones de su inconstitucionalidad por contravenir a la *norma normarum*[234], pudiéndose revisar, bajo esa

---

231 Cf. FRAGA-PITTALUGA, Luis, "Breves notas sobre la responsabilidad patrimonial de la Administración tributaria" en *Revista de Derecho Tributario*, N° 83, AVDT, Caracas, 1999, p. 61.

232 En este sentido, resulta esclarecedor el ejemplo que plantea FRAGA-PITTALUGA: "basta imaginar los diferentes efectos que el cierre de un establecimiento puede comportar en el caso de un comerciante de productos no perecederos frente a un comerciante de productos perecederos; en el primer supuesto, la medida significará, sin duda, un daño emergente y, tal vez, un lucro cesante; pero en el segundo, a estas situaciones lesivas se adicionará la pérdida irremediable de la mercancía, lo cual, no nos cabe la menor duda, no es el efecto querido por el legislador al prever la sanción administrativa de clausura". *Idem*.

233 Que tampoco, debido a la *inaplicación* del artículo 158 del COT/2020, y a sus remitidos artículos 168 *eiusdem* y 48 de la LOPA, en los términos anteriormente expuestos.

234 Concepción que se remonta, sabido es, a la famosa sentencia *Marbury v. Madison*, dictada en 1803 por el Juez MARSHALL, en la que se acuñó la tesis de la validez de la ley a partir de su conformidad con la Constitución: "*that an act of the legislature repugnant to the Constitution is void*". De esa decisión derivaría la "teoría de la nulidad de origen" (*the void ab initio theory*), que predica la afectación de la validez de la ley

óptica, así como por otra razones, el tema de responsabilidad del Estado legislador, que abordaremos más adelante.

Finalmente, el mandato *expreso* y *genérico* dirigido a la Administración pública, y a los órganos que la integran, sobre el "sometimiento pleno" que deben al Derecho, en el ejercicio de sus atribuciones y ejecución de sus funciones, no debe entenderse suficiente; es necesario, entonces, que se observen y cumplan, en cada caso *concreto*, las *garantías procedimentales* "particulares" y "anteriores" a la formal emisión del acto[235], y de ocurrir lo contrario, ante la producción de actos administrativos *inexcusablemente* ilegales o inconstitucionales, como en el presente caso, establecerse judicialmente la responsabilidad patrimonial de la Administración tributaria por el *daño antijurídico* causado.

2. El procedimiento de verificación y la responsabilidad patrimonial del Estado juez

Como fue expuesto anteriormente, la responsabilidad del Estado juez (y de los jueces en lo personal) encuentra funda-

---

desde el mismo momento de su entrada en vigor, lo cual a su vez implica, como puede apreciarse, el reconocimiento de los efectos *retroactivos* de la constatación de inconstitucionalidad, de los cuales, posteriormente, la Corte Suprema en 1835, en la sentencia *Elliot*, excluyó precisamente los casos de sentencias que anulaban "leyes tributarias", por razones de la grave alteración (*disrupt*) que ello significaría en las finanzas del Gobierno, y por las ventajas recibidas por los contribuyentes de sus pagos, bajo la forma de obras y servicios públicos ejecutados con esas finanzas. Cf. García De Enterría, Eduardo, *La responsabilidad... cit.*, pp. 280 y ss.

[235] En este sentido se ha pronunciado Marienhoff, quien, parafraseando a Tivaroni, *Teoria degli tai amministrativi*, p. 54, ha expresado que: "por cierto, no puede decirse que tal fundamento consista simplemente en la circunstancia de que la Administración Pública debe actuar ajustando su conducta a la ley, pues si bien ello debe ser así, en la práctica podría no serlo. La doctrina está conteste en que dicho fundamento radica en las garantías subjetivas y objetivas que preceden a la emanación de los actos administrativos". Marienhoff, Miguel S., *Tratado de Derecho administrativo*, tomo II, Abeledo-Perrot, 3° ed. actualizada, Buenos Aires, 1988, pp. 370-371.

mento expreso -principalmente- en los artículos 49.8[236] y 255 *in fine*[237] de la Constitución. Esta forma de responsabilidad abarca, tanto las actividades *jurisdiccionales* (error judicial, retardo injustificado, etc.) como las *no propiamente jurisdiccionales* (policía judicial, desaparición de dinero consignado en tribunales, etc.)[238].

Desde una perspectiva objetiva, debe entenderse que es el *servicio de justicia* el que causa el daño por su anómalo funcionamiento, situación que puede desprenderse de la violación de cualquier obligación a cargo del Poder Judicial, esto es, de toda especie de título de imputación[239].

La responsabilidad patrimonial del Estado juez, en lo que al *error judicial* se refiere -como manifestación del funcionamiento anormal de la justicia[240]-, pivota, en principio, sobre *estándares* altos de anomalía funcional para que proceda su establecimiento, lo que debe traducirse en un conocimiento *flagrantemente equivocado* (indudable, patente e incontrovertible) de los hechos o del Derecho[241], o como se le ha referido en la jurisprudencia española, un "desajuste objetivo"[242], y en la patria, "niveles altos de anormalidad funcional o faltas graves"[243].

---

236 Artículo 49 de la Constitución: "El debido proceso se aplicará a todas las actuaciones judiciales y administrativas y, en consecuencia: (...) 8. Toda persona podrá solicitar del Estado el restablecimiento o reparación de la situación jurídica lesionada por error judicial (...)".

237 Artículo 255 de la Constitución: "(...) Los jueces o juezas son personalmente responsables, en los términos que determine la ley, por error, retardo u omisiones injustificadas, por la inobservancia sustancial de las normas procesales, por denegación, parcialidad y por los delitos de cohecho y prevaricación en que incurran en el desempeño de sus funciones".

238 Cf. ORTIZ ÁLVAREZ, Luis A., *La responsabilidad... cit.*, pp. 580-581.

239 Cf. ORTIZ ÁLVAREZ, Luis A., "La responsabilidad..." *cit.*, p. 290.

240 Cf. *Ibid.*, p. 292.

241 Cf. GARRIDO MAYOL, Vicente, *op. cit.*, p. 101.

242 Cf. *Ibid.*, p. 103.

243 Sentencia de 18-07-2000, TSJ/SPA, caso CANTV.

Expuesto lo anterior, y volviendo sobre el procedimiento de verificación, consideramos viable sostener que las sentencias de los tribunales tributarios que no han reconocido la *ausencia absoluta* de "procedimiento" y, con ello, la flagrante violación de los indicados derechos fundamentales comprometidos en su sustanciación, con todos los *daños* que de ello se derivan, reportan tales condiciones constitutivas del error judicial.

Se observa, así que la motivación de todos los fallos judiciales que hemos podido revisar (capítulos III, IV y VIII), y que han rechazado el *patente* menoscabo de los derechos del contribuyente, evalúan la "constitucionalidad" de la aplicación administrativa del mismo, a partir del apego en su ejecución a la letra del COT, esto es, pretenden enjuiciar la "constitucionalidad" de la realización del procedimiento, por su cumplimiento de la "norma legal", y no a través de su valoración directa con – o subsunción en– la propia Constitución[244].

Dicho de otra manera, se revisa el supuesto apego "legal" (que no constitucional) de la ejecución por parte de la Administración tributaria del procedimiento de verificación, y con ello

---

[244] Ejemplo de esta *falacia*, se observa en la antes comentada (capítulo III) sentencia N° 43 de 21-04-2009, Tribunal Superior Segundo de lo Contencioso Tributario, caso *Fuller Interamericana*, C.A.: "De acuerdo al contenido de las transcritas disposiciones (artículos 172 y 173 del Código Orgánico Tributario); visto el acto recurrido y analizada la alegación de la contribuyente, *encuentra el tribunal que la Administración siguió el procedimiento de verificación fiscal e impuso la sanción correspondiente en los términos establecidos en el Código Orgánico Tributario*, por tanto, la alegación de la contribuyente de la existencia de una Inconstitucionalidad (sic) del procedimiento de verificación tributaria aplicado por la Administración Tributaria y sobre la nulidad absoluta de dicho acto por razones de inconstitucionalidad e ilegalidad con fundamento en la violación de los derechos constitucionales del debido proceso, a la defensa, derecho de información, derecho a ser oído, derecho de promover y evacuar pruebas; (sic) y el derecho a la presunción de inocencia, establecidos en el artículo 49 de la Constitución, por la total inexistencia de las fases de inicio y sustanciación del procedimiento administrativo necesario para la emisión de la Resolución impugnada, lo cual, en su criterio, supone su total indefensión, *luce improcedente*" (paréntesis y resaltado agregados).

le reconocen "constitucionalidad" a tal despliego administrativo, materializándose tales *irracionales* motivaciones y conclusiones de dichos fallos en supuestos de *crasos, evidentes e injustificados* errores judiciales de Derecho, por demás aniquiladores del principio *iura novit curia*[245].

Por otra parte, igualmente estaría dada la posibilidad de argumentar el error judicial de Derecho en que incurren los tribunales tributarios, por dejar de lado las más elementales *reglas* sobre los procedimientos administrativos *sancionadores* (materializado en la *no aplicación* de los artículos 49 de la Constitución, 168 del COT/2020 y 48 de la LOPA), cuya estructura esencial (*inicio, sustanciación y terminación*) debe cumplirse con el mayor celo adjetivo, precisamente por la gama de *derechos fundamentales* comprometidos en los mismos, que se concretan en el cabal ejercicio de los derechos a la defensa y al debido procedimiento.

También reconocemos que la concepción de ese argumento como fundamento del error judicial pudiera resultar matizada, si se entiende, como lo ha hecho la jurisprudencia española, que: "en principio, toda ley es interpretable dentro de los límites que establece el sentido literal del texto y es función del juez interpretar la ley para su aplicación"[246]. No obstante, lo cierto es que, el craso error expuesto en el pretendido "análisis" de la "constitucionalidad" de los artículos 182 al 186 del COT/2020 a partir de su *propio contenido*, resulta insalvable.

3. El procedimiento de verificación y la responsabilidad patrimonial del Estado legislador

Teniendo presente las discusiones suscitadas en la doctrina sobre el tema de la responsabilidad patrimonial del Estado legislador[247], y que éste debe responder por los daños antijurí-

---

[245] Cuya vigencia en el sistema jurídico venezolano ha sido puesta en entredicho, de manera expresa y censurable, en sentencia de 14-12-2006, TSJ/SC, caso *Ljubica Josic Ramírez et al. v. Municipio Mariño del Estado Nueva Esparta*.

[246] Cf. GONZÁLEZ PÉREZ, Jesús, *op. cit.*, p. 110.

[247] Cf. GARRIDO MAYOL, Vicente, *op. cit.*, pp. 123 y ss.

dicos experimentados por los administrados como consecuencia de la ejecución de leyes inconstitucionales, *después* de su *declaratoria* como tales, consideramos analizable la idea de que, precisamente ante la *omisión legislativa* del cauce formal en el procedimiento de verificación (violador del debido procedimiento constitucional), sobre la base de la eventual declaratoria de inconstitucionalidad de las normas del COT/2020 que lo regulan, sea posible el establecimiento de tal responsabilidad por los *daños antijurídicos* derivados de su ejecución.

En opinión de TURUHPIAL CARIELLO[248], cuando la *aplicación de una ley* significa para sus destinatarios un *sacrificio patrimonial* de mayor intensidad del que recae sobre el resto del colectivo, los principios de la responsabilidad patrimonial de los poderes públicos y de igualdad ante las cargas públicas, exigen que el Estado responda por el *daño antijurídico causado*, sin limitarse esta concepción a las leyes expropiatorias, sino también haciendo suyas las no expropiatorias[249].

En este sentido, el aparato legislativo está subordinado a la Constitución, razón por la cual, cuando una ley la vulnera -por acción u *omisión*-, habrá simultáneamente violado su obligación de sometimiento al principio de supremacía constitucional, lo que supone una conducta *antijurídica* y, así, sujeta a reparación en la medida en que se produzca un daño indemnizable[250]. En una palabra: si el legislador dicta una ley inconstitucional y con ello produce un daño, éste será resarcible[251].

En esas líneas, los *daños antijurídicos* producidos por la aplicación literal -por razones de su *imperfecta redacción*[252] y en los términos expuestos-, del articulado que regula el "procedimiento" de verificación tributaria, resultarían *compensables*, al no estar obligados los contribuyentes a soportarlos.

---

248 Cf. TURUHPIAL CARIELLO, Héctor, *op. cit*, p. 144.

249 Cf. ORTIZ ÁLVAREZ, Luis A., *La responsabilidad... cit.*, p. 187.

250 Cf. CARRILLO, Carlos Luis y MENÉNDEZ, Mayra Emilia, *op. cit.*, p. 267.

251 Cf. GORDILLO, Agustín, *op. cit.*, p. XX-34.

252 Cf. CARRILLO, Carlos Luis y MENÉNDEZ, Mayra Emilia, *op. cit.*, p. 271.

A este respecto, lucen esclarecedoras las palabras de GARRIDO MAYOL[253], quien, basándose en la doctrina, aborda las *omisiones legislativas* a partir de su distinción entre *totales* y *parciales*, entendiéndose por las últimas nombradas, las que disciplinan un tema para ciertos supuestos y no así para otros análogos, en afectación del principio de igualdad, *v.g.*, los procedimientos de fiscalización (*audiencia* del contribuyente a través de los descargos) y verificación (*ausencia* de tal audiencia). Se nota entonces que, el no actuar legislativo en desarrollo de un precepto constitucional (en el caso del procedimiento de verificación, la fase de sustanciación, *i.e.*, el debido procedimiento), pone tal *inactividad* al margen de la Constitución, pudiendo acarrear, como en el presente caso, lesiones a derechos fundamentales[254], materializadas en actos administrativos absolutamente nulos[255].

Lo anterior, trae a la palestra el punto de la *declaratoria* de inconstitucionalidad del articulado del procedimiento de verificación (que no ha tenido lugar, y según entendemos, tampoco ha sido intentada), a través del control *concentrado* de constitucionalidad[256], siendo éste el medio *generalmente* aceptado en la doctrina para fundamentar la responsabilidad del Estado

---

[253] Cf. GARRIDO MAYOL, Vicente, *op. cit.*, p. 227.

[254] Cf. *Ibid.*, pp. 227-228.

[255] "Es evidente que si la disposición a cuyo amparo se dicta o ejecuta el acto es nula de pleno derecho, éste queda afectado por idéntico vicio invalidante y, por consiguiente, son también nulos de pleno derecho". Sentencia de 20-01-2001, Tribunal Supremo español, referida en: GARCÍA DE ENTERRÍA, Eduardo, *La responsabilidad... cit.*, p. 233.

[256] Artículo 334 de la Constitución: "(...) Corresponde exclusivamente a la Sala Constitucional del Tribunal Supremo de Justicia como jurisdicción constitucional, declarar la nulidad de las leyes y demás actos de los órganos que ejercen el Poder Público dictados en ejecución directa e inmediata de esta Constitución o que tenga rango de ley, cuando colidan con aquella"; y con relación a los "omisiones legislativas" inconstitucionales, el artículo 336 de la Constitución dispone que: "Son atribuciones de la Sala Constitucional del Tribunal Supremo de Justicia: (...) 7. Declarar la inconstitucionalidad de las omisiones del poder legislativo municipal, estadal o nacional, cuando haya dejado de dictar las normas o medidas indispensables para garantizar el cumplimiento de esta Constitución, o las haya dictado en forma incompleta (...)".

legislador, situación que, no obstante lo anterior, quizás valdría la pena analizar a partir del expediente del control *difuso* de constitucionalidad que corresponde a todos los tribunales venezolanos, de conformidad con el artículo 334 de la Constitución[257], cuya declaratoria de contrariedad a la Constitución de los artículos 182 al 186 del COT/2020 y consecuente *desaplicación* para un caso *concreto*, podría permitir fundamentar la *inconstitucionalidad parcial de la ley* (por lo menos de esos artículos, para ese caso y para ese contribuyente, aunque siga rigiendo *erga omnes* –y aquí su principal inconveniente–, al no estar formalmente *anulada* la ley, sino simplemente *desaplicada* en un caso concreto), a los fines de obtener un pronunciamiento judicial previo que *declare su inconstitucionalidad*, como posible –aunque difícilmente sostenible– punto de partida de un eventual reclamo.

La vía comentada, como se colige, plantea bastantes problemas –más allá de los ya adelantados–, por lo que no sería de fácil sustentación doctrinaria y, mucho menos, aceptación jurisprudencial, siendo que, en los casos que sí ha sido formalmente *anulada* una ley por inconstitucional, en ejercicio del *control concentrado* de constitucionalidad, el Tribunal Supremo de Justicia ha descartado que las personas afectadas por actos administrativos dictados con fundamento en normas posteriormente declaradas inconstitucionales, obtengan indemnización por los daños sufridos[258] –a diferencia de las decisiones adoptadas en el seno de la jurisprudencia del Tribunal Supremo español[259]–, como ocurrió en el caso *Justo Oswaldo Páez-*

---

[257] Artículo 334 de la Constitución: "Todos los jueces o juezas de la República, en el ámbito de sus competencias y conforme a lo previsto en esta Constitución y en la ley, están en la obligación de asegurar la integridad de esta Constitución. En caso de incompatibilidad entre esta Constitución y una ley u otra norma jurídica, se aplicarán las disposiciones constitucionales, correspondiendo a los tribunales en cualquier causa, aun de oficio, decidir lo conducente (...)".

[258] Cf. BADELL MADRID, Rafael, *op. cit.*, p. 159.

[259] Para un panorama general y análisis de la *jurisprudencia española* sobre este tema, con especial énfasis en la *retroactividad* de los efectos

Pumar et al. v. artículo 59 del Código Orgánico Tributario de 1994[260].

CONCLUSIONES

Primero, la aplicación del procedimiento de verificación constituye un supuesto de *funcionamiento anormal de la actividad administrativa formal*, por violación de una obligación a cargo de la Administración tributaria: el cumplimiento del marco constitucional procedimental; y se materializa en la emisión de sanciones de plano contenidas en actos administrativos (de multa y clausura) viciados de la más patente *inconstitucionalidad*, por violar lo establecido en el artículo 49 de la Constitución.

Segundo, el daño causado, además de *subjetivamente antijurídico*, e *imputable* a la Administración tributaria por su anormal funcionamiento –lo que pone de manifiesto la *relación de causalidad* entre la conducta administrativa desplegada y la lesión generada–, se identifica con una afectación *cierta*, *individualizable* y *económicamente* evaluable, que afecta la *integridad patrimonial* del contribuyente, quien no está obligado a *tolerarla* y, por ello, redunda en una *lesión resarcible.*

Tercero, en la sanción de multa, su cuantificación parte del monto de la misma (de ser pagada y luego impugnada). Mientras que en la sanción de clausura, ésta puede revestir dos modalidades: *(i)* la *patrimonial* (en sentido estrictamente *económico*), por el daño emergente y el lucro cesante durante el tiempo

---

de las sentencias, *vid.* GARCÍA DE ENTERRÍA, Eduardo, *La responsabilidad... cit.*, pp. 265 y ss.

[260] En este caso, la Corte Suprema de Justicia, en Pleno, ejerciendo el control concentrado de constitucionalidad, anuló el parágrafo único del artículo 59 del COT/1994, que regulaba el pago de intereses compensatorios y actualización monetaria de la deuda, y posteriormente fijó los efectos de esa sentencia con carácter *ex nunc* o *pro futuro.* Al respecto, *vid.* Sentencia N° 1046 de 14-12-1999, Corte Suprema de Justicia, en Pleno, caso *Justo Oswaldo Páez-Pumar et al. v. artículo 59 del Código Orgánico Tributario de 1994*; y sentencia N° 816 de 26-07-2000, TSJ/SC, caso *Freddy Orlando Sancler Guevara* (en aclaratoria de la sentencia N° 1046).

de aplicación de la medida, pues el daño que el acto causa se continúa produciendo mientras que el mismo se sigue ejecutando; y *(ii)* la *moral* (integrante del *patrimonio moral* del contribuyente), por la violación del derecho al honor y a la reputación, por consecuencia de la imposición en el domicilio del sujeto pasivo de carteles deshonrosos –*sin base legal alguna*–, así como por razones de la abierta publicidad que la Administración tributaria le otorga a tales medidas a través de los medios oficiales de comunicación (TV, redes sociales, etc.), que, en los términos apuntados, pueden entenderse violatorias de la prohibición constitucional de penas *infamantes*, a tenor de los artículos 44.3, 46.4 y 60 de la Carta Magna.

Cuarto, en el caso del procedimiento de verificación, la responsabilidad patrimonial del Estado juez se hace presente por medio del expediente del *error judicial de Derecho*, en las *irracionales* sentencias de los tribunales tributarios que desconocen la *ausencia absoluta* de procedimiento y, así, la incuestionable vulneración de los derechos fundamentales al debido proceso y a la defensa, con todos los daños que de ello se derivan, reconociéndole "constitucionalidad" a la aplicación administrativa del mismo, a partir del apego en su ejecución a la letra del COT, evidenciando un conocimiento *flagrantemente equivocado* (indudable, patente e incontrovertible) del Derecho, contrario al *test de constitucionalidad* conforme con la interpretación del Texto Fundamental, cuyo carácter de "fuente interpretativa" de *todo el ordenamiento jurídico* viene dado por el principio de supremacía constitucional.

Quinto, la responsabilidad del Estado legislador se puede entender materializada en la verificación tributaria, por el no actuar legislativo (omisión legislativa) en el desarrollo de un derecho constitucional (el debido procedimiento), lo que pone tal inactividad al margen de la Constitución, acarreando lesiones *antijurídicas* al contribuyente, siendo procedente la declaratoria de inconstitucionalidad de las normas que lo disciplinan a través del control concentrado de constitucionalidad, dejando a salvo la idea introducida sobre el control *difuso*, como posible punto de partida de un eventual reclamo indemnizatorio.

CAPÍTULO VIII:
LA VERIFICACIÓN A MÁS DE CUARENTA AÑOS DE CODIFICACIÓN TRIBUTARIA EN VENEZUELA. CRÓNICA LEGISLATIVA, ADMINISTRATIVA Y JURISPRUDENCIAL

A cuarenta y cuatro años de la codificación del Derecho tributario en Venezuela, muchos han sido los cambios legislativos, administrativos y judiciales suscitados en las distintas instituciones reguladas en nuestra ley general de la materia. Uno de ellos ha tenido lugar -precisamente- en el denominado "procedimiento de verificación tributaria".

La verdad sea escrita, este análisis sería totalmente innecesario -ojalá fuese ese el caso- si se respetase la Constitución, si Administración y jueces interpretasen el procedimiento administrativo conforme con la Norma Fundamental, insertando las categorías adjetivas del COT -en el marco de esta revisión, el procedimiento de verificación- en las más ampliamente disciplinadas en otros cuerpos normativos integrantes del ordenamiento, como la LOPA, la LOAP, etc.

Empero, la realidad es otra. La experiencia muestra que no ha sido posible apostar, como regla, a la interpretación constitucional ni sistemática por parte de los órganos administrativos y judiciales, salvo contadas excepciones, quienes, para el pesar de los operadores jurídicos y, en general, en flaco servicio a la *norma normarum*, en no pocas ocasiones se autolimitan a realizar una aislada -las más de las veces- interpretación literal o, mejor dicho, *literalista*, que lejos de solventar los abundantes escollos normativos que plagan al COT, los profundizan y hasta hacen de ellos la norma, en lugar de la excepción.

Ante tan situación, por demás vulneradora de los más elementales derechos fundamentales de los contribuyentes, se hace necesario repasar la historia, actualidad y perspectivas de uno de los más discutidos, controvertidos y utilizados "procedimientos" por parte de la Administración tributaria, esto es, el conocido *procedimiento de verificación*, en el que el sujeto pasivo de la obligación tributaria usualmente se entera –como hemos dado cuenta en los capítulos anteriores de este trabajo– de que "fue parte" del indicado procedimiento cuando éste ha "concluido", mediante la notificación del acto administrativo definitivo (si es que ello ocurre). A otro decir, el supuesto procedimiento –paradójicamente, sin *procedimiento previo*– tiene lugar sin que el contribuyente lo sepa, dejándose de lado los derechos constitucionales disciplinados en el artículo 49 de la Constitución[261].

No puede olvidarse, que el procedimiento administrativo de primer grado, como lo es el correspondiente a la verificación tributaria, se presenta, en tanto cauce de constitución de la voluntad de la autoridad tributaria, como garantía formal del ejercicio de la potestad de comprobación en el marco de la legalidad administrativa, por un lado, y como garantía constitucional del ejercicio de los derechos del contribuyente al debido proceso y a la defensa, por el otro.

Habiendo abordado con anterioridad los múltiples problemas, de inconstitucionalidad e ilegalidad, que aquejan al procedimiento de verificación, tanto en su vertiente normativa como aplicativa, en este capítulo plantearemos un recorrido histórico del mismo, desde sus perspectivas normativa, administrativa y jurisprudencial, para intentar una fotografía de dónde venimos y, más importante aún, dónde estamos en la actualidad.

Para tales fines, este capítulo cuenta con cinco partes: (*i*) en primer lugar, repasaremos la situación normativa de la verificación antes y después de la codificación tributaria, llegando

---

[261] Para un análisis crítico y reciente del procedimiento de verificación tributaria, *vid.* FRAGA-PITTALUGA, Luis, *La defensa... cit.*, pp. 98-103.

la novedad de índole penal introducida en el COT/2020; *(ii)* en segundo lugar, refrescaremos las distintas tendencias que han tenido lugar en relación con la aplicación administrativa de la verificación; *(iii)* en tercer lugar, revisaremos los criterios jurisprudenciales, cuestión que haremos muy puntualmente, teniendo en cuenta que a este aspecto ya nos hemos dedicado en el trabajo (capítulos III y IV), amén de no haberse experimentado cambio alguno en las tendencias ya analizadas; *(iv)* en cuarto lugar, y como consecuencia necesaria de los particulares anteriores, revisitaremos brevemente lo recién desarrollado en el capítulo anterior sobre la responsabilidad patrimonial del Estado en el marco del procedimiento de verificación; para, finalmente *(v)* traer algunas conclusiones.

I. CRÓNICA LEGISLATIVA: LA (PSEUDO) EVOLUCIÓN NORMATIVA EN LOS CUATRO PERÍODOS DE LA VERIFICACIÓN

1. La precodificación y la regulación en normas aisladas de facultades verificadoras: período 1918-1982

Antes de que se promulgara el COT/1982, ya se encontraban algunas regulaciones legales -aisladas- en el ordenamiento jurídico venezolano que otorgaban facultades verificadoras de las declaraciones de impuestos a la Administración tributaria.

En este sentido, y como fuera precisado (capítulo I), las facultades verificadoras de la Administración no son nuevas en nuestra legislación, como lo evidencian la primera Ley Orgánica de la Hacienda Pública Nacional de 1918, la Ley sobre varios Ramos de la Renta Nacional de 1923 y la Ley de Impuesto sobre la Renta de 1955.

A este respecto, la Ley Orgánica de la Hacienda Pública Nacional de 1918 establecía en su artículo 113, numeral 4, en el marco de las atribuciones de los empleados y oficinas encargados de la administración y liquidación de rentas nacionales, que éstos podían: "Verificar la exactitud de los datos suministrados en las declaraciones, confrontándolos con los que tiene registrados la oficina y con cualesquiera otros datos e informaciones que obtenga"[262].

Por su parte, la Ley Sobre Varios Ramos de la Renta Nacional de 1923, al regular el procedimiento de liquidación del impuesto de herencias y legados dejados a colaterales y a extraños, establecía en su artículo 6, numeral 10, que:

> Verificada la exactitud de la declaración o corregidos sus datos, el Fiscal hará una liquidación de la herencia y de los derechos correspondientes al Fisco, de acuerdo con lo que resulta de su verificación. Esta liquidación junto con las observaciones que de ella haga el Fiscal será notificada al interesado y agregada al expediente a los efectos de los incisos 11, 12 y 13.

En similar sentido a las anteriores, la Ley de Impuesto sobre la Renta de 1955 regulaba en su artículo 56, lo siguiente:

> Si de la verificación de los datos expresados en la declaración, resultaren reparos y el impuesto que se liquide excediere en más del diez por ciento (10%) del obtenido tomando por base los datos declarados, se impondrá al contribuyente una multa que podrá ser desde un décimo hasta el doble del exceso.

Como se observa, todas las disposiciones anteriores otorgaban a la Administración tributaria la facultad de *verificar* los datos de las declaraciones de impuestos, que en la actualidad configura una de las modalidades verificadoras establecidas desde el COT/2001, pasando por el COT/2014 y repitiéndose en el COT/2020, tipología en la cual -más allá de lo sentado por la jurisprudencia, como volveremos a comentará más adelante- tiene lugar un acto *determinador* de la obligación tributaria.

---

[262] Gaceta Oficial de los Estados Unidos de Venezuela, N° suelto extraordinario, 15-06-1918. Esta norma está repetida en las Leyes Orgánicas de la Hacienda Nacional (y sus reformas) de los años 1926 (artículo 113.4), 1928 (artículo 120.4), 1934 (artículo 120.4), 1947 (artículo 106.4), 1960 (artículo 104.4), 1961 (artículo 104.4), 1974 (104.4), entre otras.

2. La codificación de acuerdo con el Modelo de Código Tributario para América Latina (MCTAL), preparado por el Programa Conjunto de Tributación OEA-BID: período 1982-2001

Con la promulgación del COT/1982, dictado bajo los lineamientos del MCTAL[263], la facultad de verificar las declaraciones de impuestos por parte de la Administración Tributaria fue codificada e incluida en el artículo 113 dentro de la normativa relativa a la *determinación tributaria*, contenida en el Capítulo II del Título IV-Administración Tributaria, en los términos siguientes: "La Administración Tributaria podrá verificar la exactitud de las declaraciones. // Podrá asimismo proceder a la determinación de oficio, sobre base cierta o sobre base presunta, en cualquiera de las siguientes situaciones: (...)".

Como se observa, esta norma nada indicaba sobre la verificación de los deberes formales de los sujetos pasivos. Más bien, exclusivamente disciplinaba la comprobación de la exactitud de las declaraciones de los sujetos pasivos, enunciado que vendría a repetirse, sin cambios, en el COT/1992. En esta primera reforma del Código, la norma pasó a estar contenida en su artículo 123.

Por su parte, en el COT/1994 se introdujo un pequeño ajuste gramatical a la norma, en ese momento establecida en el artículo 118, de acuerdo con el cual: "La Administración Tributaria podrá verificar la exactitud de las declaraciones y proceder a la determinación de oficio, sobre base cierta o sobre base presunta, en cualesquiera de las siguientes situaciones: (...)".

La diferencia entre esta norma y sus pares en los COT/1982 y COT/1992, se centró en que éstos separaban la facultad verificadora de la Administración tributaria, llevada a cabo con ocasión de la autodeterminación del contribuyente (su declaración de impuestos), de la modalidad de determina-

---

263 Sobre el MCTAL, *vid.* SALCEDO YOUNES, Ruth Yamile (Coord.), *Modelo de Código Tributario para América Latina: tendencias actuales de tributación*, Editorial Universidad del Rosario - Instituto Colombiano de Derecho Tributario, Colección Textos de Jurisprudencia, Bogotá, 2010.

ción oficiosa, cuestión conceptualmente errada, en la medida que, como ya lo hemos abordado (capítulo I), tanto verificación como fiscalización son modalidades procedimentales mediante las cuales oficiosamente se determina (declara la existencia y cuantifica el monto de) la obligación tributaria.

Por su parte, es necesario indicar que, en la *época codificadora*, se mantienen algunas disposiciones aisladas sobre la facultad verificadora de la Administración, como es el caso de la vigente Ley de Impuesto Sobre Sucesiones, Donaciones y Demás Ramos Conexos[264], al igual que en la vigente Ley de Impuesto sobre la Renta[265], las cuales están reguladas en términos muy similares a los señalados sobre las leyes anteriormente comentadas.

3. La codificación de acuerdo con el Modelo de Código Tributario preparado por el Centro Interamericano de Administraciones Tributarias (MCIAT): período 2001-2014

Llegamos, así, al COT/2001, alineado, como es sabido, con el MCIAT. De entrada, éste pareciera dar una mejor y más acabada regulación que el COT/1982 y sus reformas de 1992 y 1994, en la medida que le dedica una sección completa al desde entonces llamado "procedimiento de verificación tributaria" -y ya no una mera facultad aislada-, en el cual se distinguen dos tipos o modalidades verificadoras, cómo deben llevarse a cabo, y qué ocurre en caso de constatarse incumplimientos o irregularidades por parte de los sujetos pasivos en los mismos. A todas estas regulaciones ya nos hemos referido, por lo que no hace falta volver sobre ellas y sus defectos.

Basta señalar que con el COT/2001, se introdujeron varios cambios sobre lo que se venía entendiendo en la etapa precodificadora y en la etapa codificadora de 1982 hasta el 2001, des-

---

264 Gaceta Oficial N° 5.391 Extraordinario, 22-10-1999. En particular, *vid.* Artículos 37, 38, 39 y 40.

265 Gaceta Oficial N° 6.210 Extraordinario, 30-12-2015. En particular, *vid.* Artículo 169.

tacando, entre ellos, la inclusión de una nueva modalidad de verificación sobre los deberes formales de los sujetos pasivos de la obligación tributaria, que, como ya lo advertimos (capítulo I), no es más que la reedición del inconstitucional parágrafo primero del artículo 149 del COT/1994, pasando de ser un procedimiento determinativo y sancionador, por medio de la constatación de la correcta o incorrecta declaración de los contribuyentes, a un procedimiento tributario determinativo y revisor del cumplimiento de los deberes formales de los contribuyentes y responsables, manteniendo su carácter sancionador en caso de incumplir con éstos.

4. La codificación sui generis de acuerdo con el paradigma imperante: período 2014-presente

El COT/2014 representó una manifestación *sui generis* y realmente autóctona de la norma venezolana general de tributación. Los modelos en los que se basó su primera (MCTAL) y segunda (MCIAT) versión, antes referidos, paulatinamente han quedado atrás en variados aspectos, para dar lugar a una creación propia y no del mejor nivel. Más allá de la cantidad de desmejoras introducidas en su cuerpo normativo[266] en relación con el COT/2001 -en su momento también ampliamente criticado[267]-, lo cierto es que el procedimiento de verificación tributaria se mantuvo intacto, sin variación alguna, siéndole trasladables todas las consideraciones deslizadas con relación a su versión de 2001.

Finalmente, en lo que tiene que ver con el vigente COT/2020, norma ésta plagada de marcados sinsentidos y abiertamente criticada por la mejor doctrina[268], debe advertirse

---

[266] Al respecto, *vid.* ITURBE ALARCÓN, Manuel (Coord.), *La reforma del Código Orgánico Tributario de 2014*, AVDT - Legislación Económica, C.A., Caracas, 2015.

[267] Al respecto, *vid.* SOL GIL, Jesús (Coord.), *Estudios sobre la reforma del Código Orgánico Tributario de 2001*, AVDT, Caracas, 2002.

[268] Al respecto, *vid.* FRAGA-PITTALUGA, Luis, "Algunos comentarios sobre la reforma del Código Orgánico Tributario de 2020". En: http://fragapittaluga.com.ve/fraga/index.php/component/

que desde la hoy lejana versión del COT/2001, es la primera vez –en prácticamente dos décadas– que se introdujo un cambio al procedimiento de verificación. En efecto, fue añadido un segundo párrafo al artículo 183 del COT/2014 (artículo 173 del COT/2001), en los términos siguientes:

> Artículo 183. En los casos en que se verifique el incumplimiento de deberes formales o de deberes de los agentes de retención y percepción, la Administración Tributaria impondrá la sanción respectiva mediante resolución que se notificará al contribuyente o responsable conforme a las disposiciones de este Código.
> *En los casos en que existieran elementos que presupongan la comisión de algún ilícito tributario sancionado con pena restrictiva de libertad, la Administración Tributaria, una vez verificada la notificación de la Resolución de Imposición de Sanción, enviará de forma inmediata copia certificada del expediente al Ministerio Público, a los fines del inicio del proceso penal correspondiente* (resaltado agregado).

Como se permite apreciar, y en línea con la tendencia abiertamente represiva adoptada por el COT, la Administración tributaria remitirá inmediatamente una copia certificada del expediente administrativo al Ministerio Público, para dar inicio –nada más y nada menos que– a un proceso penal, cuando a su decir existan elementos que "presupongan la comisión de algún ilícito tributario sancionado con pena restrictiva de libertad", en supuestos de incumplimientos de deberes formales, en general, y de deberes de los agentes de retención y percepción, en particular. Se trata, de eso no nos cabe la menor duda, de un nuevo elemento para ejercer presión al obligado tributario bajo apremio de la apertura de un proceso de esa naturaleza.

De esta manera, se presenta notable la involución normativa que viene experimentando el procedimiento de verificación, al cual constantemente se le ha negado su primigenia naturaleza *determinativa*, como más adelante será revisitado, en su otrora única modalidad o tipología sobre la declaración del

---

k2/item/9-algunos-comentarios-sobre-la-reforma-del-codigo-organico-tributario-de-2020.

contribuyente, para cada vez más darle prepondera peso su naturaleza de procedimiento *penal* tributario[269].

II. CRÓNICA ADMINISTRATIVA: REPASO DIACRÓNICO DE LOS PROBLEMAS EN LA APLICACIÓN DE LA VERIFICACIÓN

1. La génesis del problema: los entonces llamados "reparos de escritorio"

Como es sabido, hasta la promulgación del COT/2001, las verificaciones se habían llevado a cabo exclusivamente en las propias oficinas de la Administración tributaria, sin que los fiscales tuvieran la necesidad de trasladarse al domicilio fiscal del sujeto pasivo objeto de comprobación, razón por la cual recibieron la calificación de "reparos de escritorio"[270] los resultantes de estos "procedimientos". El razonamiento que sustentaba ese quehacer administrativo, era el siguiente: al ejercerse esa facultad con fundamento exclusivo en la información contenida en la declaración del contribuyente, y al ésta reposar en las oficinas de la Administración, no existía necesidad alguna de dirigirse a las oficinas del sujeto pasivo para solicitar otra información distinta a la contenida en la propia declaración. Dicho de otra manera: todo lo que necesitaba la Administración para *comprobar lo declarado*, ya lo tenía en su poder.

Si al revisar las declaraciones la Administración tributaria se percataba de alguna diferencia entre el monto declarado y pagado, y el monto que se debió declarar y pagar, simplemente realizaba los ajustes correspondientes mediante una resolución que notificaba al sujeto pasivo, con la sanción respectiva.

2. La agudización del problema: las clausuras de establecimientos

Con la ejecución del -tan sonado en su momento- "Plan Evasión Cero", la Administración tributaria nacional inició una

---

[269] Sobre la concepción penal tributaria del procedimiento de verificación, *vid.* WEFFE H., Carlos E., *Garantismo... cit.*, pp. 503-560.

[270] Al respecto, *vid.* RAMÍREZ VAN DER VELDE, Alejandro, *op. cit.*, p. 557.

ola de imposición de penas *pecuniarias*, junto con sanciones de *clausura* a los contribuyentes, ambas por supuestos incumplimientos de deberes formales en "impuestos al consumo"[271] e "impuestos indirectos"[272].

Esta forma de actuar administrativo, tuvo como consecuencia en la práctica que, en los casos de *cierres*, los mismos fuesen *notificados, ejecutados y aplicados* en el mismo acto de "revisión" del cumplimiento de los deberes formales[273]; y en los casos de *multas*, al momento de ser notificadas al contribuyente es que éste entraba en conocimiento por *primera vez* (como sigue ocurriendo en la actualidad), no sólo de que había sido multado, sino más grave aún, de que se *inició, ejecutó y terminó* un procedimiento sancionador (o penal tributario) totalmente a sus espaldas, nuevamente, *sin procedimiento previo*, en desatención del debido proceso y el derecho a la defensa del contribuyente.

3. La evolución del problema: los reparos en materia sucesoral y por retenciones de IVA

Aproximadamente a mediados de 2008, empezó a darse a conocer una (para ese entonces, nueva) práctica administrativa en torno al procedimiento de verificación por parte de la Administración tributaria nacional, consistente en emitir las denominadas "Resoluciones de Imposición de Sanción y Determinación de Intereses Moratorios", tanto por reparos en materia de Impuesto sobre Sucesiones, como por enteramientos supuestamente extemporáneos de las retenciones del IVA, como antes fuera señalado (capítulo III).

Al igual que en todas las versiones y prácticas alrededor del procedimiento de verificación, el actuar de esos tiempos también se identificaron con la imposición de las referidas

---

271 Al respecto, *vid.* Artículo 101 del COT/2001.

272 Al respecto, *vid.* Artículo 102 del COT/2001.

273 Cuyos graves vicios de inconstitucionalidad han sido puestos de relieve por la doctrina. Al respecto, *vid.* WEFFE H., Carlos E., *Garantismo... cit.*, pp. 415-441.

multas sin la sustanciación de un debido procedimiento previo, apenas pudiendo el sujeto obligado impugnar esos actos administrativos definitivos en instancias administrativas de segundo grado (vía recursos jerárquicos) o directamente a nivel judicial (vía recursos contenciosos tributarios), pero sin poder formar parte de la etapa constitutiva de la voluntad administrativa (en el procedimiento de primer grado), vulnerándose nuevamente, y en idéntica medida, sus derechos constitucionales al debido proceso y a la defensa.

4. Las nuevas caras del problema: las "verificaciones inmediatas" y los "reparos de pantalla"

En tiempos recientes la Administración tributaria ha venido consolidando una nueva práctica, encaminada a sustanciar unas "verificaciones inmediatas" de deberes formales, como lo abordamos antes (capítulo V). Esto se ha traducido, sin más, en la aplicación de unos procedimientos *inexistentes* en la legislación tributaria venezolana. En efecto, y como recién se precisaba, el único cambio experimentado en la regulación del procedimiento de verificación tributaria, desde su primigenia versión de 2001 y hasta su más reciente versión en el COT/2020, se limitó a la incorporación del segundo párrafo del artículo 183, relativo a la remisión del expediente administrativo al Ministerio Público para la iniciación de un proceso penal, en los términos explicados.

De lo anterior que, sin modificación de estas normas y, más importante aún, de las contenidas en los comentados artículos 171 al 178 del COT/2020, sobre las notificaciones y eficacia de los actos tributarios *no normativos* o de "efectos particulares", mal puede entonces pretender la Administración tributaria que la notificación de sus actos surtan efecto, como fácticamente lo impone, de manera "inmediata". Esto se traduce, como pudimos ver, en actuaciones que, en paralelo, carecen de base legal, son de ilegal ejecución, dejando de lado el procedimiento legalmente establecido y, por todo lo anterior, vulneran los derechos al debido proceso y a la defensa del contribuyente.

Pero hay más. Aproximadamente a mediados de 2025, empezaron a aparecer en el portal web de la Administración tributaria los populares "reparos de pantalla", como consecuencia de la imposición de sanciones *virtuales* por supuestos incumplimientos de la LPP. En el dictado de tales multas también se aplicó, en los términos desarrollados (capítulo VI), el procedimiento de verificación tributaria, en esta oportunidad llevando sus ya graves inconstitucionalidades a otro nivel, pues no sólo se mantiene la abierta desatención a todo intento de sustanciar un *procedimiento previo*, sino que, además, ahora ni siquiera se notifica el acto administrativo contentivo de la multa (el acto de terminación formal del procedimiento), las denominadas "planillas de resolución y liquidación", sino que simplemente se cuelgan en los usuarios de los contribuyentes para que, cuando accedan al sistema, se enteren de que "se ha llevado a cabo" un procedimiento del cual "fueron parte".

Como resulta notable, con esta nueva práctica la Administración tributaria ha llevado su desatención del debido proceso y del derecho a la defensa del contribuyente a otro nivel. Inclusive, concreta su actuar completamente al margen de las antes referidas normas sobre las notificaciones y eficacia de los actos tributarios *no normativos* o de "efectos particulares", sin reparar en la consecuencia jurídica inmediata de su anómalo funcionamiento, que no es otro que la *falta absoluta de eficacia* del mismo, como expresamente lo disciplina el artículo 177[274] del COT/2020.

[274] Artículo 177 del COT/2020: "*El incumplimiento de los trámites legales en la realización de las notificaciones tendrá como consecuencia el que las mismas no surtan efecto sino a partir del momento en que se hubiesen realizado debidamente*, o en su caso, desde la oportunidad en que el interesado se deba tener por notificado personalmente en forma tácita, según lo previsto en el numeral 1 del artículo 172 de este Código" (resaltado agregado).

III. CRÓNICA JUDICIAL: LOS VAIVENES (INVOLUTIVOS) DE LA JURISPRUDENCIA SOBRE LA VERIFICACIÓN

1. Las sentencias de la otrora Corte Suprema de Justicia en Sala Político-Administrativa, dictadas entre 1995 y 1996: el inicio del galimatías conceptual

Como lo recuerda la doctrina[275], la jurisprudencia -desde los tiempos de los Tribunales del Impuesto sobre la Renta- ha intentado precisar las diferencias entre las facultades de fiscalización y verificación tributarias, algunas veces de manera acertada (las *menos*), mientras que en otras ocasiones lo ha hecho incurriendo en déficits conceptuales (las *más*).

Al respecto, el criterio de la otrora Corte Suprema de Justicia, reiterado en la sentencia del caso *Mauro J. Tovar*[276], fue sentado originalmente en el fallo del caso *Julio Velutini Octavio*[277], en los términos siguientes: "Cuando la Administración Tributaria deba proceder a la Determinación (no a la verificación) a que se refieren los artículos 113 y 114", "deberá cumplirse con el Procedimiento Sumario, en todas sus fases, previsto en los artículos 133 (143 actual) y siguientes del comentado Código Orgánico Tributario" (subrayado y paréntesis de la sentencia).

Como ya lo precisáramos (capítulo I), esa jurisprudencia consideró que en el ejercicio de facultades verificadoras no se debe abrir el Sumario Administrativo, pero si la autoridad tributaria llevaba a cabo, más bien, un procedimiento de determinación, entonces sí debía cumplirse con la instrucción del Sumario, en todas sus etapas. De esta manera, incurriría, como ya lo anotamos, en varias imprecisiones, al contrastar la verificación con la determinación, cuando que en la primera se materializa la segunda, pero, además, y como se ha podido señalar a lo largo del estudio, la más delicada consecuencia de ese

---

[275] Cf. RAMÍREZ VAN DER VELDE, Alejandro, *op. cit.*, pp. 557-558.

[276] Sentencia de 20-06-1996, Corte Suprema de Justicia, Sala Político-Administrativo, caso *Mauro J. Tovar P.*

[277] Sentencia de 17-01-1995, Corte Suprema de Justicia, Sala Político-Administrativo (Especial Tributaria), caso *Julio Velutini Octavio*.

errado criterio se traduciría en la vulneración sostenida y sistemática de los derechos constitucionales al debido proceso y a la defensa del contribuyente, al impedírsele participar en la formación de la voluntad administrativa mediante la presentación de sus descargos y pruebas.

2. Las sentencias de los Tribunales Superiores de lo Contencioso Tributario, dictadas entre 2004 y 2009: el crepúsculo jurisprudencial

En los términos ya abordados, primero con detenimiento (capítulo III) y luego sintéticamente (capítulo IV), las sentencias dictadas entre 2004 y 2009 marcaron el *crepúsculo jurisprudencial* del procedimiento de verificación, precisamente porque durante esa época se permitía apreciar cómo los fallos que enaltecían los derechos al debido proceso y a la defensa del contribuyente durante la ejecución administrativa de la verificación, poco a poco llegaban a su fin, progresivamente perdían fuerza, mientras que los invalidantes o neutralizadores de tales derechos se empezaban a hacer cada vez más presentes.

En ese período, deben tenerse en cuenta las sentencias correspondientes a los casos *Wenco Mall*, C.A., *Hidromáticos Diana*, C. A., *Diseños Beatriz*, C.A., de lado garantista de los indicados derechos; mientras que el caso *Soluciones del Futuro*, S.A., cuyo criterio sería momentáneamente dejado de lado en el caso *Edinter Corp*, S.A. (en primera instancia), marcaría el declive de la jurisprudencia.

3. Las sentencias del Tribunal Supremo de Justicia, en Sala Político-Administrativa, dictadas entre 2011 y 2025: el vestigio del ocaso

La sentencia más recordada como el *inicio del retroceso*, en cuanto a los derechos del contribuyente en el marco del procedimiento de verificación tributaria es, sin lugar a dudas, la dictada en el caso *Edinter Corp*, S.A. (en segunda instancia), en la que se dio un vuelco de 180 grados al fallo de primera instancia, por demás cimentando serios fallos conceptuales en relación con su naturaleza frente a la determinación tributaria, las posibilidades probatorias del sujeto pasivo y su lisa desatención de la Constitución, como fuera antes analizado con detenimiento (capítulo IV).

La tendencia sobre el apego a Derecho de la (inexistente) "sustanciación" del procedimiento de verificación, se vería también acogida en la sentencia N° 71 de 08-02-2012, en la que la TSJ/SPA reiteraría este criterio, indicado que:

> En atención a lo alegado por la contribuyente, resulta oportuno transcribir el contenido de los artículos 172 al 175 del Código Orgánico Tributario del año 2001, cuyo tenor es el siguiente: (...).
> De las normas transcritas se desprende el procedimiento de verificación de las declaraciones que presentan los contribuyentes o los responsables, consagrado en el Código Orgánico Tributario del año 2001 y, asimismo, faculta a la Administración Tributaria para constatar el cumplimiento de los deberes formales a los que están obligados los sujetos pasivos de la obligación tributaria e imponer las sanciones a que haya lugar, mediante Resolución, en caso de incumplimiento.
> En el asunto bajo análisis se observa que la Administración Tributaria mediante la Resolución de Imposición de Sanción N° 1174 de fecha 20 de mayo de 2008, emitida por la Gerencia Regional de Tributos Internos de la Región Capital del Servicio Nacional Integrado de Administración Aduanera y Tributaria (SENIAT), notificadas a la recurrente el 26 de junio de 2008, determinó a cargo de la recurrente la obligación de pagar la cantidad total de un mil ochocientos doce con cincuenta unidades tributarias (1.812,50 U.T.), equivalentes para la fecha de emisión de las planillas de liquidación al monto actual de ochenta y tres mil trescientos setenta y cinco bolívares sin céntimos (Bs. 83.375,00), con fundamento en lo previsto en el segundo aparte de los artículos 101 y 102 del Código Orgánico Tributario de 2001, al evidenciarse el incumplimiento de deberes formales en materia de impuesto al valor agregado relativos a la emisión de facturas y/o documentos equivalentes y a los registros de las operaciones comerciales plasmadas en los libros de ventas, en los períodos impositivos correspondientes a los meses abril de 2004, abril, junio, julio, agosto, septiembre, octubre y diciembre de 2005, enero, febrero, marzo y abril de 2006.

> Así, se observa que la aludida Gerencia Regional de Tributos Internos de la Región Capital del Servicio Nacional Integrado de Administración Aduanera y Tributaria (SENIAT), con ocasión de la verificación fiscal realizada a la contribuyente Aserradero El Tablazo, C.A., con relación al cumplimiento de sus deberes en materia de impuesto al valor agregado, fundamentó su actuación -imposición de las sanciones de multa- en los artículos 172 y siguientes del Código Orgánico Tributario de 2001, en los que se establece el procedimiento de verificación, el cual tiene como finalidad que la Administración Tributaria constate la veracidad de las declaraciones presentadas por los contribuyentes o responsables, así como el cumplimiento de sus deberes formales y los de los agentes de retención y percepción designados por la Ley, y que en el caso de autos culminó con la emisión de la resolución impugnada, la cual cumple con los requisitos formales propios de un acto administrativo.
>
> Asimismo, se evidencia que las actuaciones suscitadas fueron notificadas a la sociedad mercantil Aserradero El Tablazo, C.A., en fecha 26 de julio de 2008, lo que permitió a la contribuyente conocer el contenido del acto administrativo dictado por la Administración Tributaria, los mecanismos recursivos que procedían en su contra los cuales le fueron informados, pudiendo la recurrente ejercer, como en efecto lo hizo, el recurso contencioso tributario en sede judicial, para impugnar la actuación administrativa objeto de análisis.
>
> Por tales razones, considera esta Máxima Instancia que no hubo en la causa objeto de análisis violación del procedimiento legalmente establecido, y por ende, se desestiman los alegatos de supuesta vulneración por parte de la Administración Tributaria de los derechos constitucionales a la defensa y al debido proceso de la recurrente. Así se declara[278].

Este criterio hace alusión, nuevamente, a la no configuración de lesión alguna al debido proceso y al derecho a la defensa del contribuyente, bajo la falaz argumentación de acuerdo con la cual el sujeto pasivo podía recurrir *a posteriori* el acto de la Administración, admitiendo -tácitamente- que sí pudo ha-

---

278 Sentencia N° 71 de 08-02-2012, TSJ/SPA, caso *Aserradero El Tablazo, C.A.*

ber violación, de lo contrario, cuál sería el objeto de la impugnación en segundo grado administrativo o en instancia judicial, con lo cual, además, queda en evidencia el error conceptual en el que incurre la Sala sobre el alcance de estos derechos en los procedimientos administrativos constitutivos o de primer grado[279].

También, en el fallo N° 89 del mismo 08-02-2012, la TSJ/SPA vuelve a insistir en su criterio, de acuerdo con cual en el procedimiento de verificación tributaria no tiene lugar determinación alguna, señalando expresamente lo siguiente:

> Sostiene la representación judicial del Fisco Nacional que la decisión judicial objeto de apelación, incurrió en el vicio de falso supuesto de hecho al declarar la nulidad absoluta de los actos impugnados, por considerar que hubo violación del procedimiento administrativo al no haberse emitido la correspondiente Acta Fiscal y darse inicio al sumario administrativo; toda vez que, a criterio del Sentenciador, en el caso bajo examen no hubo presentación de la declaración del impuesto de salida al exterior ante la Administración Tributaria Nacional, por parte de la sociedad mercantil Aeropostal Alas de Venezuela, C.A.
>
> En cuanto a lo planteado, esta Sala en anteriores oportunidades ha establecido y ratificado que la omisión en la presentación de la declaración de un tributo representa un incumplimiento de los deberes formales del contribuyente (*vid.* sentencia 84 del 26 de enero de 2011, caso: *Carnicería La Vuelta*).
>
> En sintonía con lo antes señalado, el Código Orgánico Tributario de 2001 prevé lo siguiente:
>
> "Artículo 99. (...)".
>
> "Artículo 103. (...)".
>
> Por otra parte, sobre el procedimiento de verificación, el referido Código dispone:
>
> "Artículo 172. (...)".
>
> "Artículo 173. (...)".
>
> "Artículo 175. (...)".
>
> De la lectura de las disposiciones antes transcritas se desprende, contrariamente a lo decidido por el Juez de la causa,

---

[279] En este sentido, *vid.* ARAUJO-JUÁREZ, José, "La teoría..." *cit.*, pp. 53-67.

que es posible practicar el procedimiento de verificación respecto al cumplimiento de los deberes formales y, particularmente, a las declaraciones de tributos; por ende, no es una condición que el contribuyente haya presentado la correspondiente declaración para que el Servicio Nacional Integrado de Administración Aduanera y Tributaria (SENIAT) pueda cumplir con la competencia prevista en el citado artículo 172.

Ahora bien, aún y cuando es posible practicar la verificación del cumplimiento del deber formal de presentación de la declaración de un tributo, esta Sala ha sostenido que esta función no implica una determinación de la existencia y cuantía de obligación tributaria alguna, por cuanto el artículo 175 del referido Código establece que sobre la base de la verificación efectuada a las declaraciones, se realizarán los ajustes respectivos por medio de resolución, en los casos que se constaten diferencias en los tributos autoliquidados o en las cantidades pagadas a cuenta del tributo. (*vid.* sentencia 1.867 del 21 de noviembre de 2007, caso: *Super Panadería La Linda, C.A.*)[280].

Si bien la cantidad de sentencias que, desde esos años y hasta 2025, ha abordado –en términos virtualmente idénticos– es importante[281], sin haberse dado así sea un indicio de cambio

---

[280] Sentencia N° 89 de 08-02-2012, TSJ/SPA, caso *Aeropostal Alas de Venezuela, C.A.*

[281] Entre tantas, *vid.* Sentencias N° 1434 de 03-12-2015, TSJ/SPA, caso *Soluciones del Futuro, S.A. v. Fisco Nacional*; N° 908 de 09-08-2016, TSJ/SPA, caso *Miguel Ángel Martín Silva v. Fisco Nacional*; N° 945 de 03-08-2017, TSJ/SPA, caso *Ferretería Morelos, C.A. v. Fisco Nacional*; N° 238 de 01-03-2018, TSJ/SPA, caso *Rescarven v. Fisco Nacional*; N° 1030 de 11-10-2018, TSJ/SPA, caso *Happy Travel Service, C.A. v. Fisco Nacional*; N° 561 de 02-10-2019, TSJ/SPA, caso *Fascinación Margarita, C.A. v. Fisco Nacional*; N° 491 de 06-08-2019, TSJ/SPA, caso *Centro Clínico San Cristóbal, C.A. v. Fisco Nacional*; N° 123 de 22-10-2020, TSJ/SPA, caso *Ferretería Ice, S.R.L. v. Fisco Nacional*; N° 358 de 08-12-2021, TSJ/SPA, caso *Cervecería Puente Hierro SDB, C.A. v. Municipio Libertador*; N° 446 de 08-12-2021, TSJ/SPA, caso *Liga, C.A. v. Fisco Nacional*; N° 655 de 01-11-2022, TSJ/SPA, caso *Bombas Táchira, C.A. v. Fisco Nacional*; N° 722 de 1.8-2023, TSJ/SPA, caso *Agropecuaria San Matías, C.A. v. Fisco Nacional*; N° 739 de 03-08-2023, TSJ/SPA, caso *Corpodigitel, C.A. v. Fisco Nacional*; N° 3 de 04-04-2024, TSJ/SPA, caso *Oterca Maquinarias, C.A. v. Fisco Nacional*; N° 17 de 04-04-2024,

de criterio en relación con los particulares comentados, vale la pena traer, brevemente, la decisión de 16-07-2025, de la TSJ/SPA, por las consideraciones que plantea en torno a la naturaleza del procedimiento de verificación y, nuevamente, su relación o distancia de la determinación de la obligación tributaria:

> En efecto, el procedimiento de "*verificación*" tiene como fin revisar y comprobarlas declaraciones presentadas por los contribuyentes o responsables, en aras de constatar la correcta determinación del tributo, y de resultar necesario, realizar los ajustes respectivos y liquidar las diferencias a que hubiere lugar, mediante acto administrativo. (*Vid.*, sentencia de esta Sala número 00055 del 17 de marzo de 2021, caso: *Agro Repuestos* M.M., C.A.). (...).
> En el procedimiento de verificación, la Administración Tributaria puede además, examinar el cumplimiento de los deberes formales previstos en el Código Orgánico Tributario y en las demás disposiciones de carácter tributario, así como también, los deberes de los agentes de retención y percepción. Cuando se constate algún incumplimiento de esos deberes, el órgano recaudador procederá a imponer las sanciones correspondientes. (*Vid.*, sentencia de esta Sala número 00655 del 1° de noviembre de 2022, caso: *Bombas Táchira*, C.A.).
> Por el contrario, el objeto del procedimiento de "*fiscalización* y *determinación*" es más amplio y complejo, pues su finalidad es la de establecer la existencia o inexistencia de la obligación tributaria y su cuantía sobre base cierta o base presuntiva, según proceda, razón por la cual se exige en la ejecución de este último, el cumplimiento de una serie de requisitos, entre los que destacan: ***i)*** la notificación previa de la providencia que autoriza el inicio del procedimiento; ***ii)*** el levantamiento de un acta fiscal; y ***iii)*** la oportunidad para que el contribuyente o responsable presente descargos.

TSJ/SPA, caso *Max Tiendas 2011*, C.A. *v. Fisco Nacional*; N° 197 de 25-04-2024, TSJ/SPA, caso *Metanol de Oriente, Mentor*, S.A. *v. Fisco Nacional*; N° 201 de 02-05-2024, TSJ/SPA, caso *Servicios Mercadotécnicos Mercurio*, C.A. *v. Instituto Venezolano de los Seguros Sociales* (IVSS); y N° 240 de 07-04-2025, TSJ/SPA, caso *La Gran Parada*, C.A. *v. Fisco Nacional*.

> [*Vid.*, sentencia número. 00195 de fecha 21 de febrero de 2018, caso: *Venecia Ship Service*, C.A. (VESCA)][282].

Como se desprende de la sentencia, la TSJ/SPA correctamente afirma que:

> ...el procedimiento de "verificación" tiene como fin revisar y comprobarlas declaraciones presentadas por los contribuyentes o responsables, en aras de constatarla *correcta determinación del tributo*, y de resultar necesario, *realizar los ajustes respectivos y liquidar las diferencias a que hubiere lugar*, mediante acto administrativo (resaltado agregado).

Ello, haciendo referencia expresa a la comprobación de la *determinación* del tributo que tuvo lugar por parte del sujeto pasivo y, con ello, aceptando que la verificación es un procedimiento determinativo, habida cuenta que, como también lo afirma, la Administración tributaria realizará los ajustes correspondientes y liquidará las diferencias que tengan lugar, esto es, redeterminará la obligación tributaria.

Sin embargo, dos párrafos más adelante, al explicar en qué consiste el procedimiento de fiscalización, con la idea de diferenciarlo del de verificación, indica que:

> ...su finalidad es la de establecer la *existencia o inexistencia de la obligación tributaria y su cuantía* sobre base cierta o base presuntiva, según proceda, *razón por la cual se exige en la ejecución de este último, el cumplimiento de una serie de requisitos, entre los que destacan*: i) la notificación previa de la providencia que autoriza el inicio del procedimiento; ii) el levantamiento de un acta fiscal; y iii) la oportunidad para que el contribuyente o responsable presente descargos (resaltado agregado).

Esta explicación evidencia, nuevamente, la confusión conceptual en la que tiene décadas incurriendo la Sala. En efecto, al señalar que la finalidad del procedimiento de fiscalización es, como en efecto, declarar la existencia (o inexistencia) de la obligación tributaria y, en caso de existir, fijar su cuantía, esto

282 Sentencia de 16-07-2005, TSJ/SPA, caso C.A. *Mafarta v. Fondo Nacional de Ciencia, Tecnología e Innovación* (FONACIT).

es, *determinar* la obligación tributaria y que, con base en ello, deben cumplirse una serie de pasos o etapas (notificación de la providencia administrativa autorizatoria, levantamiento del acta de reparo y oportunidad para presentar descargos), lo que está afirmando es que en los cauces procedimentales que llevan a cabo la *función de determinación*, se deben -por tal razón- respetar todas y cada una de las fases del procedimiento administrativo en general (inicio, sustanciación y terminación).

Y es que, en efecto, es así. Precisamente sobre esa base, es que en *todo* procedimiento determinativo de primer grado o constitutivo (no sólo en el de fiscalización), es de la esencia misma que se sustancie un verdadero *procedimiento previo* que garantice la participación del contribuyente en la formación de la voluntad administrativa, en respeto de sus derechos constitucionales al debido proceso, a la defensa, a la información y participación, a ser oído, a presentar pruebas, etc., debiendo -forzosamente- notificársele el *inicio* del mismo, permitiéndole su actuación durante su *sustanciación*, para finalmente notificarle su *terminación*.

IV. ESTATUS SINCRÓNICO: LA RESPONSABILIDAD PATRIMONIAL DEL ESTADO EN LA VERIFICACIÓN

En los términos antes tratados (capítulo VII), la aplicación del procedimiento de verificación, como lo hace la Administración tributaria, se identifica con un supuesto de *funcionamiento anormal de la actividad administrativa*, por violación de una obligación a su cargo: el cumplimiento del marco constitucional procedimental; y se materializa en la consecuente emisión de *actos administrativos* (de multa y/o clausura), viciados de la más patente *inconstitucionalidad* por vulnerar lo establecido en el artículo 49 de la Constitución. En efecto, los daños patrimoniales y no patrimoniales generados por la situación descrita, revisten las características *antijurídicos*, *ciertos*, *económicamente evaluables* e *individualizados*, cuyas conductas son evidentemente *imputables* a la autoridad tributaria, a la vez que la *relación de causalidad* entre el actuar administrativo y el daño generado, resulta incuestionable.

Por su parte, la responsabilidad patrimonial del Estado juez se hace presente, en el marco del procedimiento de verificación, por medio del expediente del *error judicial*, en las *disparatadas* sentencias de los tribunales tributarios que desconocen la *ausencia absoluta* de procedimiento y, así, la incuestionable violación de los indicados derechos fundamentales comprometidos en la verificación, con todos los daños que de ello se derivan, reconociéndole "constitucionalidad" a la aplicación administrativa del mismo a partir del apego en su ejecución a la letra del COT, evidenciando un conocimiento *flagrantemente equivocado* (indudable, patente e incontrovertible) del Derecho, negando la indiscutible naturaleza determinativa de la verificación de declaraciones y, con ello, justificando la no sustanciación de un procedimiento previo.

Finalmente, la responsabilidad del Estado legislador se puede entender materializada en la verificación tributaria, ante la declaratoria de inconstitucionalidad de las normas del COT que lo disciplinan, por razón de la *omisión legislativa* incurrida en la (falta de) regulación del cauce procedimental -totalmente ausente-, dejando en entredicho el ejercicio de los derechos constitucionales al debido procedimiento y a la defensa del contribuyente, acarreando los señalados daños resarcibles en su patrimonio.

CONCLUSIONES

Primero, los apuntados cambios legislativos, administrativos y jurisprudenciales experimentados por la verificación desde la etapa precodificadora hasta la actual, permiten, entre otras cosas, concluir que las diferencias fundamentales entre esta forma de determinación oficiosa y la llevada a cabo por medio del procedimiento de fiscalización, en síntesis, son las siguientes:

Por la función desplegada y la información requerida en los procedimientos. El procedimiento de verificación de la declaración se lleva a cabo por medio de la *función de comprobación*, en la cual se corrobora o constata la información previamente declarada por el contribuyente, mientras que en la verificación de deberes formales se descubren hechos o datos por primera vez (*e.g.*, el incumplimiento de los mismos), en el marco de la *función de investigación*[283], pudiendo la Administración solamente, en ambos casos, solicitar la información al propio sujeto pasivo tributario, contenida en la misma declaración de impuestos y en los demás documentos reveladores del cumplimiento o no de los deberes formales, ya sea en su condición de contribuyente o responsable, según el caso.

En el procedimiento de fiscalización siempre tiene lugar la *función de investigación*, entrando la Administración en contacto con elementos hasta ese momento desconocidos para ella, estando por ello habilitado el órgano fiscalizador para, además de exigirle la información relevante al sujeto pasivo investigado, hacer lo propio con terceros vinculados comercialmente al obligado tributario.

Por el lugar donde se ejecutan los procedimientos. De acuerdo con las normas del COT/2020, ambos procedimientos se pueden llevar a cabo en la sede del contribuyente y en las oficinas de la Administración. Sin embargo, lo cierto es que la fiscalización suele ejecutarse en la sede del sujeto pasivo investigado, mientras que la verificación de la declaración se practica en la sede de la Administración –con la inconstitucionalidad que significa ejecutar tal procedimiento sin haber notificado su apertura al sujeto pasivo–, mientras que la verificación de los deberes formales se suele ejecutar en la sede del contribuyente o responsable.

Por los tipos de determinación por el sujeto realizadas en los procedimientos. En el procedimiento de verificación tiene lugar

---

283 Sobre las funciones de *comprobación* e *investigación* tributarias, *vid.* PONT MESTRES, Magín, *Derechos y deberes en el procedimiento de inspección tributaria*, Marcial Pons, 2° ed., Madrid, 2007, pp. 55-58; y FERNÁNDEZ LÓPEZ, Roberto Ignacio, "Evolución y perspectivas de las facultades administrativas de comprobación tributaria", en GARCÍA NOVOA, César y HOYOS JIMÉNEZ, Catalina (Coords.), *El tributo y su aplicación: perspectivas para el siglo XXI (En Homenaje al L Aniversario del Instituto Latinoamericano de Derecho Tributario)*, tomo II, Marcial Pons, Buenos Aires, 2008, p. 1388.

una determinación oficiosa realizada por la Administración tributaria, la cual es antecedida por una autodeterminación efectuada por el sujeto pasivo, materializada en su declaración de impuestos. Dicho de otra forma, el contribuyente autodetermina su impuesto y, posteriormente, la Administración determina oficiosamente la exactitud de la declaración (autodeterminación) presentada por el contribuyente.

Por su parte, en el procedimiento de fiscalización la Administración tributaria determina oficiosamente la existencia de la obligación tributaria, haya tenido o no lugar previamente algún tipo de determinación, ya sea por parte del contribuyente o de carácter mixta, las cuales, en caso de haberse realizado, no condicionan la existencia y procedencia de la determinación que se efectúe con ocasión de la propia fiscalización.

Por los supuestos de procedencia de los procedimientos. Las normas que regulan el procedimiento de verificación no establecen supuestos específicos de procedencia para el mismo, por lo que la Administración tributaria podrá llevarlo a cabo cuando así lo juzgue conveniente, teniendo en cuenta que la verificación de la declaración sólo se podrá realizar, en tanto en cuanto el sujeto pasivo haya presentado su respectiva declaración; mientras que la procedencia del procedimiento de fiscalización tributaria está sujeta a las situaciones o supuestos específicos regulados en el COT/2020.

Por la notificación del inicio de los procedimientos. El COT/2020 nada establece, en general, respecto de la notificación del interesado del inicio del procedimiento de verificación tributaria, verse éste sobre la declaración de impuestos o sobre el cumplimiento de los deberes formales del sujeto pasivo, exigiendo sólo la "autorización expresa emanada de la Administración tributaria" cuando ésta tenga lugar en la sede del sujeto pasivo. En la práctica, el inicio de los procedimientos verificadores de declaraciones y de deberes formales que han tenido lugar en la *sede de la propia Administración tributaria*, no es notificado al sujeto pasivo de los mismos, en clara vulneración al derecho de información del contribuyente y, específicamente, del derecho a ser notificado de todo acto o procedimiento que pueda afectar su esfera jurídico-subjetiva. Por su parte, el inicio de los procedimientos de verificaciones de los deberes formales *realizados en el domicilio del sujeto investigado*, suele ser notificado.

En el caso del procedimiento de fiscalización, la mencionada norma establece de manera expresa que éste se iniciará con una providencia de la Administración tributaria, en la cual se señalará *(i)* la identificación del contribuyente o responsable, *(ii)* el tributo, *(iii)* el período o períodos investigados, *(iv)* la identificación y autorización de los funcionarios actuantes, entre otros datos, que *deberá notificarse al sujeto pasivo de la investigación fiscal*, hecha excepción de la fiscalización contenida en el artículo 188 del COT/2020, con las críticas que hemos deslizado a esa norma.

Por la apertura o no del Sumario Administrativo en los procedimientos. De entrada, resulta claro que éste no debería ser un criterio diferenciador entre los procedimientos de verificación y fiscalización tributaria –como tampoco debería serlo el anterior–, pues gran parte de las críticas y denuncias de inconstitucionalidad que aquejan a la verificación, se centran –precisamente– en este punto.

Esta diferencia se ha generado en la citada jurisprudencia, por la confusión en que ha incurrido al distinguir entre el procedimiento de determinación y el procedimiento de verificación, cuando éste es, en los términos anteriormente expuestos y desde hace mucho tiempo precisado en la doctrina, *una especie de aquél*. En efecto, esta confusión sobre la naturaleza de la verificación, ha llevado a la jurisprudencia –y en algún momento a la doctrina[284]–, a sostener inclusive en la actualidad que en

[284] Así lo sostuvo FERMÍN, quien consideró que la audiencia del interesado "no se justifica necesariamente en todos los casos en que la Administración deba imponer una sanción", entre otras razones, "por ser contrario a los principios de celeridad y eficiencia que deben inspirar la actuación de la Administración tributaria", en la medida que "siempre quedará a favor del sujeto pasivo la posibilidad de interponer los recursos administrativos o jurisdiccionales que le reconoce el ordenamiento tributario". FERMÍN, Juan Carlos, "Fiscalización tributaria y pro-

los procedimientos de verificación tributaria no debe tener lugar la instrucción del Sumario Administrativo, pues éste sólo se abre en los procedimientos de determinación oficiosa, *i. e.* el de fiscalización tributaria.

Segundo, en los términos expuestos, se evidencia el *sin-sentido legislativo, administrativo y judicial* que ha caracterizado al procedimiento de verificación tributaria desde su concepción, habida cuenta las claras vulneraciones de derechos fundamentales que comporta, cuestión que tiene la entidad de activar la responsabilidad patrimonial del Estado por los daños resarcibles que experimente el contribuyente.

Tercero, en la situación actual no puede apostarse –como regla– a una interpretación judicial conforme con –y constante de– la Constitución, como se evidencia de los fallos analizados, razón por la cual, ante una lejana solución *interpretativa* del problema abordado, se hace necesaria una solución *normativa* del mismo, a través de una reforma de los artículos 182 al 186 del COT/2020, en los cuales se incluya y regule *expresamente* una fase de sustanciación que materialice la oportunidad y lapso de *participación del sujeto pasivo*, para garantizar el ejercicio de sus derechos humanos al debido proceso y a la defensa, por una parte, y el principio de buena administración, por la otra.

---

cedimiento sumario administrativo", *Homenaje a la memoria de Ilse van der Velde*, FUNEDA, Caracas, 1998, pp. 244-246. Esta posición, que en nuestra opinión deja de lado el derecho a la participación del contribuyente en la formación del acto administrativo (y, con ello, los derechos a la defensa, debido proceso, etc.), como lo venimos sosteniendo, fue posteriormente dejada atrás por el mismo autor, sosteniendo que "En este sentido, y a pensar de haber sostenido anteriormente una posición contraria a la aquí expuesta, nos atrevemos a sugerir que en una futura reforma del Código Orgánico Tributario, se establezca un plazo razonable para que el contribuyente o responsable pueda formular descargos y promover las pruebas que estime convenientes en defensa de sus derechos, previo a la liquidación del reparo o imposición de la correspondiente sanción". FERMÍN, Juan Carlos, "El procedimiento de fiscalización y determinación en el Código Orgánico Tributario de 2001", en SOL GIL, Jesús (Coord.), *Estudios sobre el Código Orgánico Tributario de* 2001, AVDT, Caracas, 2002, p. 601.

CONCLUSIONES

1. El procedimiento de verificación tributaria es el procedimiento administrativo tributario por medio del cual la Administración tributaria revisa, de oficio, la exactitud de las declaraciones presentadas por los contribuyentes o responsables, determinando la existencia o no de la obligación tributaria y constatando el cumplimiento de los deberes formales de los sujetos pasivos de la obligación tributaria, pudiendo imponer, en caso de comprobarse irregularidades o incumplimientos que constituyan ilícitos tributarios, las respectivas sanciones.

2. Las características principales del procedimiento de verificación tributaria son las siguientes: (*i*) es un procedimiento administrativo tributario, (*ii*) se inicia de oficio por la Administración tributaria, (*iii*) tiene doble finalidad: la revisión de la exactitud de las declaraciones presentadas por los sujetos pasivos tributarios, determinando la existencia o inexistencia de la obligación tributaria, así como la constatación del cumplimiento de los deberes formales de los mismos, (*iv*) en caso de comprobarse irregularidades o incumplimientos que constituyan ilícitos tributarios, la Administración tributaria podrá imponer las sanciones respectivas, y (*v*) la verificación de la declaración tiene una naturaleza jurídica mixta, revisora-determinativa y sancionadora; mientras que la verificación de los deberes formales, aun cuando también es de naturaleza mixta revisora y sancionadora, no es determinativa.

3. Existen dos tipologías o modalidades de este procedimiento: (*i*) la verificación de las declaraciones presentadas por los contribuyentes o responsables, y (*ii*) la verificación del cumplimiento de los deberes formales de los sujetos pasivos de la obligación tributaria.

4. La verificación de declaraciones consiste en la facultad que tiene la Administración tributaria de revisar, precisamente, las declaraciones que presentan los contribuyentes o responsables del pago del tributo, para comprobar si éstos han declarado correctamente. Si al revisar las declaraciones la Administración tributaria se percata de alguna diferencia entre el monto que se declaró y pagó, y el monto que debió ser declarado y pagado, realizará los ajustes correspondientes mediante una resolución que notificará al sujeto pasivo, en la cual calculará los intereses moratorios a que haya lugar e impondrá las sanciones respectivas.

5. La verificación de deberes formales tiene como único objetivo examinar o revisar el "cumplimiento de los deberes formales" de los sujetos pasivos, por lo que no se determina la existencia o inexistencia de la obligación tributaria.

6. Existen diferencias fundamentales entre el procedimiento de verificación (en tanto procedimiento abreviado) y el procedimiento de fiscalización (en tanto procedimiento de revisión de fondo), siendo la más importante que, en el procedimiento de verificación no se abre una etapa o fase para que el contribuyente pueda participar en la formación de la voluntad administrativa y ejercer sus defensas antes de que se dicte el acto administrativo definitivo (Resolución); mientras que en el procedimiento de fiscalización sí se abre esa etapa, denominada Sumario Administrativo, en la que el contribuyente puede presentar sus descargos y pruebas antes de la adopción del acto administrativo definitivo (Resolución Culminatoria del Sumario Administrativo). Por ello, en la verificación se vulnera el derecho al debido proceso, derecho a la defensa, derecho a la participación en la formación de la voluntad administrativa, derecho a ser oído, derecho de promover y evacuar pruebas, y derecho a la presunción de inocencia del contribuyente; mientras que en la fiscalización se respetan (por lo menos formalmente) tales derechos.

7. Hace más de una década, resultó bastante marcada la práctica administrativa en torno al procedimiento de veri-

ficación por parte de la Administración tributaria nacional, consistente en emitir las denominadas "Resoluciones de Imposición de Sanción y Determinación de Intereses Moratorios", tanto por reparos en materia de ISS, como por enteramientos supuestamente extemporáneos de las retenciones del IVA, mediante las cuales: (*i*) se determinaban *tributos*, en unos casos; (*ii*) se imponían *sanciones*, en otros; y (*iii*) se calculaban *intereses moratorios*, en la mayoría; todo *a espaldas* del contribuyente, quien se enteraba de que "había sido parte" del indicado procedimiento en el momento en el que había "terminado" el mismo y se le "notificaba" de dicho acto administrativo definitivo.

8. La jurisprudencia entre 2004 y 2009 empieza a evidenciar la tendencia de considerar apegada a Derecho la forma en que la Administración tributaria lleva a cabo el procedimiento de verificación, evaluando la "constitucionalidad" de la aplicación administrativa del procedimiento de verificación, a partir del apego en su ejecución a las normas del COT/2001 reguladoras de dicho procedimiento, o lo que es igual, enjuiciaba la "constitucionalidad" de la praxis administrativa sobre el procedimiento a partir de su apego a la "norma legal", y no a través de su valoración directa con la propia Constitución.

9. En Venezuela se les reconoce a los tratados de derechos humanos, en principio, *rango constitucional*. No obstante, como también se observa del artículo 23 de la Constitución, dichos tratados de derechos humanos *prevalecerán* en el orden interno, en los supuestos que "contengan normas sobre su goce y ejercicio más favorable a las establecidas por esta Constitución y la ley de la República", permitiendo su clasificación en estos casos en un nivel *supraconstitucional*.

10. Las consecuencias de la constitucionalización venezolana de los tratados de derechos humanos no son pocas, ni –mucho menos– carecen de importancia, especialmente al tenerse en cuenta el artículo 7 de la Norma Fundamental, de acuerdo con el cual: "La Constitución es la norma su-

prema y el fundamento del ordenamiento jurídico. Todas las personas y los órganos que ejercen el Poder Público están sujetos a esta Constitución", por lo que los tratados de derechos humanos pasan a: (*i*) integrar el fundamento mismo del ordenamiento, que obliga –entre otras cosas– a que su interpretación sea conforme con los mismos, y a (*ii*) sujetar las actuaciones del poder público –*e.g.*, Administración tributaria y poder judicial– a sus contenidos, limitando de manera directa e inmediata su actuación.

11. El estatus del derecho humano a la defensa debe, ante todo, analizarse a la luz de los tratados de derechos humanos, en tanto los mismos integran el ordenamiento jurídico venezolano de manera verticalmente superior, esto es, se encuentran, junto con la Constitución, en la cúspide jerárquica del orden tributario interno (plano constitucional), inclusive por encima de aquélla (plano supraconstitucional) cuando contengan regulaciones más favorables sobre derechos humanos a las establecidas en la *norma normarum*.

12. El artículo 8.1 de la Convención Americana sobre Derechos Humanos no sólo establece el derecho a la defensa, sino que –además– lo hace expresamente en materia *fiscal*, es decir, a favor de los contribuyentes con ocasión de la determinación de sus derechos y obligaciones, totalmente aplicable al procedimiento de verificación tributaria.

13. La aplicación de la Convención en materia tributaria –y, realmente, en cualquier materia– no debe limitarse al ámbito de las personas *naturales*, debiendo entenderse extensiva a –y comprensiva de– la protección de las personas *jurídicas* en sentido estricto (personas *morales*), indistintamente de que no hayan sido expresamente incluidas a tales efectos. Entender lo contrario, no sería otra cosa que una interpretación *excluyente y restrictiva*, por oposición a *incluyente y progresiva*, de las normas de la Convención, en franca proscripción de sus propios artículos 24, de acuerdo con el cual "todas las personas son iguales ante la ley. En consecuencia, tienen derecho, sin discriminación, a

igual protección de la ley"; y 29.b, que establece que "ninguna disposición de la presente Convención puede ser interpretada en el sentido de" "b) limitar el goce y ejercicio de cualquier derecho o libertad que puede estar reconocido de acuerdo con las leyes de cualquiera de los Estados Partes o de acuerdo con otra convención en que sea parte uno de dichos Estados"; siendo una palpable distinción sin fundamento ético, contraria, de por sí, a la propia idea de la Convención, en lo particular, y a la teoría de los derechos humanos, en lo general.

14. El artículo 14.1 del Pacto Internacional de Derechos Civiles y Políticos regula el derecho humano a la defensa, que si bien -a diferencia de la Convención- no hace referencia expresa a la materia *fiscal*, debe tenerse en cuenta que las obligaciones tributarias tradicionalmente han sido incluidas en el ámbito civil.

15. La sentencia N° 531 de 27-04-2011 de la TSJ/SPA, caso *Edinter Corp, S.A.*, significó un *golpe de timón* en relación con el derecho a la defensa en el procedimiento de verificación. En efecto, a propósito de la regulación de un lapso para probar dentro del procedimiento de verificación, consideró que:

> ...siendo que dicha articulación probatoria no fue prevista por el legislador tributario dentro del procedimiento de verificación, no puede considerarse que, al no ordenarse la apertura de la misma, la Administración Tributaria haya incurrido en las señaladas violaciones de los derechos a la defensa y al debido proceso, así como a la presunción de inocencia invocadas por la contribuyente.

Como resulta notable, la Sala inexcusablemente confunde la (falta de) regulación *legal* de una fase procedimental (la probatoria), a efectos de evaluar su *constitucionalidad*, con la confrontación directa de dicha omisión con la propia Constitución. A otro decir, en el razonamiento de la Sala, como el COT (una *ley*) omitió regular la necesaria articulación probatoria en la sustanciación del procedimiento de verificación, entonces mal podría considerarse que su no apertura fuese inconstitucional por violación de los derechos humanos a la defensa y al debido proceso (establecidos en la *Constitución*).

16. El preocupante criterio jurisprudencial expuesto, amén de ser totalmente injustificado (e injustificable), ha podido –y puede perfectamente en la actualidad– ser solventado, si se realiza una interpretación (y aplicación) *sistemática* de las normas que disciplinan el procedimiento de verificación, como lo hiciera la jurisprudencia inicialmente dictada y posteriormente cambiada, tomando en consideración otras disposiciones del entonces vigente COT/2001, entre ellas, sus artículos 148 y 158 (normas presentes tanto en el COT/2014, como en el vigente COT/2020), y el artículo 48 de la LOPA, que, en su conjunto, habilitan la aplicación de un lapso legal de por lo menos diez días hábiles para que el contribuyente pueda participar durante la formación de la voluntad administrativa, como concreción de una real y efectiva sustanciación del procedimiento de verificación, para presentar sus argumentos y pruebas en ejercicio de su derecho humano a la defensa.

17. Los actos administrativos de "efectos generales" o *normativos*, como su denominación lo permite entender, establecen *normas jurídicas generales y abstractas*, de ahí que se afirme que surten efectos de forma *general*, mientras que los de "efectos particulares" o *no normativos* son aquéllos que, a diferencia de los anteriores, no delimitan normas jurídicas generales y abstractas, y más bien contienen una decisión *particular* sobre alguna cuestión de interés personal.

18. Los actos administrativos *generales* tienen como destinatarios a una *pluralidad* (indeterminada o determinada) *de sujetos*, por oposición a los actos administrativos *individuales* que, como su nombre apunta, sólo interesan a un *único individuo*, a un único sujeto cuyos derechos subjetivos o intereses legítimos, personales y directos se ven afectados por el mismo.

19. Como lo establecen los artículos 72 y 73 de la LOPA, para surtir efectos *(i)* cuando se trate de actos administrativos de *carácter general*, o en los términos que la doctrina los ha referido, *normativos* o de "efectos generales", deberán ser publicados en la Gaceta Oficial, salvo que se trate de asuntos internos de la Administración; y *(ii)* de tratarse de actos administrativos de *carácter particular*, esto es, los denominados actos *no normativos* o de "efectos particulares", o actos individuales que afecten los derechos subjetivos o intereses legítimos, personales y directos de los particulares, entonces los mismos deberán *notificarse* a sus interesados.

20. La notificación es un requisito clave, es de la esencia misma para que los actos administrativos *no normativos* o de "efectos particulares" comiencen a tener eficacia, esto es, *empiecen a surtir efectos*, de ahí su particular importancia. O lo que es igual, antes de su notificación, dichos actos administrativos no tienen (no pueden tener) efecto alguno.

21. En cuanto a la eficacia de los actos tributarios, en tanto actos administrativos especiales por la materia, las reglas -de entrada- son las mismas. En efecto, para que un acto tributario *normativo* o de "efectos generales" surta efectos, éste debe ser publicado en la Gaceta Oficial. Por su parte, los actos tributarios *no normativos* o de "efectos particulares", al igual que los actos administrativos generales de esta tipología, deben ser debidamente *notificados* al sujeto pasivo (contribuyente o responsable) cuyos derechos o intereses se vean afectados por el mismo, para poder desplegar sus efectos.

22. Por lo anterior, goza de la mayor relevancia que se respeten las reglas sobre el momento en que surten efectos los actos tributarios *no normativos* o de "efectos particulares", como los son la providencia administrativa autorizatoria y las actas de requerimiento, en el marco de la administrativamente denominada "verificación inmediata", para precisamente saber a partir de cuándo el sujeto pasivo estaría

obligado a entregar la información y documentación requerida para la sustanciación de dicho procedimiento.

23. En los términos expresamente señalados –conjuntamente– en los artículos 172 al 175 del COT/2020, claramente se entiende que, cuando la Administración tributaria notifica sus actos *no normativos* o de "efectos particulares" a los sujetos pasivos: *(i) personalmente*, éstos surtirán efectos *el día hábil siguiente*; *(ii)* por *constancia escrita*, los mismos surtirán efecto al *quinto día hábil siguiente*; *(iii)* por *correspondencia*, también surtirán efectos al *quinto día hábil siguiente*; y *(iv)* en un *día inhábil*, se entenderá practicada el *primer día hábil siguiente*; o lo que es lo mismo –y esto es lo verdaderamente relevante–, en *ninguno de los supuestos* disciplinados en el COT/2020, los actos de la Administración tributaria surten efectos el *mismo día* en el que son notificados. A otro decir, de acuerdo con las normas bajo examen: *ningún acto tributario no normativo o de "efectos particulares" goza de "eficacia inmediata"* y, hasta que no surta efectos, no existe (no puede existir) *deber de cumplimiento.*

24. El *deber ser* consistiría, entonces, en: *(i)* notificar la providencia administrativa autorizatoria; *(ii)* al día siguiente –en el mejor de los casos: numeral 1 del artículo 172, en interpretación conjunta con el artículo 173–, o al quinto día siguiente –en el más frecuente de los casos: numerales 2 (nos referimos a éste como el más común) y 3 del artículo 172, en interpretación conjunta con el artículo 174–, notificar el acta de requerimiento N° 1 –esta primera acta mal puede/debe notificarse, como es la práctica consolidada, junto con la providencia administrativa autorizatoria, habida cuenta que primero debe surtir efectos la providencia para dar formal inicio al procedimiento y, luego, empezar su formal sustanciación mediante la notificación de las actas de requerimiento–; y *(iii)* de aquí en adelante, notificar las sucesivas actas de requerimiento y demás actos de trámite, en recta sustanciación del procedimiento.

25. Luce evidente que las pretendidas "verificaciones inmediatas" de deberes formales no sólo *carecen de base legal* –ello salta a la vista–, sino que, además, se traducen en actuaciones *contra legem*, en las que frontalmente se vulneran las normas referidas del COT/2020 sobre el régimen de eficacia de los actos *no normativos* o de "efectos particulares" de la Administración tributaria, por demás incurriendo en una flagrante omisión del procedimiento legalmente establecido.

26. En el marco de esta práctica actual de la Administración tributaria, no sólo se le impediría al contribuyente entregar la información requerida de no hacerlo de forma (ilegalmente) "inmediata", dando lugar a sanciones (igualmente carentes de base legal) por supuesto incumplimiento del deber de colaboración, sino que, como también ha ocurrido, se pudiera activar el –totalmente improcedente– auxilio por parte del Resguardo Nacional Tributario o de cualquier fuerza pública, para pretender justificar la retención y aseguramiento de documentos de esa manera, a la vez que adoptar las medidas para su conservación, en directa vulneración de los derechos (al debido proceso, defensa, presunción de inocencia, etc.) del contribuyente.

27. En suma, la –normativamente *inexistente*– "verificación inmediata" de deberes formales se traduce en una actuación administrativa *(i)* ausente de base legal, *(ii)* ilegalmente ejecutada, *(iii)* con prescindencia absoluta del procedimiento legalmente establecido y, en consecuencia *(iv)* violatoria de los derechos al debido proceso y a la defensa del contribuyente.

28. Como se permite leer del texto de las planillas de resolución y liquidación que están siendo colgadas en las cuentas de los contribuyentes en el portal de la Administración tributaria nacional, en los nuevos reparos generados en relación con la CE disciplinada en la LPP, las mismas invocan los artículos 182 y 183 del COT/2020 como "base procedimental" de la imposición de sanciones, los cuales establecen el "procedimiento de verificación tributaria".

29. En esta nueva ola de sanciones virtuales, la Administración tributaria ni siquiera se ha estado molestando, como regla, de notificar a los contribuyentes las referidas multas, sino que ante la revisión de sus cuentas en el portal web de la Administración es que los propios sujetos pasivos se topan con las planillas de resolución y liquidación de multas, de ahí que las califiquemos de "multas virtuales de escritorio".

30. Ahora el funcionario a cargo no sólo no se levanta de su escritorio para "sustanciar" el "procedimiento" de verificación, sino que tampoco lo hace para siquiera "notificar" la sanción impuesta a los contribuyentes por supuestos incumplimientos de la normativa tributaria. Se observa, así, que la otrora cuestionable práctica administrativa alrededor del "procedimiento" de verificación ha alcanzado, con esta situación, un nuevo e indeseable nivel: ya no sólo le resulta molesto a la Administración tributaria notificar el inicio del procedimiento, así como sustanciarlo con la necesaria participación del sujeto pasivo, sino que tampoco considera que le hace falta notificar su terminación, pretendiendo que el mismo surta *efectos* al margen de lo disciplinado en los artículos 171 y siguientes del COT/2020.

31. En suma, los sujetos multados enfrentan una nueva y abierta vulneración de sus más elementales derechos constitucionales al debido proceso, defensa, presunción de inocencia, etc., ante la actual y reprochable práctica administrativa en torno al procedimiento virtual de verificación tributaria en la imposición de estas "sanciones por pantalla", con ocasión a la aplicación de la LPP, las cuales, salvo que sean notificadas (como algunas lo han sido recientemente), además de inválidas, carecen de eficacia alguna.

32. Aunado a lo recién señalado, lo cierto es que los actos administrativos contentivos de las planillas virtuales de resolución y liquidación de multas también adolecen de una *motivación* insuficiente, apenas pudiendo el contribuyente *inferir* las razones de hecho y de Derecho que "respaldarían" la actuación de la Administración tributaria.

33. En el formato de sanción no se justifica (y esto es clave) la *sujeción* a la CE de las personas jurídicas virtualmente sancionadas, o lo que es igual, por qué X o Y entidad debe pagar la CE, que es otra forma de decir que dicha persona jurídica lleva a cabo una actividad económica gravada, esto es, que la misma encuadra o se subsume en el hecho imponible tipificado en la LPP, de lo que se seguiría, entonces, que al no presentarse la declaración, se habría configurado el incumplimiento del deber formal correspondiente. Nada de eso se exterioriza (ni siquiera *exiguamente*) en la "motivación" de las planillas de resolución y liquidación, incurriéndose, más bien, en una evidente *petición de principio* o *argumento circular*.

34. La Administración da por satisfecha su obligación de motivación con la referencia aislada de unas normas, sin explicar *por qué*, *cómo* y en *qué medida* y *extensión*, las mismas son (unas) supuestamente desatendidas por el contribuyente, a la vez que (otras) aplicables por la Administración (*motivación jurídica*), tampoco explicando, con anterioridad, la actividad económica que realiza (si acaso realiza actividad alguna) el contribuyente para encuadrar o subsumir su actuación (u omisión) dentro del supuesto de hecho de las normas aplicables (*motivación fáctica*), cuestión que se evidencia, aún más, al reparar en que se trata de un formato electrónico *idéntico en todos los casos*, como si *todos* los contribuyentes sancionados llevasen a cabo actividades económicas (y, de hacerlo, que estuviesen gravadas) y hubiesen actuado de la misma y exacta manera (activa o pasiva), en todos y cada uno de los casos y situaciones objeto de multa.

35. En fin, la exigua (por no decir inexistente) motivación de la que adolecen las multas virtuales por pantalla en cuestión, afectan nuevamente los derechos al debido proceso y a la defensa, entre otros, de los sujetos sancionados, al no conocerse con exactitud por qué, cómo y en qué medida supuestamente se encuentran sujetos a la CE y, además, desatienden las conductas exigidas a los sujetos pasivos, a la

vez que las normas invocadas por la Administración tributaria, con las consecuencias invalidantes que ello supone en relación con dichos actos administrativos sancionadores.

36. Al cifrarse las multas por pretendidos incumplimientos de deberes formales a partir del mes de mayo de 2024, como se desprende de las planillas de resolución y liquidación, entonces se permite apreciar que la Administración tributaria insiste en que la LPP entró en vigencia con su publicación en Gaceta (08-05-2024), inclusive antes de siquiera haberse (mal) dictado la alícuota por el ejecutivo (16-05-2024), sancionándose a las personas jurídicas en cuestión bajo una evidente aplicación retroactiva de la ley.

37. Basta apenas recordar que de conformidad con los artículos 317 de la Constitución y 8 del COT/2020, la ley tributaria *debe* fijar su "*lapso de entrada en vigencia*" y, de no hacerlo, dicho *lapso* ("*tiempo entre dos límites*") *se entenderá fijado*, es decir, serán efectivas dichas leyes, *vencidos los sesenta días de su publicación* en la Gaceta Oficial, lo cual habría ocurrido, en principio, el 09-07-2024. Sin embargo, por tratarse de un *tributo periódico*, para la fecha indicada (09-07-2024) estaría en curso ese período mensual, por lo que resultaba forzoso aplicar el conocido cuarto aparte del artículo 8 del COT/2020, siendo entonces la LPP aplicable "desde el primer día del período respectivo del contribuyente que se inicie a partir de la fecha de entrada en vigencia de la ley", esto es, a partir del 01-08-2024, por lo que la primera declaración correspondería al mes de septiembre, con base en la información sobre el "total de los pagos realizados por el contribuyente a las trabajadoras y trabajadores por concepto de salario y bonificaciones de carácter no salarial" del mes de agosto.

38. Lo anterior se traduciría, así, en que cualquier y todo potencial incumplimiento de la normativa en cuestión, incluyendo la correspondiente a sus deberes formales, como los sancionados en las planillas de resolución y liquidación de multas, serían en todo caso temporalmente aplicables a los

incumplimientos ocurridos a partir del mes de septiembre (no del mes de mayo), resultando improcedentes las sanciones impuestas –por inaplicabilidad temporal de la LPP– para los meses anteriores a su entrada en vigencia. Pensar lo contrario, equivaldría a convalidar la aplicación retroactiva de la LPP, en desatención de las normas indicadas, así como del principio (y *derecho*) a la irretroactividad de la ley tributaria, *ex* artículo 24 de la Constitución.

39. No toda actividad está sujeta a la CE, sino sólo las que se identifiquen con *actividades económicas mercantiles/industriales*, por un lado y, por el otro, al estar la persona jurídica de que se trate en estado de *cesación de actividades*, por definición no realizará actividad económica alguna, con lo cual no se verificará respecto de dicha entidad el hecho imponible y, con ello, no será (no podrá ser) "contribuyente" de la CE. O lo que es igual, al no realizarse el hecho imponible disciplinado en la LPP, porque la actividad económica desplegada no está gravada o por no realizar actividad económica alguna por encontrarse en estado de cesación, entonces simplemente se estará (en ambos casos) en una situación de *no sujeción* y, por tal razón, al estar fuera del ámbito de incidencia de la CE, entonces –lógicamente– tampoco se estaría sujeto al cumplimiento de sus deberes formales.

40. En definitiva, lo cierto es que si no se verifica el hecho imponible, no hay (no puede haber) obligación tributaria, precisamente porque se está en una situación de no sujeción y, con ello, al margen del ámbito de incidencia del tributo del que se trate, en este caso, de la CE disciplinada en la LPP. De lo anterior que, como forzosa consecuencia, todas las multas liquidadas e impuestas a personas jurídicas que no realizan una actividad económica *gravada* o se encuentran en *estado de cesación*, con lo cual no realizan actividades económicas en lo absoluto –y/o tampoco tienen, en paralelo, trabajadores en su nómina–, estarían en desatención del principio (y *derecho*) de legalidad y reserva de ley tributaria (particularmente del estándar de tipicidad

tributaria), incurriendo en patentes falsos supuestos de hecho y de Derecho, con lo que ello supone de cara a su invalidez jurídica.

41. El régimen venezolano establecido en el artículo 140 de la Constitución, también consagrado a nivel legal en la LOAP, en su artículo 13 (y genéricamente en el artículo 10), regula lo que la doctrina ha denominado el sistema de *responsabilidad directa, objetiva, general y unitaria* del Estado, de acuerdo con el cual, éste responde ante los administrados sin necesidad de demandar el funcionario actuante (*directa*); sin exigirse culpa en la acción u omisión administrativa (*objetiva*); se activa tanto por su funcionamiento *normal* (sacrificio particular) como *anormal* (actuación antijurídica), lo que se evidencia de la *amplitud* del discurso normativo sobre el "funcionamiento" -puro y simple- de la Administración Pública, sin distingo alguno, según se materialice o no la *falta de servicio* (*general*); y abarca *todos* los poderes públicos (*unitaria*).

42. Teniendo a mano lo desarrollado a lo largo del trabajo, sobre la inconstitucional regulación y aplicación (administrativa y judicial) del procedimiento de verificación tributaria, por razón de la indiscutible vulneración de los derechos al debido proceso y a la defensa del contribuyente -junto con los demás derechos íntimamente vinculados a éstos-, resulta ejemplar este "procedimiento" como caso de estudio de la responsabilidad patrimonial del Estado, teniendo en cuenta que en el mismo se dan cita sus distintas modalidades o tipologías funcionales, esto es, la responsabilidad del Estado administrador por los daños resarcibles que causa la Administración tributaria a los sujetos pasivos como consecuencia de la aplicación de este procedimiento, a la vez que del Estado juez, por los errores judiciales incurridos en sus sentencias en torno a la aplicación administrativa de la verificación, y del propio Estado legislador, por su omisiva regulación normativa del cauce formal o íter procedimental del mismo.

43. En lo tocante a la responsabilidad de la Administración tributaria como consecuencia de la aplicación del procedimiento de verificación, su activación tendría lugar a partir del funcionamiento anormal del *servicio público*, entendido éste como sinónimo de la *actividad administrativa*, precisamente porque el mismo se *inicia, ejecuta y termina* (por multa o clausura del establecimiento) a espaldas del contribuyente, esto es, *sin la debida sustanciación de un procedimiento previo*, configurándose, de esta manera, una situación de *funcionamiento anormal de la actividad administrativa formal*.

44. Los *daños antijurídicos* causados al contribuyente en la ejecución del procedimiento de verificación tienen, como título de imputación, el *funcionamiento anormal del servicio* (actividad administrativa formal), por la emisión de los *actos administrativos* de sanción pecuniaria y clausura viciados de inconstitucionalidad, al contrariar abiertamente lo establecido en el artículo 49 del Texto Fundamental, además del derecho de *propiedad*.

45. Este daño, además de *subjetivamente antijurídico*, e *imputable* a la Administración tributaria por su anormal funcionamiento -lo que pone de manifiesto la *relación de causalidad* entre la conducta administrativa desplegada y la lesión generada-, se identifica con una afectación *cierta*, *individualizable* y *económicamente* evaluable, que afecta la *integridad patrimonial* del contribuyente, quien no está obligado a *tolerarla* y, por ello, redunda en una *lesión resarcible*. En la sanción de multa, su cuantificación parte del monto de la misma (de ser pagada y luego impugnada). Mientras que en la sanción de clausura, ésta puede revestir dos modalidades: (*i*) la *patrimonial* (en sentido estrictamente *económico*), por el daño emergente y el lucro cesante durante el tiempo de aplicación de la medida, pues el daño que el acto causa se continúa produciendo mientras que el mismo se sigue ejecutando; y (*ii*) la *moral* (integrante del *patrimonio moral* del contribuyente), por la violación del derecho al honor y a la reputación, por consecuencia

de la imposición en el domicilio del sujeto pasivo de carteles deshonrosos *–sin base legal alguna–*, así como por razones de la abierta publicidad que la Administración tributaria le otorga a tales medidas a través de los medios oficiales de comunicación (TV, redes sociales, etc.), que, en los términos expuestos por la doctrina, pueden entenderse violatorias de la prohibición constitucional de penas *infamantes*, a tenor de los artículos 44.3, 46.4 y 60 de la Carta Magna.

46. En el caso del procedimiento de verificación la responsabilidad patrimonial del Estado juez se hace presente, así nos parece, por medio del expediente del *error judicial de Derecho*, en las *irracionales* sentencias de los tribunales tributarios que desconocen la *ausencia absoluta* de procedimiento y, así, la incuestionable vulneración de los derechos fundamentales al debido proceso y a la defensa, con todos los daños que de ello se derivan, reconociéndole "constitucionalidad" a la aplicación administrativa del mismo, a partir del apego en su ejecución a la letra del COT, evidenciando un conocimiento *flagrantemente equivocado* (indudable, patente e incontrovertible) del Derecho, contrario al *test de constitucionalidad* conforme con la interpretación del Texto Fundamental, cuyo carácter de "fuente interpretativa" de *todo el ordenamiento jurídico* viene dado por el principio de supremacía constitucional.

47. La responsabilidad del Estado legislador se puede entender materializada en la verificación tributaria, por el no actuar legislativo (omisión legislativa) en el desarrollo de un derecho constitucional (el debido procedimiento), lo que pone tal inactividad al margen de la Constitución, acarreando lesiones *antijurídicas* al contribuyente, siendo procedente la declaratoria de inconstitucionalidad de las normas que lo disciplinan a través del control concentrado de constitucionalidad, dejando a salvo la idea introducida sobre el control *difuso*, como posible punto de partida de un eventual reclamo indemnizatorio.